# CONTRE LES GALILÉENS

BIBLIOTHÈQUE DES TEXTES PHILOSOPHIQUES
Fondateur Henri GOUHIER        Directeur Emmanuel CATTIN

# JULIEN L'EMPEREUR

# CONTRE LES GALILÉENS

Texte, introduction, traduction et notes
par

**Angelo GIAVATTO** et **Robert MULLER**

PARIS
LIBRAIRIE PHILOSOPHIQUE J. VRIN
6 place de la Sorbonne, V e

2018

Les auteurs expriment leurs remerciements à Marcel Victorri pour sa collaboration au présent volume.

Giuliano Imperatore, *Contra Galilaeos*,
© Edizioni dell'Ateneo, Roma 1990

© *Librairie Philosophique J. VRIN*, 2018
*Imprimé en France*
ISSN 0249-7972
ISBN 978-2-7116-2759-2
*www.vrin.fr*

# ŒUVRES DE JULIEN

Les titres sont présentés dans l'ordre adopté par J. Bouffartigue, « IULIANUS (Julien) l'Empereur », dans R. Goulet (dir.), *Dictionnaire des philosophes antiques* [désormais *DPhA*], III, Paris, CNRS Éditions, 2000, p. 961-962. – Nous indiquons entre parenthèses les abréviations utilisées dans l'Introduction et dans les notes du présent volume.

1 – *Éloge de l'empereur Constance*
2 – *Éloge de l'impératrice Eusébie* (*Eusébie*)
3 – *Sur les actions de l'empereur ou sur la royauté* (*Royauté*)
4 – *À propos du départ de l'excellent Salluste, consolation à soi-même* (*Salluste*)
5 – *Au Sénat et au peuple d'Athènes* (*Au Sénat*)
6 – *Au philosophe Thémistios* (*Thémistios*)
7 – *Contre le Cynique Héracleios, sur la manière dont il faut mener la vie cynique et s'il convient au Cynique de forger des mythes* (*Héracleios*)
8 – *À la Mère des dieux* (*Mère des dieux*)
9 – *Contre les Cyniques ignorants* (*Cyniques ignorants*)
10 – *Le Banquet ou les Saturnales,* ou *Les Césars* (*Césars*)
11 – *À Hélios-roi, à l'intention de Salluste* (*Hélios-roi*)
12 – *Misopogon* (*L'ennemi de la barbe*) ou *Le discours d'Antioche* (*Misopogon*)
13 – *Contre les Galiléens*
14 – *Lettres,* citées d'après l'édition de J. Bidez dans la Collection des Universités de France
15 – Fragments et épigrammes
16 – Textes législatifs

# INTRODUCTION

## I. *Julien : Repères biographiques*

L'écrit *Contre les Galiléens* de l'empereur Julien, surnommé « l'Apostat » par les Chrétiens, est étroitement lié à la personnalité et au destin singulier de son auteur, qu'il convient pour cette raison de situer avec précision dans le contexte troublé du IV$^e$ siècle. Julien est le petit-fils de Constance Chlore, successivement « César » puis « Auguste » de la partie occidentale de l'Empire romain[1]. Ce dernier a deux fils : Constantin, de sa concubine Hélène ; et Jules Constance, le père de Julien, de son épouse Théodora. Après la mort de Constance Chlore, Constantin va progressivement se débarrasser de ses rivaux, réels ou potentiels, et régner seul jusqu'à sa mort en 337. La famille de Julien est tenue à l'écart et, à la mort de Constantin, ses trois fils, Constantin II, Constance et

---

1. La « Tétrarchie » instituée par Dioclétien en 293 a consisté à associer quatre personnes à la direction de l'Empire : deux « Augustes » (Dioclétien pour l'Orient, Maximin pour l'Occident) secondés par deux « Césars » (Galère en Orient et Constance Chlore en Occident). Dioclétien et Maximin abdiquent en 305, et les deux *Césars* deviennent *Augustes*. Mais Constance Chlore meurt dès 306, et Galère nomme à sa place Sévère, auquel est adjoint comme *César* Constantin, un des fils de Constance Chlore. Constantin se défait successivement de tous ses rivaux, en Occident (en 312) comme en Orient (en 315), et règne seul ensuite.

Constant se partagent l'Empire après avoir assassiné le père de Julien ainsi qu'une partie de sa famille ; Julien, très jeune, et son frère Gallus, malade, sont épargnés. Des fils de Constantin, c'est Constance (né en 317) qui peu à peu s'impose : Constantin II meurt en 340 en luttant contre Constant ; ce dernier est assassiné en 350 sur l'ordre de Magnence, un de ses officiers, qui s'était fait proclamer empereur par les soldats ; vaincu ensuite par Constance, Magnence se donne la mort en 353. Constance alors a le champ libre et règne jusqu'à sa mort en 361. Julien lui succède à cette date, mais pour peu de temps puisqu'il meurt en 363.

Né à Constantinople en 332[1], il appartient à la branche concurrente et finalement vaincue de la famille ; sa mère est morte quelques mois après sa naissance, et son père a été assassiné alors que Julien n'avait que cinq ans. À la mort de Constantin, le jeune orphelin est confié à divers tuteurs et pédagogues puis, vers l'âge de dix ans, enfermé avec son frère Gallus à Macellum en Cappadoce. Il est regardé avec suspicion par Constance

---

1. En 331 selon certains. – Pour l'histoire de l'Empire et la biographie de Julien, les sources anciennes sont assez nombreuses. Les écrits de Julien lui-même nous livrent nombre d'informations (par exemple l'adresse *Au Sénat et au peuple d'Athènes*, la lettre *À Thémistios*, le *Misopogon*). Nous devons beaucoup à l'*Histoire* d'Ammien Marcellin, un officier qui a rencontré Julien en Gaule et l'a plus tard accompagné dans sa dernière expédition en Perse, ainsi qu'au témoignage de son ami Libanios. D'autres renseignements précieux sont issus d'écrivains contemporains ou postérieurs, païens (Eunape de Sardes, Zosime) ou chrétiens (Grégoire de Nazianze, Socrate, Sozomène). Les travaux contemporains ne sont pas en reste ; mentionnons seulement le substantiel ouvrage de J. Bidez, *La vie de l'empereur Julien*, Paris, Les Belles Lettres, 1930, rééd. 2012 ; et l'article très complet de J. Bouffartigue dans R. Goulet, *DPhA*, III, p. 961-978.

comme un rival potentiel pendant toute sa jeunesse, mais Julien paraît peu intéressé par le pouvoir et se consacre avec zèle à l'étude. En 351, l'empereur Constance se résigne à nommer comme *César* Gallus, un des derniers survivants de la dynastie, et il permet à Julien de circuler librement dans l'Empire. Mais Gallus meurt, exécuté lui aussi, en 354, et Constance décide finalement, en 355, d'associer Julien à l'Empire en le faisant *César* pour la Gaule. Cette dignité ne réjouit guère le nouveau *César*, qui regrette de devoir quitter ses chères études et ne se juge pas prêt pour les tâches qui l'attendent[1]. Il se résigne néanmoins et entreprend de se former au métier de soldat et aux questions administratives. Commence alors une période de campagnes militaires, victorieuses le plus souvent, principalement du côté de la Germanie[2]. À la suite de diverses maladresses de Constance[3], qui se méfie toujours de son cousin, les soldats de ce dernier se révoltent et proclament Julien *Auguste*, en janvier-février 360 à Lutèce, contre son gré à ce qu'il semble. Comme précédemment, lors de sa désignation comme *César*, Julien voit dans ces événements un signe de la faveur divine et il accepte ce nouveau rôle malgré ses réticences[4]. Désormais rival déclaré de Constance, Julien, après une nouvelle campagne au-delà du Rhin,

---

1. Voir par exemple sa lettre *Au Sénat*, 275b *sq.* ; 277a.

2. Entre autres faits d'armes, on relève la célèbre victoire dite de Strasbourg en août 357.

3. Pour préparer une expédition contre les Perses, il voulait retirer à Julien une grande partie des meilleurs effectifs dont ce dernier disposait en Gaule, contre le gré des soldats et sans beaucoup d'égards pour Julien (Ammien, XX, 4, 1-4 ; *cf.* Julien, *Au Sénat*, 284a *sq.*).

4. Nous en avons un témoignage direct dans la lettre *À Thémistios* qui date de l'année suivante (voir notamment la fin, à partir de 266c).

marche vers Constantinople. Mais Constance meurt fin 361, et Julien est seul maître de l'Empire. Son règne est bref. Il entreprend une série de réformes pour tenter de restaurer le paganisme, réformes en partie couronnées de succès, mais qui se heurtent aussi à de fortes résistances. À l'été 362, il décide de mener une nouvelle campagne militaire, contre les Perses cette fois, qui continuaient de menacer l'Empire. Après une série de victoires, non décisives cependant, il se replie avec son armée le long du Tigre, et trouve finalement la mort, blessé au cours d'une échauffourée, le 26 juin 363[1].

## II. *La formation de Julien*

Julien a très tôt été honoré du nom de philosophe[2], lui-même aspirait à l'être et regardait Marc-Aurèle comme un modèle[3]. La postérité a pu lui contester ce titre, mais le fait est que nous avons de lui un ensemble non négligeable d'écrits qui, indépendamment de leurs qualités littéraires, témoignent à la fois d'une culture très étendue et de sa volonté de prendre part aux débats philosophiques[4]. Cette situation n'est évidemment pas sans rapport avec le fait qu'il a eu la chance de recevoir une éducation solide. Dans son enfance et sa jeunesse, en partie par le hasard de son existence errante mais

---

1. Les circonstances de sa mort ne sont pas totalement éclaircies (atteint par une lance, un javelot, une épée ? blessé par un ennemi ou par un soldat chrétien ?). Voir les récits d'Ammien Marcellin (XXV, 3) et de Zosime (III, 29, avec la note p. 203-208 de l'édition des Belles Lettres).

2. *Éloge de l'impératrice Eusébie*, 13, 120b.

3. *Césars*, 317c ; 333b ; 335c.

4. La liste des œuvres conservées de Julien figure ci-dessus, p. 7.

aussi par goût, il a beaucoup lu[1], et bénéficié en outre de l'enseignement de maîtres compétents. L'originalité de son éducation, c'est qu'elle a été, dès le début, à la fois chrétienne et païenne. Depuis Constantin, les empereurs se sont ralliés au christianisme, et Constance – qui a tant pesé sur le destin de Julien – était arien[2]. Ainsi le premier tuteur de l'orphelin, Eusèbe de Nicomédie, était un évêque arien, et Julien a été tout naturellement initié aux croyances et aux pratiques de la religion chrétienne. Il en a retiré (et conservé) une bonne connaissance des textes de l'Ancien et du Nouveau Testament, et il semble aussi avoir eu de la sympathie pour les activités de bienfaisance par lesquelles les Chrétiens se signalaient autour de lui[3]. Son apostasie ultérieure, ainsi que la virulence des attaques qu'il dirige ensuite contre les Chrétiens, ont pu faire douter de la qualité de ses convictions de l'époque, mais il paraît avoir adhéré sincèrement, dans un premier temps, à la religion dans laquelle on l'a élevé. En tout cas, il participait au culte et a été baptisé[4].

Cette éducation chrétienne a cependant été très tôt concurrencée, si l'on peut dire, par la révélation des lettres grecques. Les étapes de cette formation ne sont pas

1. « J'ai lu plus de livres que quiconque », écrit-il dans le *Misopogon*, 16, 347a. *Cf.* le début de la *Lettre 107* : « Les uns aiment les chevaux, d'autres les oiseaux, d'autres les bêtes fauves ; moi, dès mon enfance, je me suis épris d'un désir passionné de posséder des livres. » On trouvera une description émouvante de son amour des livres et de la lecture, y compris pendant les campagnes militaires, dans *Eusébie*, 15, 123d *sq.*

2. Sur ce terme, voir la note 1, p. 149.

3. Plus tard, il y voit un moyen de séduction pour attirer de nouveaux adeptes ; cf. *Lettre 89*, 305c.

4. Selon Cyrille d'Alexandrie, *Contre Julien*, « Adresse à l'Empereur », Paris, Éd. du Cerf, 1985, 3, 22 (*PG*, 3B = 508A ; pour les références au traité de Cyrille, voir la note 1 du texte grec).

déterminables avec une entière précision et font encore l'objet de controverses, mais on connaît les principaux maîtres du futur empereur. Après avoir été dirigé par l'évêque Eusèbe, Julien est confié, vers l'âge de 7 ans, à un pédagogue du nom de Mardonios. Ce lettré, très probablement païen, va exercer une forte influence sur l'esprit de son jeune élève, à en juger par les allusions que ce dernier fera à lui par la suite dans ses écrits. Mardonios a apporté à Julien les premiers éléments d'une culture différente de celle de ses maîtres chrétiens ; il lui a communiqué son amour pour Homère et pour Hésiode, et plus généralement son admiration pour l'hellénisme. Durant son séjour à Macellum, Julien poursuit ses lectures en profitant des livres prêtés par l'évêque Georges de Cappadoce, qui disposait d'une riche bibliothèque contenant, à côté d'ouvrages chrétiens, des livres de philosophie et de rhétorique[1]. De retour à Constantinople puis à Nicomédie (vers 350?), il étudie la grammaire et la rhétorique, vraisemblablement sous la direction de Nicoclès de Sparte[2] et d'Hécébolios. La dernière étape de sa formation – étape décisive pour son orientation philosophique – est constituée par la révélation de la philosophie néo-platonicienne à l'occasion de plusieurs voyages (après 351). À Pergame il rencontre un disciple de Jamblique, Aidésius, ainsi que le disciple de ce dernier, Chrysanthe, et c'est sans doute à cette époque qu'il entreprend de lire Jamblique (mort en 330). À Éphèse, en 351-352, il se lie avec Maxime, un autre disciple d'Aidésius. Ce Maxime, qui va l'accompagner le reste de

---

1. Cf. la *Lettre 107*.

2. Il lui révèle notamment Platon, Socrate, Aristote, Théophraste, si c'est bien Nicoclès qui est désigné dans le *Misopogon* en 353b (voir J. Martin, « Nicoclès de Sparte, maître de l'empereur Julien », *Antiquité tardive*, 17-2009, p. 18-23).

sa courte existence et l'assister à sa mort en Perse, paraît
à son tour avoir exercé une forte influence sur lui. Julien
rencontre encore, lors d'un court passage à Athènes
en 355, un autre néo-platonicien disciple d'Aidésius,
Priscus, mais sans suivre ses leçons ; lui aussi restera
lié avec Julien et sera présent lors de sa mort. D'après
Eunape, son séjour à Athènes a en outre été l'occasion
pour Julien d'être initié aux mystères d'Éleusis[1].

À la liste de ceux qui ont joué un rôle dans vie
intellectuelle de Julien, il convient d'ajouter les noms
de Libanios et de Thémistios. Le premier est un rhéteur
d'une grande notoriété, défenseur de la culture grecque et
partisan convaincu de la religion traditionnelle. Il restera
pour Julien un ami fidèle et continuera de le défendre
après sa mort, ce qui nous vaut d'importants témoignages
sur la vie et la personne de Julien[2] ; ce dernier l'admire
beaucoup et échange avec lui une correspondance dont
il subsiste quelques échantillons. Quant à Thémistios,
célèbre philosophe et orateur, connu surtout pour ses
paraphrases d'Aristote, Julien se lie avec lui à une date
indéterminée. Ils s'écrivent à partir de 335 environ, mais
on retient surtout la longue lettre que lui adresse le jeune
empereur, et qui est rangée à part dans la liste de ses
œuvres en raison de son contenu philosophique ; lettre
pleine de déférence, mais dans laquelle Julien n'hésite pas
à engager le débat sur l'opposition entre la vie active et la
vie contemplative.

1. *Vies de philosophes et de sophistes*, VII, 28 ; 33-34. Son adhésion
au culte de Mithra, tenue pour certaine par une partie des historiens,
est vivement contestée par d'autres (voir la mise au point récente de
T. Gnoli, « Giuliano e Mitra », *Antiquité tardive*, 7-2009, p. 215-234).

2. Principalement dans son *Autobiographie* et dans l'*Éloge funèbre
de Julien* (*Discours* XVIII).

Cette culture grecque, dans ses aspects à la fois artistique, philosophique et religieux, constitue à coup sûr un élément déterminant dans la formation de Julien, au point de supplanter peu à peu son héritage chrétien : quand il se réclame de sa « chère Grèce » comme de sa véritable patrie[1], c'est très clairement cette éducation et cette culture qu'il vise, non la dimension politique.

### III. L'apostasie

#### 1. Hellénisme et christianisme

L'apostasie qui a valu à Julien son surnom a fait couler beaucoup d'encre à travers les siècles, l'Empereur assumant à son corps défendant, selon les polémiques engagées à son propos, les rôles opposés du traître à la vraie foi et du héros de la libre pensée. Comme le *Contre les Galiléens* est une des conséquences les plus remarquables de son revirement, les conditions et les raisons de cette apostasie doivent être examinées de plus près. On a vu que l'époque à laquelle Julien a vécu est politiquement troublée, du triomphe de Constantin aux rivalités violentes qui opposent ses fils, au terme desquelles l'un d'eux, Constance, s'impose finalement comme seul maître de l'Empire. Mais les incertitudes ne sont pas moins grandes dans le domaine de la culture ou de la civilisation. De ce point de vue, deux choses intéressent directement le destin de Julien : la lente expansion du christianisme et la renaissance de l'hellénisme.

Ce dernier trait est parfois sous-estimé. La culture grecque, loin d'avoir disparu, retrouve une actualité

---

1. *Eusébie*, 12, 118d *sq.*

et une certaine vigueur au début du IVᵉ siècle. Depuis que les empereurs n'y résident plus[1], Rome perd peu à peu de sa primauté, bien que son prestige reste intact dans les discours et que les habitants de l'Empire soient toujours considérés comme des « Romains[2] »; plusieurs centres intellectuels renaissent ou se développent dans la partie orientale (à Athènes et en Asie mineure), où la culture est de langue grecque (ce qui vaut pour Julien, né à Constantinople et qui devra apprendre le latin par la suite). La littérature et l'art grecs retrouvent leur prestige et deviennent les modèles à imiter. Rhéteurs et philosophes y enseignent avec succès. On ne peut oublier que la philosophie grecque païenne continue à être enseignée jusqu'à la fermeture de l'école néo-platonicienne d'Athènes par Justinien en 529, et qu'à côté des maîtres et amis de Julien dont il vient d'être question, elle compte plusieurs grands noms jusqu'au VIᵉ siècle (Jamblique, Simplicius, Proclus, Damascius). À côté d'eux, divers intellectuels païens sont actifs dans l'Empire tout au long du siècle de Julien et au-delà, certains notoirement antichrétiens et d'autres plus discrètement[3].

---

1. Lors de l'instauration de la Tétrarchie, les deux princes d'Orient ont pour capitales Nicomédie et Sirmium, les deux occidentaux Milan et Trèves. En 330, Constantin fait de l'ancienne Byzance, désormais Constantinople, sa nouvelle capitale.

2. Quand il s'exprime comme empereur, Julien parle des habitants de l'Empire comme du « peuple romain » (*Mère des dieux*, 180 b), bien que culturellement il appelle la Grèce sa patrie (ci-dessus note 1, p. 16). Sur les rapports entre la Grèce et Rome, voir les précisions qu'il apporte dans *Hélios-Roi*, 152d *sq.*

3. Rutilius Namatianus, auteur du poème latin *Sur son retour*, Nicomaque Flavien, auteur récemment identifié de l'*Histoire Auguste*, Symmaque, Eunape de Sardes. Dans les *Confessions* (VIII, 2, 3), saint Augustin se fait l'écho du fait que dans la seconde moitié du IVᵉ siècle

Dans ce renouveau de l'hellénisme, il convient néanmoins de distinguer deux versants[1]. D'un côté, sophistes et rhéteurs développent une culture qu'on peut dire « de parade », centrée sur les aspects formels de la technique du discours, sans orientation intellectuelle spécifique et neutre du point de vue religieux (ce qui fait qu'on trouve aussi bien les Chrétiens parmi leur élèves). D'un autre côté, la philosophie néo-platonicienne prétend, elle, renouer avec les idéaux intellectuels et moraux de la Grèce ancienne, mais en y introduisant deux nouveautés : un syncrétisme qui prétend accorder entre elles les grandes traditions philosophiques (l'épicurisme excepté), comme si elles ne différaient que dans l'expression des mêmes vérités ; et une défense des cultes religieux anciens teintés de mysticisme et incluant une part de théurgie, éléments étrangers aux grandes doctrines de la philosophie grecque.

Le christianisme, de son côté, se répand peu à peu mais est encore loin d'avoir définitivement triomphé. Bénéficiant de la liberté accordée à tous les cultes par ce qu'on appelle « l'édit de Milan[2] » de 313, il engage la lutte contre les cultes païens et contre les coutumes qui leur sont liées ; bris d'idoles, destructions ou réaffectations de temples se produisent dès l'époque de Constantin,

---

« presque toute la noblesse romaine » pratiquait avec ferveur les rites païens. Sur cette persistance du paganisme, voir P. de Labriolle, *La réaction païenne*, Paris, 1934, ainsi que les ouvrages de P. Chuvin, S. Ratti et P. Veyne figurant dans la Bibliographie.

1. D'après J. Bidez, *La vie de l'empereur Julien*, p. 47.

2. Abusivement, semble-t-il : il y eut un édit de tolérance de Galère en 311, puis une lettre circulaire de Licinius et Constantin en 313 (*cf.* S. Ratti, *Polémiques entre païens et chrétiens*, p. 15 ; le même historien rappelle, p. 22, que dès 260 Gallien a pris des mesures de tolérance, « qui ont débouché sur une paix religieuse de plus de quarante années. »).

et l'empereur Constance prend une part active à cette lutte[1]. La religion chrétienne se heurte néanmoins à des résistances, dans l'aristocratie formée dans les écoles grecques, mais aussi dans le peuple[2]. Les païens occupent toujours des positions importantes dans l'administration et le haut enseignement, et il semble que jusque vers 394, date de la bataille de la Rivière froide[3], les païens soient nombreux à espérer reprendre le dessus sur le christianisme. Par ailleurs, des communautés attachées à la religion traditionnelle continuent à pratiquer leurs fêtes, et survivent au-delà même de 382, date à laquelle la liberté de culte leur est officiellement retirée.

L'Église souffre en outre des divisions résultant des nombreuses hérésies affectant sa doctrine. Ces divisions donnent lieu à de fréquentes violences entre Chrétiens qui scandalisent les historiens chrétiens eux-mêmes : « Ces supplices étrangers à ceux qu'utilisaient les païens étaient le fait de gens qui disaient être chrétiens », écrit Socrate[4]. Julien fait plusieurs allusions à ces dissensions,

---

1. Socrate, *Histoire ecclésiastique*, I, 3, 1 (destructions de temples et confiscations de statues sous Constantin). Un édit de Constance daté de 356 (*Code Théodosien*, XVI, 10, 6) menace de la peine capitale ceux qui s'adonnent aux sacrifices ou adorent des idoles.

2. *Cf.* Cyrille d'Alexandrie, *Contre Julien*, « Adresse à l'Empereur », 4, 17 (*PG*, 3D = 508C).

3. Bataille décisive entre les armées de l'empereur d'Orient, le chrétien Théodose, et celles de l'empire d'Occident commandées par le général d'origine franque Arbogast et Eugène ; ce dernier avait été fait empereur de la partie occidentale par Arbogast et bénéficiait du soutien de l'aristocratie païenne.

4. Socrate, *Histoire ecclésiastique*, II, 38, 10 (trad. Périchon-Maraval) ; *cf.* II, 27, 4-6. Voir encore II, 12, 6 ; 16, 12-13 (affrontement où périssent plus de 3000 hommes), et tout le chap. 28 du même livre II. Rappelons que Constance, arien déclaré, était en conflit quasi permanent sur le dogme avec Athanase.

dans lesquelles il voit une menace pour l'unité de l'Empire. La fragilité du christianisme se mesure aussi aux nombreux cas d'apostasie relevés au IV<sup>e</sup> siècle, jusque sous Théodose[1], lequel ne proclame l'interdiction définitive du paganisme et des hérésies qu'en 381 (avant de faire du christianisme la seule religion officielle en 394). En 384 encore, Symmaque, un intellectuel païen, qui occupait de hautes fonctions religieuses et politiques, adresse à Valentinien II (favorable à l'arianisme) une requête pour faire replacer l'autel de la Victoire dans la Curie. L'apostasie et la réaction anti-chrétienne de Julien s'inscrivent dans ce contexte, et ne peuvent en aucun cas être regardées comme l'initiative d'un individu étranger aux tendances de l'époque.

Rien de spectaculaire dans cet abandon de la foi chrétienne, qui n'apparaît pas comme un événement soudain, plutôt comme le résultat d'une lente évolution. Julien lui-même la situe vers sa vingtième année[2], soit en 351 ou 352, à l'époque de son retour à Constantinople puis à Nicomédie, après son exil en Cappadoce. Mais il continue alors à vivre comme son entourage chrétien[3], tout en laissant percer son secret dans certains de ses écrits[4]. Il ne révèle ses véritables convictions qu'après sa

---

1. Toute la section 7 du *Code Théodosien*, XVI est consacrée aux apostats, la dernière loi étant datée de 426.

2. *Lettre 111* (aux Alexandrins), 434d, p. 191.

3. Pour attirer la sympathie, Julien feint d'adhérer encore à la religion chrétienne, écrit Ammien Marcellin, qui ajoute qu'en janvier 361 il assiste aux offices de l'Épiphanie (XXI, 2, 4-5). *Cf.* Eunape, VII, 34.

4. On trouve plusieurs allusions à la religion païenne dans le discours *Sur les actions de l'empereur ou sur la royauté* qui date de 358-359 ; mais il n'est pas assuré que ce texte ait réellement été adressé à Constance.

rupture avec Constance, et lorsque ce dernier meurt, en novembre 361, il leur donne enfin libre cours.

## 2. *Les raisons de Julien*

Un tel revirement, qui ne se limite pas aux débats intérieurs d'un individu mais intéresse tout l'Empire, mérite d'être examiné de plus près. Sans prétendre tout expliquer, on peut néanmoins avancer plusieurs hypo-thèses. La formation intellectuelle du futur empereur a manifestement joué un rôle déterminant. On a vu que le jeune Julien a été plus ou moins contraint par les circonstances à se livrer assidûment aux études, même si cette orientation répondait en même temps à ses propres aspirations. Il a beaucoup lu, et a eu la chance d'avoir des maîtres zélés et compétents, notamment dans les personnes de Mardonios et de Nicoclès, qui ne l'ont pas seulement familiarisé avec la culture grecque mais lui en ont révélé la force et les beautés. Dans l'ambiance de retour à l'hellénisme qui imprègne ce temps, Julien n'est pas seul à être séduit, on l'a vu, mais cet apprentissage semble avoir suscité en lui plus qu'un intérêt purement théorique pour les produits d'un passé éloigné : un véritable enthousiasme pour un idéal de vie, idéal que les enseignements de ses maîtres chrétiens ne parvenaient pas à contrebalancer. Il serait sans doute erroné, par suite, de ne voir dans la distance peu à peu prise par rapport au christianisme, comme dans les critiques acerbes qu'il lui réserve plus tard, que le simple effet d'un examen rationnel des dogmes et de la morale de la religion nouvelle. C'est toute sa personnalité qui se sent en affinité avec le monde de la Grèce classique, et qui est heurtée par un certain nombre de traits propres au

christianisme qu'il observe autour de lui, dans la doctrine (la théologie du baptême[1], le culte des martyrs) et peut-être surtout dans les comportements : les dissensions et querelles incessantes entre Chrétiens sur le dogme, la cruauté des empereurs pourtant adeptes de la religion nouvelle[2] (même si Constantin et Constance ne se font baptiser qu'au moment de mourir); le retentissement que ces attitudes et ces événements ont eu sur l'esprit de Julien se laisse clairement lire dans le récit qu'il en fait lui-même sous forme de mythe[3]. – Parmi les motifs de nature culturelle qui ont pesé sur son évolution, on doit probablement compter aussi avec l'influence qu'ont pu exercer sur lui des amis comme Thémistios, Libanios ou Salluste[4], païens cultivés et attachés aux anciennes traditions de la Grèce.

1. Les *Césars* se terminent sur une violente attaque contre l'affirmation prêtée à Jésus de laver les pires crimes avec un peu d'eau. Même thème chez Zosime, *Histoire nouvelle*, II, 29, 3-4.

2. Certains voient dans cette duplicité une des plus sérieuses raisons de son apostasie (C. Lacombrade, Notice des *Césars*, C.U.F., 1965, p. 25). Constantin avait fait exécuter plusieurs proches, dont sa femme Fausta et son fils Crispus en 326 (Ammien Marcellin, XIV, 11, 20); sur la cruauté de Constance, on a des témoignages tout aussi accablants (Ammien, XXI, 16, 8-10).

3. *Contre le Cynique Héracleios*, 22, 227c sq.

4. Ce dernier, placé par Constance comme questeur auprès du *César* Julien en Gaule, était un individu très éduqué et expérimenté, qui a efficacement secondé Julien. Dévoué au culte païen, il est pour le jeune *César* un confident et un guide. Dans la lettre qu'il lui envoie après son rappel par Constance, Julien lui rend un hommage émouvant et le compare à Mardonios (*À propos du départ de l'excellent Salluste*, 241c). – Ce Salluste est très certainement Saturninius Secundus Salutius, dans la suite préfet d'Orient, à qui les soldats ont proposé l'Empire après la mort de Julien, mais qui a refusé. On admet, mais sans certitude, qu'il est aussi l'auteur du petit traité *Des dieux et du monde* (attribué à « Salluste le philosophe »); ce résumé des principaux mythes et croyances de la

Julien a manifestement profité de l'enseignement des rhéteurs[1], pourtant il ne manque pas une occasion de prendre ses distances avec eux, leur reprochant leur formalisme creux et leurs airs pompeux. C'est qu'il se veut philosophe, et s'il déplore de ne pas avoir pu mener ses études de philosophie jusqu'à leur terme, il se dit en tout cas « uniquement épris de philosophie[2] ». Admirateur de Socrate, de Platon, de Marc-Aurèle, du cynisme ancien, entre autres (il cite beaucoup de noms, ou reprend sans les nommer des thèmes empruntés à Épictète, à Sénèque, à Plotin), il s'en inspire volontiers mais n'est cependant ni platonicien ni stoïcien ni cynique au sens où nous l'entendons (tout au plus adopte-t-il un mode de vie qu'on peut appeler « cynique » : port de la barbe, habits négligés, ascétisme[3]). C'est la découverte du néo-platonisme qui le marque le plus profondément, celui de Jamblique et de ses successeurs, tout imprégné de syncrétisme philosophique et de mysticisme religieux. Par ailleurs initié à divers cultes à mystères (Éleusis, Hélios[4]), il semble que la philosophie néo-platonicienne lui ait permis de donner à ses croyances une forme plus rationnelle, notamment par la pratique systématique de l'interprétation allégorique. En dépit de sa défiance

religion traditionnelle, interprétés de façon à les rendre acceptables philosophiquement, est proche des idées de Julien, et participe de toute manière du même projet de réhabilitation du paganisme.

1. Voir par exemple *Héracleios*, 13, 218a *sq.*

2. *Thémistios*, 2, 254b. Il est « parvenu *au seuil* de la philosophie », écrit-il dans l'*Héracleios*, 235a (souvenir d'Épictète, *Entretiens*, II, 16, 34?). Ailleurs il se présente comme à la fois homme de guerre – ou d'État – et philosophe (*Héracleios*, 211b; cf. *Mère des dieux*, 180c; *Cyniques ignorants*, 203b).

3. Voir surtout ce qu'il dit de lui dans le *Misopogon*.

4. Ci-dessus, note 1, p. 15.

envers ses capacités, Julien en vient à esquisser un système philosophique en partie original : sur la connaissance (notamment sur la fonction du mythe), sur la hiérarchie des dieux et les niveaux de la réalité, sur les conséquences qui en découlent quant à la religion et au culte, il avance des thèses proches de celles des Néo-platoniciens mais qui ne se confondent pas avec elles, et qui diffèrent en particulier de celles de Jamblique malgré l'admiration que Julien lui porte[1]. Il est par ailleurs l'élève ou l'ami, on l'a dit, du théurge Maxime, de Priscus, de Chrysanthe. Ils sont alors un certain nombre de philosophes ou d'intellectuels à partager le désir de restaurer dans leur dignité les cultes de l'ancienne religion, attaqués – en paroles, mais aussi matériellement – par les Chrétiens. Il est difficile de savoir de quel poids ces théories philosophiques ont pesé dans l'apostasie proprement dite de Julien, notamment parce que cette dernière, d'après la date fournie par Julien lui-même, remonte à une époque à peu près contemporaine de ses lectures néo-platoniciennes ; mais en la matière une chronologie, même connue avec exactitude, ne permet guère de trancher, parce que des convictions philosophiques peuvent se développer de façon latente et en dehors de tout enseignement[2]. On

---

1. Les positions philosophiques qu'on vient d'évoquer apparaissent principalement dans l'*Héracleios*, la *Mère des dieux* et l'*Hélios-roi*. Comme elles n'interviennent jamais directement dans la polémique contre les Galiléens, on ne s'y attardera pas ici. Pour une analyse plus complète de la philosophie de Julien, voir J.-C. Foussard, « Julien philosophe », dans *L'empereur Julien*, sous la direction de R. Braun et J. Richer, vol. I, p. 189-212 ; P. Athanassiadi, *Julian. An Intellectual Biography*, London-New York, Routledge, 1992 ; M.C. De Vita, *Giuliano Imperatore filosofo neoplatonico*, Milano, Vita e pensiero, 2011.

2. Au début d'*Hélios-Roi*, Julien déclare qu'il a dès son enfance éprouvé un amour passionné pour les rayons du dieu Hélios (le Soleil), qu'il admirait la nuit le ciel étoilé, sans qu'aucun livre ne lui ait rien enseigné sur ces questions (130c-131a).

constate en tout cas que, une fois Julien devenu empereur, ces théories ont joué un rôle important dans son action politique.

À l'ensemble des raisons culturelles et philosophico-religieuses qui permettent de comprendre son apostasie s'ajoutent en effet des motifs de nature clairement politique. Ce qui précède donne à penser que Julien est avant tout un homme d'études, tourné vers la réflexion et préoccupé de culture ou de religion. En fait, à partir du moment où il est associé à l'Empire comme *César*, il assume des responsabilités militaires et politiques de premier plan. Général souvent victorieux, stratège habile, sachant parler à ses soldats, il est incontestablement un homme d'action, même s'il avoue n'avoir accepté qu'avec résignation, au début, le rôle qu'on lui impose[1]. Il prend en tout cas ce rôle au sérieux et, une fois seul maître, le sort de l'Empire devient sa préoccupation principale. Or cet Empire lui apparaît en décadence. Les troubles politiques dont il a été le témoin avant son accession au pouvoir, et notamment les querelles incessantes (et sanglantes) entre les prétendants à la dignité suprême depuis le début du siècle, non moins que les divisions engendrées dans la population par les querelles théologiques – la distinction entre le religieux et le politique étant d'ailleurs artificielle, puisque les empereurs prennent ouvertement parti dans les affaires religieuses – l'affectent profondément. Les convictions personnelles se rencontrent ici avec les préoccupations politiques, et Julien se convainc que les malheurs du temps sont dus à l'abandon des antiques traditions, principalement des traditions religieuses[2]. Les restaurer dans leur ancien éclat devient dès lors une tâche

---

1. Ci-dessus, *Eusébie*, 13, 121b-c.
2. Voir par exemple la brève *Lettre 83*, p. 143-144.

impérative, et la lutte contre le christianisme en découle tout naturellement.

Le détail de l'action entreprise à partir de ce constat ne peut être exposé ici. Ce qui mérite d'être remarqué, néanmoins, c'est l'union étroite entre la pensée de Julien et son œuvre de réformateur politique. Il serait erroné, croyons-nous, de mettre son hostilité envers le christianisme au compte exclusif de son ambition réformatrice, comme, inversement, de voir dans son activité d'homme d'État un prolongement circonstanciel de ses convictions. En très peu d'années, la chose vaut d'être soulignée, à partir du moment où il accède aux responsabilités, il déploie une activité assez extraordinaire dans les deux domaines[1]. Il rédige plusieurs textes de nature philosophique et multiplie en même temps les actes de gouvernement, qu'il s'agisse d'administration ordinaire, de problèmes militaires ou de mesures spécifiquement orientées vers la réforme religieuse. Un exemple de cette concentration des efforts et de la convergence des préoccupations de l'Empereur : entre mars et juin 362, il rédige les traités *Contre Héracleios*, *À la Mère des dieux*, *Contre les Cyniques ignorants*, en même temps qu'est préparée la fameuse loi scolaire dirigée contre les Chrétiens[2]

---

1. « Quelqu'un dira : "Comment a-t-il pu faire tant de choses en si peu de temps ?" et il aura raison. » (Mamertin, *Remerciement à Julien*, 14, 2). Voir aussi Libanios, *Discours XVIII*, 174 ; *Lettre 369* (« Il se battait comme s'il n'avait rien eu d'autre à faire, et vivait au milieu des livres comme s'il était loin des champs de bataille », passage traduit dans Julien, *Œuvres*, II, 1, C.U.F., p. 189).

2. Promulguée en juin. Elle interdit aux maîtres chrétiens d'enseigner les lettres grecques (Ammien Marcellin, XXII, 10, 7 ; XXV, 4, 20). Voir le décret dans les *Lettres*, p. 72 ; le texte qui suit (*Lettre 61C*, p. 75) précise que Julien n'interdit pas pour autant aux jeunes gens l'entrée des écoles, quelles que soient leurs convictions. – Ses mesures contre les Chrétiens

et que se profile l'expédition contre la Perse. Autre illustration frappante de ce qu'on pourrait considérer comme une confusion des genres, la longue lettre que Julien envoie à un certain Théodore, grand prêtre : il s'y exprime en chef d'État et en Grand Pontife, pour lui donner des instructions précises sur la réforme du clergé et du culte, en s'appuyant explicitement sur des arguments philosophiques[1].

## IV. *L'écrit* Contre les Galiléens

Le *Contre les Galiléens* n'est pas le seul témoignage que nous ayons de l'hostilité de l'Empereur à l'égard du christianisme. Diverses critiques ou allusions malveillantes

ne s'accompagnaient pas de persécutions sanglantes, à ce qu'il semble ; « Je ne veux pas qu'on mette à mort les Galiléens ni qu'on les frappe injustement ni qu'on les maltraite d'aucune manière », écrit-il dans la *Lettre 83*. L'historien chrétien Socrate cite quelques cas de persécution dans les provinces (III, 15 et 19), mais il n'accuse pas directement Julien de les avoir ordonnées. Cela explique que des Chrétiens parlent parfois de lui en termes partiellement élogieux (*cf.* Prudence, *Apothéosis*, 449 *sq.*). La politique de Julien à l'égard des Chrétiens a été souvent étudiée et commentée ; pour un résumé de la question, voir R. Braun, « Julien et le christianisme », dans R. Braun et J. Richer (dir.), *L'empereur Julien*, I, p. 159-187, spécialement p. 166-175.

1. *Lettre 89*, p. 151 *sq.* Constantin et Constance – pour ne pas remonter plus haut – se considéraient pareillement comme responsables des questions religieuses ; le titre de Grand Pontife des empereurs ne sera abandonné qu'en 383, par Gratien (P. Chuvin, *Chronique des derniers païens*, p. 63). Constance intervient régulièrement dans les controverses incessantes autour du Symbole de la foi (*Credo*) (Socrate, II, 37 ; Sozomène, IV, 16 *sq.*), mais on ne lui connaît pas de traités philosophiques.

parsèment en effet ses autres ouvrages[1], mais on a affaire avec ce texte à une entreprise systématique destinée à réfuter méthodiquement les croyances et les pratiques de la nouvelle religion. Julien avait annoncé avant son départ pour ce qui devait être sa dernière expédition qu'à son retour il s'attacherait à reprendre le combat[2], persuadé qu'il était que le salut de l'Empire en dépendait. En fait, il semble qu'il ait écrit et achevé son traité à Antioche, durant l'hiver 362-363, alors qu'il était en route pour la Perse[3].

### 1. *Origine et nature*
### *du* Contre les Galiléens *que nous possédons*

Le statut de cet écrit présente plusieurs particularités qu'il importe d'avoir à l'esprit.

a) Il faut savoir tout d'abord qu'il ne s'agit pas d'un écrit transmis avec les autres œuvres de Julien, mais d'une œuvre connue uniquement par la tradition indirecte, c'est-à-dire par les citations qu'en font des auteurs postérieurs. En l'occurrence, l'essentiel de ce à quoi nous avons accès est dû à un traité du patriarche Cyrille d'Alexandrie (v. 376-444), le *Contre Julien* qui, comme l'indique son titre, se veut une réfutation de l'Apostat au nom de l'orthodoxie chrétienne. Ouvrage important aux yeux de son auteur puisqu'il devait s'étendre sur 30 livres; il ne nous en reste que les 10 premiers dans leur

1. Quand il est question d'eux, les « Galiléens » sont régulièrement traités d'impies ou d'athées: *Héracleios*, 224b; *Mère des dieux*, 174b; *Misopogon*, 357c-d; *Lettres 89A* (454b) et *89B* (305b et d), etc.
2. Sozomène, *Histoire ecclésiastique*, VI, 2, 9; *cf.* Grégoire de Nazianze, *Discours V*, 25.
3. Selon le témoignage de Libanios, *Discours XVIII*, 178. Probablement juste après les *Césars* et l'*Hélios-Roi*, tous deux de décembre 362.

intégralité, ainsi que des fragments des livres 11 à 20, ce qui représente malgré tout un ensemble respectable. Pour les besoins de sa critique, Cyrille est conduit à citer un certain nombre de passages de Julien, de longueur inégale, mais qui ont le grand intérêt d'être présentés comme des citations littérales. Quelques fragments assez brefs ont en outre été retrouvés chez d'autres auteurs chrétiens, d'un intérêt moindre néanmoins.

b) Il suit de là que le texte que nous lisons est en réalité le résultat de reconstitutions : les savants qui se sont occupés de la question ont dû d'abord isoler avec précision les citations de Julien (tout en les situant dans le contexte du traité de Cyrille), puis les assembler dans l'ordre qui leur paraissait le plus vraisemblable. On se réfère ordinairement aujourd'hui aux deux plus récentes de ces restitutions, celle de K.J. Neumann qui date de 1880, celle de E. Masaracchia publiée en 1990[1].

c) On notera en outre que l'ensemble des fragments ainsi rassemblés ne couvre qu'une partie de l'œuvre originale. Le *Contre les Galiléens* comportait plusieurs livres, au minimum trois, peut-être sept, les spécialistes restant divisés sur la question ; or les fragments subsistants concernent presque uniquement le premier livre. Ce qui signifie, en toute hypothèse, qu'une partie importante, voire la plus grande partie de l'ouvrage nous est inaccessible.

d) On observe enfin que le titre même du traité n'est pas assuré. Les auteurs anciens qui le mentionnent utilisent

---

1. La première publication séparée du *Contre les Galiléens* est due au Marquis d'Argens, qui a fait paraître en 1764 à Berlin les passages de Julien extraits du *Contre Julien* de Cyrille sous le titre *Défense du paganisme par l'Empereur Julien, en grec et en françois.*

plusieurs expressions équivalentes (« le discours contre les Chrétiens », « l'accusation contre les Chrétiens ») sans évoquer précisément un titre. On peut considérer que celui devenu traditionnel de *Contre les Galiléens* est très vraisemblable [1], Julien n'utilisant pas le mot « chrétien [2] » et préférant appeler ses adversaires « Galiléens », c'est-à-dire ceux qui suivent l'enseignement de Jésus de Galilée.

### 2. *La méthode de Cyrille* et le plan du Contre les Galiléens

Cette situation globalement défavorable nous permet malgré tout d'avoir accès à un certain nombre d'éléments importants de la position de Julien face au christianisme. Mais on ne peut ignorer que c'est à travers le filtre d'un adversaire, et qu'il nous manquera toujours le détail et l'articulation exacte de la démonstration originale (des *fragments* en sont par nature incapables), ainsi que les arguments exposés dans les livres suivants, qui, à la différence du premier où il est davantage question des Hébreux et de l'Ancien Testament, visaient de façon plus spécifique Jésus et le Nouveau Testament.

Cet état de fait invite d'autant plus à s'interroger sur la méthode – et partant sur la fiabilité – de l'intermédiaire qu'est pour nous le patriarche Cyrille. Au début de son livre II [3], ce dernier donne à son lecteur plusieurs précisions avant d'entrer dans le vif du débat : il cite,

---

1. Avec P. Évieux, Introd. au *Contre Julien* de Cyrille d'Alexandrie, p. 28.

2. Le mot apparaît une fois dans une lettre (114, 437d), mais c'est à l'intérieur d'une citation de l'évêque de Bostra.

3. *Contre Julien*, II, 2.

affirme-t-il, le texte de l'Empereur mot pour mot, en opposant ses propres arguments aux mensonges de Julien ; quand cependant il rencontre des calomnies malsonnantes, il n'en donne pas le détail et se contente de les réfuter ; comme, selon lui, Julien parle à tort et à travers et aborde beaucoup d'idées en revenant plusieurs fois sur un même argument, Cyrille propose une réorganisation du texte en répondant au fur et à mesure aux attaques. Cet avertissement permet de tirer une triple conclusion : d'abord, que ce qui est présenté comme citation littérale (introduite en général par le verbe φησίν, « [Julien] dit », et suivie d'une reprise à la première personne, « j'estime, je pense », ou de ce qui est manifestement un commentaire de Cyrille) a de bonnes chances de nous offrir réellement le texte de Julien ; en second lieu, que les passages les plus virulents, jugés offensants, sont omis, donc que le caractère polémique global de l'ouvrage est plus ou moins fortement atténué ; enfin que l'ordre adopté par Cyrille ne correspond pas systématiquement à celui de Julien. Certains spécialistes estiment toutefois que le *Contre Julien* permet de retrouver avec une certaine vraisemblance le plan original[1]. Cette situation explique les divergences qu'offrent les éditions modernes.

Dans la dernière en date, publiée par E. Masaracchia en 1990, plutôt que de reconstituer de façon hypothétique et plus ou moins arbitraire le plan original, l'auteur a choisi de suivre l'ordre d'apparition des passages de Julien dans le *Contre Julien* de Cyrille (à une exception près)[2]. Autre particularité de cette édition, E. Masaracchia a inclus dans

---

1. P. Évieux, Introduction au *Contre Julien* de Cyrille, p. 29-33.
2. E. Masaracchia, Introduction, p. 47.

sa sélection des passages qui ne sont pas des fragments au sens strict, mais des paraphrases ou des résumés dus à Cyrille et quelques autres, en les imprimant néanmoins dans une taille de caractères inférieure pour les distinguer des fragments proprement dits. Elle signale enfin, dans un apparat distinct, divers parallèles aux fragments et aux paraphrases qu'on peut trouver dans l'ouvrage de Cyrille, se contentant d'y renvoyer le lecteur sans les citer intégralement dans la mesure où ils ne contiennent aucune information supplémentaire.

Cette édition ayant servi de base à notre publication, il s'ensuit que l'analyse du contenu de notre traité reste conjecturale. Le « plan » que nous proposons plus loin, p. 42-44, ne prétend donc pas restituer le plan des parties de l'ouvrage auxquelles se rapportent les fragments : il s'agit d'une explicitation des principaux thèmes abordés, dans l'ordre dans lequel ils apparaissent dans le texte et la traduction, cette explicitation devant permettre de se repérer plus aisément dans la lecture ou la consultation de l'ouvrage. En parcourant cette revue des thèmes, quelques traits généraux peuvent cependant être dégagés. On remarque d'abord que Julien semble avoir concentré ses attaques sur un nombre limité de points, mais qui pour la plupart concernent des questions essentielles dans l'économie de la doctrine qu'il combat (la création, la nature de Dieu, le péché originel, la divinité de Jésus). Cette attention portée aux dogmes n'exclut pas, toutefois, un intérêt marqué pour les pratiques religieuses comme les sacrifices ou le régime alimentaire. On note d'autre part que la volonté d'affirmer la supériorité de la culture grecque sur celle des Hébreux et de ceux qui prétendent les suivre s'accompagne à l'occasion d'une certaine indulgence pour ces derniers, quand il s'agit d'abaisser les

Galiléens. Peut-être sera-t-on surpris enfin que le dessein de Julien de mettre en avant les valeurs de l'hellénisme ne le conduise pas à faire davantage état des philosophes et écrivains qui lui sont si chers, à l'exception de Platon cité au début (fragments 5-10); mais l'état lacunaire de notre collection ne permet pas de tirer argument de cette relative discrétion.

## CONCLUSION

Le *Contre les Galiléens* appartient clairement au groupe des écrits polémiques de Julien. Qu'il s'en prenne (dans le *Contre Héracleios* ou le *Contre les Cyniques ignorants*) aux philosophes, coupables à ses yeux de dévoyer la tradition philosophique grecque tout en prétendant la continuer, ou aux « Galiléens » qui veulent imposer une nouvelle religion, Julien poursuit un même objectif : faire tout ce qui est en son pouvoir pour réformer l'Empire en restaurant les anciennes valeurs intellectuelles et religieuses. Le *Contre les Galiléens* est donc, de l'aveu même de l'auteur, un ouvrage de combat et l'on ne s'étonnera pas que le ton en soit assez vif, encore que les « calomnies malsonnantes » aient été retranchées par Cyrille; si la critique semble parfois injuste, personne ne met en doute la sincérité de Julien ni le sérieux de ses intentions. Quoi qu'il en soit, on voudrait pour finir souligner trois traits.

1. Julien connaît son sujet. Il a été élevé dans la foi chrétienne et ses premiers maîtres lui ont fait lire et étudier les textes de l'Ancien comme du Nouveau Testament. Il a participé au culte et a été témoin des comportements

ordinaires – en bien comme en mal[1] – des Chrétiens. Les citations qui parsèment son ouvrage sont fidèles et conformes, à quelques détails près, au texte que nous lisons aujourd'hui dans la Bible grecque[2]. On ne peut donc pas l'accuser d'être mal informé, de s'appuyer sur une documentation insuffisante ou de déformer les textes pour les besoins de sa démonstration, tout au plus de les interpréter à sa manière.

2. Le plus souvent, la réfutation de Julien ne se fait pas au nom d'une philosophie concurrente. L'auteur se réfère certes à Platon, notamment au *Timée*, et laisse percer ici ou là des éléments de sa propre théologie, mais le *Contre les Galiléens* se comprendrait aussi bien si l'on ignorait ses traités *À la Mère des dieux* ou *À Hélios-Roi*. Ces références servent plutôt à soumettre au lecteur un modèle différent et à offrir des éléments de comparaison. De toute manière, combattre une doctrine à partir d'une autre implique qu'on expose longuement, méthodiquement, les arguments de cette dernière, ce qui constitue une entreprise d'un autre ordre. Julien s'adresse d'abord et directement[3] à ceux qu'il combat, à partir de

---

1. On se souvient qu'il avait été frappé par leurs œuvres de charité et qu'il souhaitait les voir reprises par son clergé païen. En sens inverse, la cruauté du très chrétien Constance et les intrigues de son entourage l'ont beaucoup affecté.

2. On sait que le Nouveau Testament nous est parvenu en grec. Pour l'Ancien, Julien disposait de la Septante, c'est-à-dire de la traduction censée avoir été réalisée à Alexandrie par 72 rabbins, à la suite d'une demande de Ptolémée II Philadelphe, aux IIIe-II[e] siècles. La fidélité des citations de Julien étonne moins si on se rappelle que l'Empereur emportait beaucoup de livres avec lui, y compris dans ses expéditions militaires (*Eusébie*, 15, 124a-d).

3. Il les interpelle, s'adresse à eux en leur disant « vous », « les vôtres ».

leurs textes et de leurs pratiques, pour mettre en évidence ce qu'il considère comme des contradictions (dans les textes) et des infidélités (quand il s'agit des conduites). Cette critique est d'allure rationaliste, et le mysticisme qui se manifeste dans d'autres écrits de Julien n'apparaît guère.

3. Julien n'est ni le seul ni le premier à s'en prendre aux religions juive[1] et chrétienne. Parce qu'ils ont pu inspirer l'Apostat, deux ouvrages au moins méritent d'être mentionnés : le *Discours vrai* (appelé parfois *Contre les Chrétiens*) de Celse au IIe siècle et le *Contre les Chrétiens* de Porphyre au siècle suivant[2]. La comparaison de ce qui reste de ces textes avec les fragments de Julien révèle bien des similitudes, d'où l'on a conclu que ce dernier a emprunté ses arguments à ses devanciers. On ne peut l'assurer, dans l'ignorance où nous sommes par ailleurs de ce qu'il a pu connaître de ces deux ouvrages, et les similitudes s'expliquent aisément par l'identité des

---

1. Du fait que les fragments conservés appartiennent majoritairement au livre I de Julien, il y est davantage question de l'Ancien Testament et des Hébreux. Mais notre homme a des indulgences pour ces derniers et reproche aux Chrétiens, entre autres choses, d'être infidèles à leurs devanciers. On sait par ailleurs que l'Empereur s'est parfois montré conciliant avec les Juifs de son temps, et qu'il a proposé de reconstruire le temple de Jérusalem (Ammien Marcellin, XXIII, 1, 2-3 ; Julien, *Lettre 89*, 295c ; *Lettre 134*).

2. Sur le premier – connu, comme le livre de Julien, par une réfutation, en l'occurrence celle d'Origène dans son *Contre Celse* – voir *DPhA*, II, 1994, p. 255 ; sur le second, qui ne subsiste lui aussi que dans des fragments, voir *DPhA*, V b, 2012, p. 1419-1447. Les diverses attaques contre le christianisme, avant et après Julien, sont longuement analysées dans le livre cité de P. de Labriolle, *La réaction païenne*. Pour ce qui concerne les opinions (souvent critiques) des écrivains de l'Antiquité sur les Juifs, voir Th. Reinach, *Textes d'auteurs grecs et romains relatifs au Judaïsme*, 1895, rééd. et augmenté, Paris, Belles Lettres, 2007.

projets et du point de vue « rationaliste » des auteurs.
On ne doit pas ignorer non plus qu'une partie non
négligeable des critiques émises par les adversaires du
christianisme se rencontrent dans les débats qui opposent
les unes aux autres les sectes chrétiennes, en ces temps où
ce qui deviendra l'orthodoxie se constitue peu à peu à
travers des polémiques parfois violentes[1].

Quoi qu'il en soit, la personnalité de Julien, bien
connue par ses propres écrits et par les nombreux témoignages des historiens anciens, ainsi que sa situation
institutionnelle de souverain de l'Empire, donnent à son
écrit un relief tout particulier. Il n'est pas douteux que la
notoriété du personnage dans les siècles suivants ne soit
due d'abord et avant tout à sa position singulière face
au christianisme – de l'adhésion apparemment sincère
à l'apostasie, puis au combat d'idées contre la nouvelle
religion – ainsi qu'à l'ouvrage où cette position s'exprime
avec une particulière vigueur, le *Contre les Galiléens*. La
figure de Julien a en effet connu une étonnante fortune, et
il est impossible de citer ne serait-ce que les noms de tous
les écrivains et philosophes qui se réfèrent à elle ou en font
le sujet de leurs œuvres[2]. Contentons-nous de remarquer
que jusqu'au XVIᵉ siècle environ Julien représente une
sorte d'incarnation du mal (voire du Malin) aux yeux

1. On rencontre dans ces controverses des arguments très proches
de ceux utilisés par Julien ; telle la théorie des « fausses péricopes », selon
laquelle certains passages des Écritures ont été falsifiés vu que, disent
les adeptes de cette théorie, ils donnent de Dieu une image contraire à
la vérité (voir les *Écrits apocryphes chrétiens*, vol. II, éd. publiée sous la
direction de P. Geoltrain et J.-D. Kaestli, « Bibliothèque de la Pléiade »,
Paris, Gallimard, 2005, p. 1209-1210, et la suite).

2. On trouvera une très riche information sur ce point dans les deux
forts volumes, aux titres éloquents, dirigés par R. Braun et J. Richer,
*L'empereur Julien*, I. *De l'histoire à la légende* (331-1715) ; II. *De la
légende au mythe* (de Voltaire à nos jours).

des Chrétiens. Montaigne est le premier, semble-t-il, à proposer de l'Empereur un portrait élogieux malgré quelques réserves[1]. Dans les siècles suivants, cette image foncièrement négative ne disparaît pas, mais elle est concurrencée par des réhabilitations partielles, et bientôt par de véritables panégyriques, où Julien est devenu le héros de la libre pensée, voire de la tolérance[2].

Pour ce qui est de la postérité immédiate du *Contre les Galiléens*, on sait que les arguments de Julien ont circulé dans les milieux intellectuels païens et chrétiens. Dans le court règne de Jovien (363-364), plutôt tolérant en matière de religion, les païens continuent à célébrer celui qui a tenté de restaurer les anciens cultes; mais les empereurs suivants, Valentinien et Valens, reviennent sans ambiguïté au christianisme, et les intellectuels chrétiens s'emploient dès lors à combattre l'influence que l'Apostat pouvait encore exercer à travers ses écrits. Plusieurs de ces ouvrages dirigés contre Julien ont survécu, par exemple les *Discours* 4-5 (*Contre Julien*) de Grégoire de Nazianze ou le *Discours sur Babylas*[3] de Jean Chrysostome, d'autres sont connus par leurs titres; mais on ne peut citer que trois auteurs qui s'en sont expressément pris au *Contre*

1. *Essais*, II, 19, « De la liberté de conscience ».

2. C'est le cas particulièrement en France au XVIIIe siècle, avec Montesquieu, Diderot et surtout Voltaire, qui cite souvent le nom de Julien et lui consacre divers développements (notamment un article du *Dictionnaire philosophique*, et plusieurs chapitres de L'*Examen important de Milord Bolingbroke*).

3. Babylas, ancien évêque d'Antioche mort en martyr, avait été inhumé à Daphné près du temple où Apollon rendait des oracles. La présence de ces restes ayant, selon Julien, rendu muet l'oracle, l'Empereur ordonna de retourner la dépouille de Babylas à Antioche, à l'indignation des Chrétiens (*cf.* Julien, *Misopogon*, 361b; Ammien Marcellin, XXII, 12, 8). Vers 379, Jean Chrysostome se réfère à cet épisode pour attaquer Julien et sa politique de restauration du paganisme.

*les Galiléens* avant Cyrille[1] : Théodore de Mopsueste, vers 378, qui nous livre quelques fragments supplémentaires de l'ouvrage ; Philippe de Sidè, entre 398 et 404 ; Alexandre de Hiérapolis, à une date incertaine. Pourtant lorsque Cyrille rédige son *Contre Julien* dans les années 430, il reconnaît que l'éloquence de Julien a ébranlé bien des esprits, y compris certains esprits affermis dans la foi ; les païens prétendent même, ajoute-t-il, que jusqu'ici aucun docteur n'a été capable de réfuter l'Empereur[2]. C'est la raison pour laquelle Cyrille se met à l'ouvrage ; quand on songe que le docteur chrétien n'envisageait pas moins de 30 livres pour réaliser son projet, on doit en conclure que la diatribe de Julien lui paraissait encore bien menaçante une soixantaine d'années après sa rédaction.

### NOTE SUR LE TEXTE ET LA TRADUCTION

1. Dans ce volume, nous reproduisons et traduisons les fragments du *Contre les Galiléens* en suivant l'ordre et le texte de la dernière édition critique, celle d'Emanuela Masaracchia (Giuliano Imperatore, *Contra Galilaeos*, Roma, Edizioni dell'Ateneo, 1990). Cette édition constitue en effet un progrès significatif par rapport à l'importante édition de K.J. Neumann[3].

---

1. Sur les réponses chrétiennes à Julien, dirigées contre lui ou contre son traité avant Cyrille, voir P. Evieux, Introduction au *Contre Julien* de Cyrille, p. 52-58. Socrate, lui, assure que *beaucoup* ont donné la réplique à Julien et à Porphyre, et réfuté leurs arguments (III, 23, 27).

2. *Contre Julien*, « Adresse à l'empereur », 4-5 (*PG*, 3D-4A = 508B *sq.*).

3. *Iuliani imperatoris librorum contra Christianos quae supersunt*, collegit recensuit prolegomenis instruxit C.I. Neumann, Leipzig, 1880. Pour le détail des différences entre ces deux éditions, *cf.* l'Introduction de Masaracchia à son édition, p. 36-50.

a) Nous avons maintenu les choix textuels de Masaracchia, sauf en quelques rares occasions signalées par une note de bas de page. Une nouvelle édition critique du *Contre Julien* de Cyrille ayant paru depuis[1], il était néanmoins indispensable de comparer le texte le plus récent avec celui de l'éditrice italienne. Il se trouve que les divergences entre les deux dans le choix des variantes et des conjectures sont dans l'ensemble peu significatives et sans incidence notable sur le sens des fragments de Julien. Dans quelques cas cependant, lorsque les derniers éditeurs parlent d'erreurs ou de choix non justifiés de la part de Masaracchia, nous avons cru bon de les signaler au lecteur dans l'Annexe ci-dessous p. 221.

b) Masaracchia imprime un texte qui comporte deux tailles de caractère : la taille normale est utilisée pour ce que l'on peut considérer comme un véritable fragment du *Contre les Galiléens*[2] ; une taille plus petite est utilisée soit pour fournir le contexte d'un passage en taille normale soit, lorsqu'un fragment est entièrement en petits caractères, pour signaler qu'il s'agit d'une paraphrase de Julien faite par Cyrille ou un autre auteur[3]. Dans sa traduction (p. 247-286), l'éditeur ne traduit pas toujours entièrement ces parties en petits caractères. Nous avons considéré au cas par cas l'intérêt de ces passages en petits caractères, et nous les avons parfois omis ou réduits (par exemple quand ils contiennent uniquement des critiques

1. Kyrill von Alexandrien I, *Gegen Julian*, I, Buch 1-5, texte Ch. Riedweg, Intr. Ch. Riedweg et W. Kinzig ; II, Buch 6-10 und Fragmente, texte W. Kinzig et T. Brüggemann, Berlin, De Gruyter, 2016-2017.

2. Sur la nature du *Contre les Galiléens* et l'origine des fragments, voir notre Introduction, p. 28.

3. Rappelons que la source principale de nos fragments du *Contre les Galiléens* est le *Contre Julien* de Cyrille d'Alexandrie. Pour les différentes tailles de caractère, voir l'Introduction de Masaracchia, p. 48-49.

adressées à Julien par Cyrille). Nous adoptons la même présentation aussi bien pour le texte grec que pour la traduction mais, contrairement à Masaracchia, nous ne présentons pas dans l'original grec les parties du texte en petits caractères que nous avons renoncé à traduire.

c) Nous n'avons pas reproduit non plus les parallèles qu'on trouve dans le texte de Cyrille et que l'éditrice n'a pas intégrés dans les fragments mais signalés dans le deuxième de ses quatre apparats : leur nombre élevé alourdirait la présentation sans rien ajouter aux passages retenus tant par Neumann que par Masaracchia, comme cette dernière le reconnaît en parlant pour ces parallèles de « simples reprises polémiques ». Pour les mêmes raisons, nous avons renoncé à indiquer les rapprochements (parfois pléthoriques) avec les textes patristiques, littéraires ou philosophiques que propose l'éditrice dans son quatrième apparat.

d) En ce qui concerne les citations bibliques de Julien, on s'aperçoit qu'elles sont dans l'ensemble conformes au texte de la Bible que nous connaissons, mais avec quelques variantes et omissions. Comme ces différences n'affectent pas le sens des passages concernés – elles peuvent d'ailleurs remonter au texte dont disposait Julien – nous ne les avons pas signalées, sauf exception. On peut en trouver le détail dans l'apparat critique proprement dit de Masaracchia.

2. Les notes qui accompagnent la traduction sont uniquement destinées à faciliter la lecture et l'intelligence du texte :

– la plupart se contentent de fournir les références bibliques et littéraires des citations ou allusions figurant dans les fragments ; s'y ajoutent celles de quelques autres textes de Julien susceptibles d'éclairer son propos ;

– d'autres notes précisent les allusions parfois énigmatiques de l'Empereur à des faits ou personnages bibliques, historiques ou mythologiques ;

– quelques-unes enfin concernent des difficultés liées à la traduction.

3. L'une des difficultés de la traduction du *Contre les Galiléens* concerne la présence de termes que le lecteur moderne pourrait percevoir comme spécifiques de la tradition juive et chrétienne mais qui, à l'époque de Julien, et dans le contexte de sa polémique, étaient partagés par les différentes traditions religieuses et philosophiques. Certaines habitudes graphiques modernes ont fixé cet usage spécifiquement judéo-chrétien ; c'est le cas de « Dieu », avec majuscule initiale. Dans les fragments du *Contre les Galiléens*, le mot grec θεός apparaît au moins dans trois cas de figure différents : (a) utilisé par Cyrille pour désigner ce qui est pour lui l'unique et vrai Dieu ; (b) employé par Julien pour indiquer soit des dieux autres que celui de la Bible, soit ce dernier cité dans le cadre de sa perspective anti-chrétienne qui l'amène à le considérer comme un dieu parmi d'autres (comparable, notamment, au démiurge platonicien), donc avec le sens de « (un/le) dieu » ; enfin (c) présent dans des textes tirés de la Bible mais cités par Julien, ce qui entraîne que, comme précédemment, le terme désigne en fait à ses yeux *un* dieu. Nous avons considéré qu'écrire de manière systématique « Dieu » ou « (un/le) dieu » aurait été trompeur et avons adapté la graphie au contexte où le terme est employé. Problème analogue pour des termes tels que « fils », « écriture », « loi », « vierge », « verbe », où la majuscule est utilisée quand le mot désigne une chose ou un individu déterminés.

## PLAN DU RECUEIL [1]

### A. OBSERVATIONS PRÉLIMINAIRES

– Le propos de l'auteur : montrer que l'entreprise des Galiléens est une fiction captieuse (**1**)

– Avis aux lecteurs : ils devront répondre aux accusations de Julien avant de lancer les leurs (**2**)

– Projet de plan (**3**) :

origine de la notion de dieu

comparaison entre la tradition grecque et la tradition juive

question aux Galiléens : pourquoi ont-ils abandonné l'une et l'autre ?

### B. COMPARAISON ENTRE LA TRADITION GRECQUE ET LA TRADITION JUIVE

1. Les mythes grecs (**4**)

2. La cosmologie : Moïse et Platon (**5-10, 12**)

3. Parenthèse : l'aspiration au divin commune à tous les hommes, et la tendance à le localiser dans le ciel (**7, 11-12**)

4. Critiques diverses de la théologie biblique :

– Adam et Ève, la faute (**13-17**)

– la création « incomplète » (**18**)

– le dieu de la Bible est le dieu particulier des Hébreux (**19-21**)

– la diversité des langues ; la diversité des caractères (**22-28**)

---

1. Nous présentons ici l'ordre des thèmes tels qu'ils apparaissent dans le recueil que nous traduisons. Nous tenons à rappeler que ces fragments (numérotés ici en gras) ne constituent qu'une partie limitée de l'œuvre originale de Julien et que leur ordre est conjectural; voir Introduction, p. 30.

3. Observations polémiques sur les Évangiles[1] :

    a) passages déterminés des Évangiles

- la généalogie de Jésus ; l'étoile des mages (**90-91**)
- la fin des temps (**92**)
- le jeûne de Jésus au désert et les tentations (**93-94**)
- la prière de Jésus au début de sa passion (**95**)
- la résurrection (**96**)
- Jésus mange et boit (**97**)
- l'abrogation de la Loi (sabbat et aliments) (**98**)

    b) deux commandements

        prière pour les méchants ; invitation à la pauvreté (**99-100**)

    c) retour à quelques passages des Évangiles

- fiabilité de Matthieu (**101-102**)
- le silence de Jésus devant Hérode (**104**)
- désaccord entre Luc et Marc (**105**)
- la Transfiguration (**106**)
- Jésus censé ôter le péché (**107**)

---

1. Portant tantôt sur la fiabilité des évangélistes tantôt sur le contenu rapporté tantôt sur les deux.

JULIEN L'EMPEREUR

# CONTRE LES GALILÉENS

Fr. 1

Cyrille, *Contre Julien*, II, 39 A [1]

Ἄρχεται τοίνυν τοῦ καθ᾽ ἡμῶν λόγου καί φησι· Καλῶς
ἔχειν μοι φαίνεται τὰς αἰτίας ἐκθέσθαι πᾶσιν
ἀνθρώποις, ὑφ᾽ ὧν ἐπείσθην ὅτι τῶν Γαλιλαίων ἡ
σκευωρία πλάσμα ἐστὶν ἀνθρώπων ὑπὸ κακουργίας
συντεθέν. Ἔχουσα μὲν οὐδὲν θεῖον, ἀποχρησαμένη
δὲ τῷ φιλομύθῳ καὶ παιδαριώδει καὶ ἀνοήτῳ τῆς
ψυχῆς μορίῳ, τὴν τερατολογίαν εἰς πίστιν ἤγαγεν
ἀληθείας. Γαλιλαίους μὲν οὖν, ὥς γε οἶμαι, φησὶ τοὺς ἁγίους
ἀποστόλους, τερατολογίαν δὲ τὰ Μωσέως γράμματα καὶ τὰς
τῶν ἁγίων προφητῶν προαγορεύσεις τε καὶ θεηγορίας.


Fr. 2

Cyrille, *Contre Julien*, II, 41 E

Μέλλων δὲ ὑπὲρ τῶν παρ᾽ αὐτοῖς λεγομένων
δογμάτων ἁπάντων ποιεῖσθαι τὸν λόγον,
ἐκεῖνο βούλομαι πρῶτον εἰπεῖν, ὅτι χρὴ τοὺς

1. À l'exemple de Neumann et de Masaracchia, la référence au
*Contre Julien* de Cyrille d'Alexandrie (voir notre Introduction, p. 28)
est faite par l'indication en chiffres romains du livre dont le fragment
est issu, suivie de la page et de la section de l'édition Aubert (publiée en
1638) où le fragment commence. Cette dernière est reprise par Migne
(*Patrologie grecque* [désormais *PG*], 76), qui reproduit la pagination
d'Aubert mais dans un volume ayant sa propre pagination (ainsi
39 A Aubert = 560 C Migne). Il se trouve par suite que les références
modernes, pour Cyrille comme pour Julien, se font selon l'un ou l'autre
système. On trouvera dans notre Annexe II, p. 222, le tableau des
correspondances entre les deux systèmes.

## Fr. 1

Voici le début du discours que Julien a rédigé contre nous : Je trouve qu'il est bon d'exposer à tout le monde les raisons qui m'ont convaincu que l'opération des Galiléens est une fiction humaine forgée par malice. Cette opération n'a rien de divin, mais elle s'est servie de la partie irrationnelle de l'âme qui éprouve un amour puéril pour les mythes, réussissant ainsi à faire croire que ces récits fabuleux ont valeur de vérité. Il appelle « Galiléens », je pense, les saints Apôtres, « récits fabuleux » les écrits de Moïse ainsi que les prophéties et les discours inspirés des saints Prophètes.

## Fr. 2

Je me propose de discuter la totalité de ce qu'ils appellent leurs dogmes, mais je veux d'abord dire ceci : si éventuellement mes lecteurs veulent répliquer à mes arguments, ils doivent, comme au tribunal, éviter de multiplier les considérations hors sujet et, comme on dit, ne pas accuser l'accusateur avant de s'être défendus contre les premières accusations.

ἐντυγχάνοντας, εἴπερ ἀντιλέγειν ἐθέλοιεν, ὥσπερ ἐν δικαστηρίῳ, μηδὲν ἔξωθεν πολυπραγμονεῖν μηδὲ τὸ λεγόμενον ἀντικατηγορεῖν, ἕως ἂν ὑπὲρ τῶν πρώτων ἀπολογήσωνται. Ἄμεινον μὲν γὰρ οὕτω καὶ σαφέστερον ἰδίαν μὲν ἐνστήσασθαι πραγματείαν ὅταν τι τῶν παρ' ἡμῖν εὐθύνειν θέλωσιν, ἐν οἷς δὲ πρὸς τὰς παρ' ἡμῶν εὐθύνας ἀπολογοῦνται μηδὲ ἀντικατηγορεῖν.

Fr. 3
Cyrille, *Contre Julien*, II, 42 E

Μικρὸν δὲ ἀναλαβεῖν ἄξιον ὅθεν ἡμῖν ἥκει καὶ ὅπως ἔννοια θεοῦ τὸ πρῶτον, εἶτα παραθεῖναι τὰ παρὰ τοῖς Ἕλλησι καὶ παρὰ τοῖς Ἑβραίοις ὑπὲρ τοῦ θείου λεγόμενα, καὶ μετὰ τοῦτο ἐπανερέσθαι τοὺς οὔτε Ἕλληνας οὔτε Ἰουδαίους, ἀλλὰ τῆς Γαλιλαίων ὄντας αἱρέσεως, ἀνθ' ὅτου πρὸ τῶν ἡμετέρων εἵλοντο τὰ παρ' ἐκείνοις, καὶ ἐπὶ τούτῳ τί δή ποτε μηδ' ἐκείνοις ἐμμένουσιν, ἀλλὰ κἀκείνων ἀποστάντες ἰδίαν ὁδὸν ἐτράποντο. Ὁμολογήσαντες μὲν οὐδὲν τῶν καλῶν οὐδὲ τῶν σπουδαίων οὔτε τῶν παρ' ἡμῖν τοῖς Ἕλλησιν οὔτε τῶν παρὰ τοῖς ἀπὸ Μωσέως Ἑβραίοις, ἀπ' ἀμφοῖν δὲ τὰς παραπεπηγυίας τοῖς ἔθνεσιν ὥσπερ τινὰς Κῆρας δρεπόμενοι, τὴν ἀθεότητα μὲν ἐκ τῆς Ἰουδαϊκῆς ῥᾳδιουργίας, φαῦλον δὲ καὶ ἐπισεσυρμένον βίον ἐκ τῆς παρ' ἡμῖν ῥαθυμίας καὶ χυδαιότητος, τοῦτο τὴν ἀρίστην θεοσέβειαν ὀνομάζεσθαι ἠθέλησαν.

Il est en effet préférable, et la clarté y gagne, que leur propre argumentaire soit mis en avant lorsqu'ils veulent réfuter une des choses que nous soutenons, et qu'ils ne se fassent pas accusateurs quand il s'agit de se défendre contre nos réfutations.

## Fr. 3

Il vaut la peine de rappeler en peu de mots d'où et comment nous est venue, à l'origine, la notion de dieu, puis de comparer ce que les Grecs et les Hébreux disent du divin ; et après cela de demander à ceux qui ne sont ni Grecs ni Juifs mais appartiennent à la secte des Galiléens pourquoi ils ont choisi la tradition des Hébreux de préférence à la nôtre, et en outre pourquoi ils ne restent pas non plus fidèles à celle-là et ont fait sécession pour suivre une voie propre. Ils ne reconnaissent rien de ce qui est beau et bon chez nous autres Grecs ni chez les Hébreux sectateurs de Moïse, mais ils recueillent les défauts qui sont enracinés comme des sortes de Furies dans ces deux peuples, d'une part l'athéisme dû à la superficialité juive, et de l'autre la vie mauvaise et relâchée qui résulte de notre nonchalance et de notre grossièreté : c'est cela qu'ils ont voulu désigner comme la piété accomplie.

Fr. 4
Cyrille, *Contre Julien*, II, 44 A

Οὐκοῦν Ἕλληνες μὲν τοὺς μύθους ἔπλασαν
ὑπὲρ τῶν θεῶν ἀπίστους καὶ τερατώδεις. Καταπιεῖν
γὰρ ἔφασαν τὸν Κρόνον τοὺς παῖδας, εἶτ᾽ αὖθις
ἐμέσαι. Καὶ γάμους ἤδη παρανόμους· μητρὶ γὰρ
ὁ Ζεὺς ἐμίχθη καὶ παιδοποιησάμενος ἐξ αὐτῆς
ἔγημεν αὐτὸς τὴν αὐτοῦ θυγατέρα, μᾶλλον δὲ οὐδὲ
ἔγημεν αὐτὸς τὴν αὐτοῦ θυγατέρα, ἀλλὰ μιχθεὶς
ἁπλῶς ἄλλῳ παραδέδωκεν αὐτήν. Εἶτα οἱ Διονύσου
σπαραγμοὶ καὶ μελῶν κολλήσεις.

Fr. 5
Cyrille, *Contre Julien*, II, 45 D

Πλεῖστα μὲν οὖν ὅσα τὰ καθ᾽ ἡμῶν παρ᾽ ἐκείνου[1].
ἀκυρολογεῖ δὲ λίαν καὶ κατὰ τοῦ πανσόφου Μωσέως καὶ τῆς
αὐτοῦ συγγραφῆς οὐ μετρίαν ποιεῖται τὴν κατάρρησιν. Φησὶ
γὰρ τὸ τῆς κοσμοποιίας συντιθέντα βιβλίον εἰπεῖν μὲν ὅλως
τῶν ἀληθῶν οὐδέν, ὕθλους δὲ ἁπλῶς συμφορῆσαι γεγηρακότας
καὶ ἃ μὲν ἦν εἰκὸς τοῦ παντὸς ἀξιῶσαι λόγου, ταῦτα δὲ πάντα
ποιήσασθαι παρ᾽ οὐδέν, εἰκῇ δὲ ἁπλῶς ἐρραψῳδηκότα δόξαι
τι λέγειν σοφόν τε καὶ ἀξιάκουστον. Τεθαύμακε δὲ τῶν παρ᾽
Ἕλλησι σοφῶν τὰς ἐπὶ τούτῳ δόξας, μάλιστα δὲ τῶν ἄλλων
εὐφημίαις καὶ κρότοις τὴν Πλάτωνος στεφανοῖ. Ἐγὼ δὲ ὅτι μὲν
οὐ μετρίως σοβαρεύεται κἂν τούτῳ πάλιν παρήσω λέγειν.

1. Les mots qui précèdent ne figurent pas dans l'édition de
Masaracchia.

## Fr. 4

C'est un fait que les mythes forgés par les Grecs au sujet des dieux sont incroyables et monstrueux. Ils ont par exemple raconté que Cronos a dévoré ses enfants pour ensuite les vomir[1]. Ils ont parlé aussi de mariages contre nature : ainsi Zeus a couché avec sa mère et, ayant eu des enfants avec elle, il épousa sa propre fille ; ou plutôt il ne l'épousa même pas mais il se contenta de coucher avec elle avant de la livrer à un autre[2]. Autre exemple, Dionysos démembré et ses membres recollés[3].

## Fr. 5

Innombrables sont les traits que Julien dirige contre nous mais il manque totalement sa cible, et son accusation contre le très sage Moïse et ses écrits est exagérée. Il affirme en effet qu'en composant le livre sur la création du monde, Moïse ne dit absolument rien de vrai mais s'est contenté de rassembler de vieilles niaiseries, alors qu'il n'a fait aucun cas de tout ce qui, raisonnablement, méritait à coup sûr d'être mentionné ; qu'en cousant tout cela ensemble sans ordre, il croyait dire quelque chose de savant et qui valait d'être entendu. Julien est en revanche rempli d'admiration pour les opinions professées sur le sujet par les sages de la Grèce et par-dessus tout pour celle de Platon, qu'il célèbre en le couvrant d'éloges et d'applaudissements. Quant à moi, je ne vais pas redire que là encore Julien fait preuve d'une arrogance excessive.

1. *Cf.* Hésiode, *Théogonie*, 459 *sq.* et 495 *sq.*
2. Voir Diodore de Sicile, V, 75, 4 ; Hésiode, *Théogonie*, 913 ; *Hymne homérique à Déméter*, I, 2 *sq.* et 79. Julien fait aussi allusion à ces données mythologiques en *Mère des dieux*, 166a, mais dans l'esprit de l'interprétation allégorique qu'il applique aux mythes en général (voir notamment *Héracleios*, 216b *sq.* ; 222c ; *Mère des dieux*, 170a-b).
3. Diodore de Sicile, V, 75, 4 ; Nonnos, *Dionysiaques*, VI, 169 *sq.* Voir aussi Plutarque, *E de Delphes*, 9, 388 E-389 A.

Fr. 6

Cyrille, *Contre Julien*, II, 48 E

Ἐπαινεῖ δὲ ταῦτα (scil. philosophorum Graecorum placita) καὶ κατατέθηπεν ὁ πάνσοφος Ἰουλιανός, καὶ κατασκώπτει μὲν τὰ Μωσέως, ἄνω δὲ καὶ κάτω τὰ πάντα κυκῶν τοὺς Πλάτωνος λόγους ἀντιπαρεξάγειν αὐτοῖς ἀποτολμᾷ, καί φησι· Ἐνταῦθα παραβάλωμεν, εἰ βούλεσθε, τὴν τοῦ Πλάτωνος φωνήν. Τί τοίνυν οὗτος ὑπὲρ τοῦ δημιουργοῦ λέγει καὶ τίνας περιτίθησιν αὐτῷ φωνὰς ἐν τῇ κοσμογενείᾳ σκόπησον, ἵνα τὴν Πλάτωνος καὶ Μωσέως κοσμογένειαν ἀντιπαραβάλωμεν ἀλλήλαις. Οὕτω γὰρ ἂν φανείη τίς ὁ κρείττων καὶ τίς ἄξιος τοῦ θεοῦ μᾶλλον, ἆρ' ὁ τοῖς εἰδώλοις λελατρευκὼς Πλάτων ἢ περὶ οὗ φησιν ἡ γραφὴ ὅτι στόμα κατὰ στόμα ἐλάλησεν ὁ θεὸς αὐτῷ.

«Ἐν ἀρχῇ ἐποίησεν ὁ θεὸς τὸν οὐρανὸν καὶ τὴν γῆν. Ἡ δὲ γῆ ἦν ἀόρατος καὶ ἀκατασκεύαστος, καὶ σκότος ἐπάνω τῆς ἀβύσσου, καὶ πνεῦμα θεοῦ ἐπεφέρετο ἐπάνω τοῦ ὕδατος. Καὶ εἶπεν ὁ θεός· γενηθήτω φῶς. Καὶ ἐγένετο φῶς. Καὶ εἶδεν ὁ θεὸς τὸ φῶς ὅτι καλόν. Καὶ διεχώρισεν ὁ θεὸς ἀνὰ μέσον τοῦ φωτὸς καὶ ἀνὰ μέσον τοῦ σκότους. Καὶ ἐκάλεσεν ὁ θεὸς τὸ φῶς ἡμέραν καὶ τὸ σκότος ἐκάλεσε νύκτα. Καὶ ἐγένετο ἑσπέρα καὶ ἐγένετο πρωῒ, ἡμέρα μία. Καὶ εἶπεν ὁ θεός· γενηθήτω στερέωμα ἐν μέσῳ τοῦ ὕδατος. Καὶ ἐκάλεσεν ὁ θεὸς τὸ στερέωμα οὐρανόν. Καὶ εἶπεν ὁ θεός· συναχθήτω τὸ ὕδωρ τὸ ὑποκάτω τοῦ οὐρανοῦ εἰς συναγωγὴν μίαν καὶ ὀφθήτω ἡ ξηρά. Καὶ ἐγένετο οὕτως. Καὶ εἶπεν ὁ θεός·

## Fr. 6

Pourtant le très sage Julien approuve cette variété d'opinions et s'en émerveille [1]; il se moque des écrits de Moïse et, mettant tout sens dessus dessous, il ose leur opposer les affirmations de Platon en ces termes : *Si vous voulez, faisons ici la comparaison avec la parole de Platon. Examine donc ce qu'il dit du démiurge et quelles paroles il lui attribue à l'occasion de la création du monde, de manière à comparer l'une avec l'autre la cosmogonie de Platon et celle de Moïse. On pourra voir ainsi lequel est supérieur à l'autre et lequel est plus digne du dieu, si c'est l'idolâtre Platon ou celui dont l'Écriture dit que le dieu lui a parlé face à face.*

« Au commencement, le dieu fit le ciel et la terre. La terre était invisible et informe, les ténèbres recouvraient l'abîme et le souffle du dieu s'étendait sur les eaux. Et le dieu dit : "Que la lumière soit". Et la lumière fut. Et le dieu vit que la lumière était bonne. Et le dieu sépara à parts égales la lumière et les ténèbres. Et le dieu appela la lumière "jour" et il appela les ténèbres "nuit". Et il y eut un soir et il y eut un matin, premier jour. Et le dieu dit : "Qu'il y ait un firmament au milieu des eaux". Et le dieu appela le firmament "ciel". Et le dieu dit : "Que l'eau qui est sous le ciel soit rassemblée en un seul amas et qu'on voie la terre ferme". Et il en fut ainsi. Et le dieu dit :

---

1. Cyrille vient de citer plusieurs philosophes présocratiques ainsi que Platon, Aristote, Épicure et les Stoïciens.

βλαστησάτω ἡ γῆ βοτάνην χόρτου καὶ ξύλον κάρπιμον. Καὶ εἶπεν ὁ θεός· γενηθήτωσαν φωστῆρες ἐν τῷ στερεώματι τοῦ οὐρανοῦ, ἵνα ὦσιν εἰς φαῦσιν ἐπὶ τῆς γῆς. Καὶ ἔθετο αὐτοὺς ὁ θεὸς ἐν τῷ στερεώματι τοῦ οὐρανοῦ ὥστε ἄρχειν τῆς ἡμέρας καὶ τῆς νυκτός. »

Ἐν δὴ τούτοις οὔτε τὴν ἄβυσσόν φησι πεποιῆσθαι ὑπὸ τοῦ θεοῦ οὔτε τὸ σκότος οὔτε τὸ ὕδωρ· καίτοι χρῆν δήπουθεν εἰπόντα περὶ τοῦ φωτὸς ὅτι προστάξαντος θεοῦ γέγονεν εἰπεῖν ἔτι καὶ περὶ τῆς νυκτὸς καὶ περὶ τῆς ἀβύσσου καὶ περὶ τοῦ ὕδατος. Ὁ δὲ οὐδὲν εἶπεν ὡς περὶ γεγονότων ὅλως καίτοι πολλάκις ἐπιμνησθεὶς αὐτῶν. Πρὸς τούτοις οὔτε τῆς τῶν ἀγγέλων μέμνηται γενέσεως ἢ ποιήσεως οὐδ᾽ ὅντινα τρόπον παρήχθησαν, ἀλλὰ τῶν περὶ τὸν οὐρανὸν μόνον καὶ περὶ τὴν γῆν σκηνωμάτων, ὡς εἶναι τὸν θεὸν κατὰ τὸν Μωσέα ἀσωμάτων μὲν οὐδενὸς ποιητήν, ὕλης δὲ ὑποκειμένης κοσμήτορα. Τὸ δὲ « ἡ γῆ ἦν ἀόρατος καὶ ἀκατασκεύαστος » οὐδὲν ἕτερόν ἐστιν ἢ τὴν μὲν ὑγρὰν καὶ ξηρὰν οὐσίαν ὕλην ποιοῦντος, κοσμήτορα δὲ αὐτῆς τὸν θεὸν εἰσάγοντος.

Fr. 7

Cyrille, *Contre Julien*, II, 52 A

Διϊσχυρίζεται μὲν γὰρ ὡς ἀδίδακτόν τι χρῆμα καὶ αὐτομαθὲς ἀνθρώποις τὸ εἰδέναι θεόν, φησὶ δὲ οὕτως· Ὅτι δὲ οὐ διδακτόν, ἀλλὰ φύσει τοῦτο τοῖς ἀνθρώποις ὑπάρχει, τεκμήριον ἡμῖν ἔστω πρῶτον ἡ κοινὴ

"Que la terre fasse pousser de l'herbe comestible et du bois qui porte des fruits". Et le dieu dit : "Que naissent des corps lumineux dans le firmament du ciel pour qu'ils apportent la lumière sur la terre". Et le dieu les plaça dans le firmament du ciel pour qu'ils régissent le jour et la nuit [1]. »

Dans ce passage, on le voit, Moïse n'affirme pas que l'abîme a été fait par le dieu, ni non plus les ténèbres ni l'eau. Et pourtant, puisqu'il dit que la lumière est venue à l'existence sur l'ordre du dieu, il aurait dû, je suppose, le dire aussi de la nuit, de l'abîme et de l'eau. Mais il n'en a rien dit, même s'il en fait souvent mention comme de choses venues à l'existence. En outre, il ne mentionne pas non plus la naissance ni la création des anges, ni la manière dont ils sont entrés en scène, mais il parle seulement des demeures qui existent dans le ciel et sur la terre, de sorte que le dieu de Moïse n'est le créateur de rien d'incorporel mais seulement l'ordonnateur de la matière préexistante. Dire « la terre était invisible et informe » revient à prendre l'essence humide et l'essence sèche comme la matière et à introduire le dieu comme son ordonnateur.

## Fr. 7

Julien soutient avec insistance que la connaissance de Dieu est une chose qui ne s'enseigne pas et que les hommes acquièrent par eux-mêmes. Voici ce qu'il dit : Qu'elle ne s'enseigne pas mais existe naturellement chez les hommes, nous en prendrons comme première preuve l'aspiration au divin commune à tous les hommes, esprimée en privé comme en public,

---

1. *Genèse*, 1, 1-18.

πάντων ἀνθρώπων ἰδίᾳ καὶ δημοσίᾳ καὶ κατ' ἄνδρα καὶ ἔθνη περὶ τὸ θεῖον προθυμία. Ἅπαντες μὲν γὰρ ἀδιδάκτως θεῖόν τι πεπιστεύκαμεν, ὑπὲρ οὗ τὸ μὲν ἀκριβὲς οὔτε πᾶσι ῥάδιον <γινώσκειν> οὔτε τοῖς ἐγνωκόσιν εἰπεῖν εἰς πάντα δυνατόν. Καὶ μεθ' ἕτερα πάλιν· Ταύτῃ δὴ τῇ κοινῇ πάντων ἀνθρώπων ἐννοίᾳ πρόσεστι καὶ ἄλλη. Πάντες γὰρ ἄνθρωποι οὐρανῷ καὶ τοῖς ἐν αὐτῷ φαινομένοις θεοῖς οὕτω δή τι φυσικῶς προσηρτήμεθα, ὡς καὶ εἴ τις ἄλλον ὑπέλαβε παρ' αὐτοὺς τὸν θεόν, οἰκητήριον αὐτῷ πάντως τὸν οὐρανὸν ἀπένειμεν, οὐκ ἀποστήσας αὐτὸν τῆς γῆς, ἀλλ' οἷον ὡς εἰς τιμιώτερον τοῦ παντὸς ἐκεῖνο τὸν βασιλέα καθίσας τῶν ὅλων ἐφορᾶν ἐκεῖθεν ὑπολαμβάνων τὰ τῇδε.

Fr. 8
Cyrille, *Contre Julien*, II, 57 B

Ὅ γε μὴν Πλάτων ἄκουε περὶ τοῦ κόσμου τί φησιν· «Ὁ δὴ πᾶς οὐρανὸς ἢ κόσμος, ἢ καὶ ἄλλο τί ποτε ὀνομαζόμενος μάλιστα ἂν δέχοιτο, τοῦτο ἡμῖν ὠνομάσθω, πότερον ἦν ἀεί, γενέσεως ἀρχὴν ἔχων οὐδεμίαν, ἢ γέγονεν, ἀπ' ἀρχῆς τινος ἀρξάμενος; Γέγονεν· ὁρατὸς γὰρ ἁπτός τέ ἐστι καὶ σῶμα ἔχων. Πάντα δὲ τὰ τοιαῦτα αἰσθητά, δόξῃ περιληπτὰ μετὰ αἰσθήσεως.» Καὶ μεθ' ἕτερα[1]· «Εἰ δὴ κατὰ τὸν λόγον τὸν εἰκότα, δεῖ λέγειν τόνδε τὸν κόσμον ζῷον ἔμψυχον ἔννουν τε τῇ ἀληθείᾳ διὰ τὴν τοῦ θεοῦ γενέσθαι πρόνοιαν.»

1. En grands caractères (contrairement à Masaracchia) parce qu'il s'agit manifestement d'une formule de Julien. Riedweg attribue lui aussi ces mots à Julien.

et présente en chaque individu et en chaque peuple. Tous en effet, sans qu'on nous l'ait enseigné, nous en sommes venus à croire à une entité divine; en avoir une connaissance précise n'est pas à la portée de tous et il est impossible à ceux qui l'ont acquise de l'exposer à tout le monde. Et de nouveau plus loin : À cette notion commune à tous les hommes s'en ajoute une autre. Car notre nature est à ce point dépendante du ciel et des dieux qui s'y manifestent que même si quelqu'un concevait le dieu comme différent de ces derniers, il lui assignerait dans tous les cas le ciel comme demeure, non pour le séparer de la terre mais, façon de parler, pour installer le roi de toutes choses en ce lieu de l'univers plus digne de lui, dans la pensée que de là-haut il embrasse du regard les choses d'ici-bas.

### Fr. 8

Écoute ce que Platon dit au sujet du monde : « Le ciel tout entier ou le monde – ou s'il existe pour lui un autre nom qui lui conviendrait exactement, donnons-lui ce nom – a-t-il toujours été sans que son existence ait eu de commencement, ou bien est-il né en ayant commencé à partir d'un terme initial ? Il est né, car il est visible, tangible et ainsi il a un corps. Tout ce qui est tel est sensible et saisissable par l'opinion accompagnée de sensation [1]. » Et un peu plus loin : « Et si l'on parle selon le raisonnement vraisemblable, il faut affirmer que ce monde, être vivant doué d'une âme et d'une intelligence, est en vérité né de la providence du dieu [2]. »

1. *Timée*, 28b.
2. *Timée*, 30b-c.

Fr. 9

Cyrille, *Contre Julien*, II, 57 E

Ἓν δὲ ἑνὶ παραβάλωμεν μόνον τίνα καὶ ποδαπὴν ποιεῖται δημιουργίαν[1] ὁ θεὸς ὁ παρὰ Μωσῇ καὶ ποδαπὴν ὁ παρὰ Πλάτωνι.

« Καὶ εἶπεν ὁ θεός· ποιήσωμεν ἄνθρωπον κατ' εἰκόνα ἡμετέραν καὶ καθ' ὁμοίωσιν. Καὶ ἀρχέτωσαν τῶν ἰχθύων τῆς θαλάσσης καὶ τῶν πετεινῶν τοῦ οὐρανοῦ καὶ τῶν κτηνῶν καὶ πάσης τῆς γῆς καὶ πάντων τῶν ἑρπετῶν τῶν ἑρπόντων ἐπὶ τῆς γῆς. Καὶ ἐποίησεν ὁ θεὸς τὸν ἄνθρωπον, κατ' εἰκόνα θεοῦ ἐποίησεν αὐτόν· ἄρσεν καὶ θῆλυ ἐποίησεν αὐτοὺς λέγων· αὐξάνεσθε καὶ πληθύνεσθε καὶ πληρώσατε τὴν γῆν καὶ κατακυριεύσατε αὐτῆς. Καὶ ἀρχέτωσαν τῶν ἰχθύων τῆς θαλάσσης καὶ τῶν πετεινῶν τοῦ οὐρανοῦ καὶ πάντων τῶν κτηνῶν καὶ πάσης τῆς γῆς. »

Ἄκουε δὴ οὖν καὶ τῆς Πλατωνικῆς δημηγορίας, ἣν τῷ τῶν ὅλων περιτίθησι δημιουργῷ· « Θεοὶ θεῶν, ὧν ἐγὼ δημιουργὸς πατήρ τε ἔργων ἄλυτα ἔσται ἐμοῦ γε ἐθέλοντος. Τὸ μὲν δὴ δεθὲν πᾶν λυτόν, τό γε μὴν καλῶς ἁρμοσθὲν καὶ ἔχον εὖ λύειν ἐθέλειν κακοῦ. Διὸ ἐπείπερ γεγένησθε, οὐκ ἀθάνατοι μέν ἐστε, οὐδὲ ἄλυτοι τὸ πάμπαν· οὔτε γε μὴν λυθήσεσθε, οὐδὲ τεύξεσθε θανάτου μοίρας, τῆς ἐμῆς βουλήσεως μείζονος ἔτι δεσμοῦ καὶ κυριωτέρου λαχόντες

1. Avec Riedweg, nous suivons le texte des manuscrits. Masaracchia imprime δημηγορίαν (« discours », « harangue »), conjecture de Neumann.

## Fr. 9

Contentons-nous d'une comparaison : quelle fabrication le dieu de Moïse accomplit-il et de quel genre relève-t-elle, et de quel genre est celle que Platon attribue au dieu ? « Et le dieu dit : "Faisons l'homme à notre image et à notre ressemblance. Que les hommes commandent aux poissons de la mer, aux volatiles du ciel, aux bestiaux, à toute la terre et à tous les reptiles qui rampent sur la terre." Et le dieu fit l'homme, à l'image de dieu il le fit ; il les fit mâle et femelle et leur dit : "Croissez et multipliez, remplissez la terre et dominez-la. Que les hommes commandent aux poissons de la mer, aux volatiles du ciel, à tous les bestiaux et à toute la terre [1]". »

Écoute à présent le discours que Platon prête au démiurge de l'univers : « Dieux issus de dieux [2], les œuvres dont je suis le démiurge et le père seront indissolubles, tant du moins que ce sera ma volonté. Tout ce qui est composé, sans doute, peut être dissous, mais vouloir dissoudre ce qui est harmonieusement assemblé et se trouve en bon état est le fait d'un méchant. Puisque vous êtes venus à l'existence, vous n'êtes ni immortels ni absolument indissolubles ; cependant, il est assuré que vous ne serez pas dissous et que vous n'aurez pas la mort

1. *Genèse*, 1, 26-28.
2. Platon, *Timée*, 41a : θεοὶ θεῶν, « dieux de dieux ». Expression peu claire et diversement interprétée dès l'Antiquité (*cf.* L. Brisson, dans Platon, *Timée*, Paris, Flammarion, 1992, p. 240 *ad loc.*). Cicéron traduit : *vos, qui deorum satu orti estis* (*Tim.*, 40, 4). Dans le même sens : « Dieux fils des Dieux » (Rivaud) ; « Dieux qui êtes issus de dieux » (Brisson) ; « Dei, figliuoli di dei » (Martini) ; « Dei nati da dei » (Fronterotta). Mais aussi : « Dieux, autant que vous êtes de Dieux » (Moreau). Dans le fr. 10, Julien propose une autre interprétation encore qui se fonde sur le rapport entre l'image (visible) et le modèle (invisible) ; *cf.* note 2, p. 61.

ἐκείνων, οἷς ὅτε ἐγίνεσθε ξυνεδεῖσθε. Νῦν οὖν ὃ
λέγω πρὸς ὑμᾶς ἐνδεικνύμενος μάθετε. Θνητὰ ἔτι
γένη λοιπὰ τρία ἀγένητα, τούτων δὲ μὴ γενομένων
οὐρανὸς ἀτελὴς ἔσται· τὰ γὰρ πάντα ἐν αὐτῷ γένη
ζῴων οὐχ ἕξει. Ὑπ' ἐμοῦ δὲ ταῦτα γενόμενα καὶ βίου
μετασχόντα θεοῖς ἰσάζοιντο ἄν. Ἵν' οὖν θνητά τε ᾖ
τό τε πᾶν τόδε ὄντως ἅπαν ᾖ, τρέπεσθε κατὰ φύσιν
ὑμεῖς ἐπὶ τὴν τῶν ζῴων δημιουργίαν, μιμούμενοι
τὴν ἐμὴν δύναμιν περὶ τὴν ὑμετέραν γένεσιν. Καὶ
καθ' ὅσον μὲν αὐτοῖς ἀθανάτοις ὁμωνύμως εἶναι
προσήκει, θεῖον λεγόμενον, ἡγεμονοῦν τε ἐν αὐτοῖς
τῶν ἀεὶ δίκῃ καὶ ὑμῖν ἐθελόντων ἕπεσθαι, σπείρας
καὶ ὑπαρξάμενος ἐγὼ παραδώσω. Τὸ δὲ λοιπὸν ὑμεῖς
ἀθανάτῳ θνητὸν προσυφαίνοντες ἀπεργάζεσθε
ζῷα καὶ γεννᾶτε τροφήν τε διδόντες αὐξάνετε καὶ
φθίνοντα πάλιν δέχεσθε. »

Fr. 10
Cyrille, *Contre Julien*, II, 65 A

Ἀλλ' ἆρα μὴ τοῦτο ὄναρ ἐστίν; Ἐννοήσαντες
αὐτοὶ μάθετε. Θεοὺς ὀνομάζει Πλάτων τοὺς
ἐμφανεῖς ἥλιον καὶ σελήνην, ἄστρα καὶ οὐρανόν,
ἀλλ' οὗτοι τῶν ἀφανῶν εἰσιν εἰκόνες· ὁ φαινόμενος

pour lot, car dans ma volonté vous avez trouvé un lien encore plus puissant et plus impérieux que les liens qui ont assuré votre cohésion lorsque vous veniez à l'existence. Retenez bien les instructions que je vous donne. Il reste trois espèces mortelles qui ne sont pas encore nées ; si elles ne viennent pas à l'existence, le ciel sera inachevé, car il ne possèdera pas en lui toutes les espèces de vivants [1]. Mais si c'était moi qui les faisais venir à l'existence et participer à la vie, elles seraient les égales des dieux. Pour qu'elles soient mortelles et que ce tout soit réellement tout, appliquez-vous, en vous conformant à votre nature, à fabriquer ces vivants en imitant la puissance que j'ai mise en œuvre pour vous donner l'existence. Quant à ce qui en eux doit porter le même nom que les immortels, élément qu'on appelle divin et qui commande en ceux d'entre eux qui seront toujours disposés à suivre la justice et à vous suivre, c'est moi qui vous le confierai après avoir pris l'initiative de le semer. Pour le reste, ajoutant au tissu immortel une partie mortelle, fabriquez des vivants, faites-les naître et faites-les croître en leur donnant de la nourriture, et lorsqu'ils périront, accueillez-les à nouveau auprès de vous. »

### Fr. 10

Mais tout cela n'est-il pas un rêve ? Réfléchissez-y vous-mêmes et vous le saurez. Platon appelle dieux ces dieux visibles [2] que sont le soleil et la lune, les astres et le ciel, mais ces dieux sont les images des dieux invisibles :

---

1. La phrase qui suit dans le texte de Platon est omise par Julien.
2. Julien distingue dieux intelligibles et dieux visibles. Ces derniers étant inférieurs en dignité aux premiers, Julien comprend la formule énigmatique du *Timée* comme l'expression d'une subordination : « dieux pères de dieux », ou « présidant à des dieux ».

τοῖς ὀφθαλμοῖς ἡμῶν ἥλιος τοῦ νοητοῦ καὶ μὴ φαινομένου, καὶ πάλιν ἡ φαινομένη τοῖς ὀφθαλμοῖς ἡμῶν σελήνη καὶ τῶν ἄστρων ἕκαστον εἰκόνες εἰσὶ τῶν νοητῶν. Ἐκείνους οὖν τοὺς <νοητοὺς καὶ> ἀφανεῖς θεοὺς ἐνυπάρχοντας καὶ συνυπάρχοντας καὶ ἐξ αὐτοῦ τοῦ δημιουργοῦ γεννηθέντας καὶ προελθόντας ὁ Πλάτων οἶδεν. Εἰκότως οὖν φησιν ὁ δημιουργὸς ὁ παρ' αὐτῷ « θεοί », πρὸς τοὺς ἀφανεῖς λέγων, « θεῶν », τῶν ἐμφανῶν δηλονότι. Κοινὸς δὲ ἀμφοτέρων δημιουργὸς οὗτός ἐστιν ὁ τεχνησάμενος οὐρανὸν καὶ γῆν καὶ θάλασσαν καὶ ἄστρα γεννήσας ἐν τοῖς νοητοῖς τὰ τούτων ἀρχέτυπα.

Σκόπει οὖν ὅτι καὶ ἐπὶ τούτοις καλῶς. Λείπει γάρ φησι τρία θνητὰ γένη, δηλονότι τὸ τῶν ἀνθρώπων καὶ τὸ τῶν ζῴων καὶ τὸ τῶν φυτῶν· τούτων γὰρ ἕκαστον ἰδίοις ὥρισται λόγοις. Εἰ μὲν οὖν φησι καὶ τούτων ἕκαστον ὑπ' ἐμοῦ γένοιτο, παντάπασιν ἀναγκαῖον ἀθάνατον αὐτὸ γενέσθαι. Καὶ γὰρ τοῖς θεοῖς οὐδὲν ἄλλο τῆς ἀθανασίας αἴτιον καὶ τῷ φαινομένῳ κόσμῳ ἢ ὑπὸ τοῦ δημιουργοῦ γενέσθαι. Τί οὖν φησιν· ὁπόσον ἐστὶν ἀθάνατον – ἀναγκαῖόν ἐστιν ἐν τούτοις εἶναι παρὰ τοῦ δημιουργοῦ δεδόσθαι, τοῦτο δέ ἐστιν ἡ λογικὴ ψυχή –, <ἡγεμονοῦν ἐν αὐτοῖς> τῶν [οὖν] ἀεὶ δίκῃ καὶ ὑμῖν ἐθελόντων <ἕπεσθαι> σπείρας καὶ ὑπαρξάμενος ἐγὼ παραδώσω, τὸ δὲ λοιπὸν ὑμεῖς ἀθανάτῳ θνητὸν προσυφαίνετε; Δῆλον οὖν ὅτι παραλαβόντες οἱ δημιουργοὶ θεοὶ παρὰ τοῦ σφῶν πατρὸς τὴν δημιουργικὴν δύναμιν ἀπεγέννησαν ἐπὶ τῆς γῆς τὰ θνητὰ τῶν ζῴων. Εἰ γὰρ μηδὲν ἔμελλε διαφέρειν οὐρανὸς ἀνθρώπου, καὶ ναὶ

le soleil qui se manifeste à nos yeux est l'image du soleil intelligible et invisible, pareillement la lune ainsi que chacun des astres qui se manifestent à nos yeux sont les images de ceux qui sont intelligibles. Platon sait donc que ces dieux intelligibles et invisibles sont immanents au démiurge lui-même, coexistent avec lui, sont nés de lui et procèdent de lui. Par conséquent, le démiurge de Platon a raison de dire « dieux », quand il parle des dieux invisibles, et « des dieux » quand, de toute évidence, il s'agit des dieux visibles. Il est le démiurge commun des deux, lui qui a fabriqué le ciel, la terre, la mer et les astres après avoir engendré leurs archétypes dans les intelligibles.

Remarque bien que la suite est pertinente aussi. Il reste, dit le démiurge, trois espèces mortelles, c'est-à-dire évidemment celle des hommes, celle des animaux et celle des plantes. Chacune d'elles, en effet, a été définie par des caractères propres. Or, dit-il, si c'était par moi que chacune de ces espèces venait à l'existence, il serait absolument nécessaire qu'elle fût immortelle. Car les dieux et le monde visible ne doivent leur immortalité à rien d'autre qu'au fait d'être venus à l'existence par l'action du démiurge. Pourquoi dit-il alors : « Cet élément qui est immortel – sa présence en eux est nécessairement l'effet d'un don du démiurge, je parle de l'âme rationnelle – cet élément qui commande en ceux d'entre eux qui seront toujours disposés à suivre la justice et à vous suivre, c'est moi qui vous le confierai après avoir pris l'initiative de le semer ; pour le reste, ajoutez au tissu immortel une partie mortelle » ? Évidemment parce que les dieux démiurges ont reçu de leur père la puissance démiurgique et qu'ainsi ils ont pu faire naître sur la terre les vivants mortels. En effet, si le ciel ne devait pas être différent de l'homme et,

μὰ Δία θηρίου καὶ τελευταῖον αὐτῶν τῶν ἑρπετῶν
καὶ τῶν ἐν τῇ θαλάσσῃ νηχομένων ἰχθύων, ἔδει τὸν
δημιουργὸν ἕνα καὶ τὸν αὐτὸν εἶναι πάντων· εἰ δὲ
πολὺ τὸ μέσον ἐστὶν ἀθανάτων καὶ θνητῶν, οὐδεμιᾷ
προσθήκῃ μεῖζον οὐδὲ ἀφαιρέσει μειούμενον πρὸς
τὰ θνητὰ καὶ ἐπίκηρα, αἴτιον εἶναι προσήκει τούτων
μὲν ἄλλους, ἑτέρων δὲ ἑτέρους.

Fr. 11
Cyrille, *Contre Julien*, II, 69 B

Τί δέ μοι καλεῖν Ἕλληνας καὶ Ἑβραίους ἐνταῦθά
μοι μάρτυρας; Οὐδείς ἐστιν ὃς οὐκ ἀνατείνει μὲν εἰς
οὐρανὸν τὰς χεῖρας εὐχόμενος, ὀμνύων <δὲ> θεὸν
ἤτοι θεούς, ἔννοιαν ὅλως τοῦ θείου λαμβάνων ἐκεῖσε
φέρεται. Καὶ τοῦτο οὐκ ἀπεικότως ἔπαθον. Ὁρῶντες
γὰρ οὔτε ἐλαττούμενόν τι τῶν περὶ τὸν οὐρανὸν οὔτε
αὐξόμενον οὔτε τρεπόμενον οὔτε πάθος ὑπομένον
τι τῶν ἀτάκτων, ἀλλ' ἐναρμόνιον μὲν αὐτοῦ τὴν
κίνησιν, ἐμμελῆ δὲ τὴν τάξιν, ὡρισμένους δὲ θεσμοὺς
σελήνης, ἡλίου δὲ ἀνατολὰς καὶ δύσεις ὡρισμένας
ἐν ὡρισμένοις ἀεὶ καιροῖς, εἰκότως θεὸν καὶ θεοῦ
θρόνον ὑπέλαβον. Τὸ γὰρ τοιοῦτον, ἅτε μηδεμιᾷ
προσθήκῃ πληθυνόμενον μηδὲ ἐλαττούμενον
ἀφαιρέσει, τῆς τε κατὰ ἀλλοίωσιν καὶ τροπὴν ἐκτὸς
ἱστάμενον μεταβολῆς, πάσης καθαρεύει φθορᾶς καὶ
γενέσεως. Ἀθάνατον δὲ ὂν φύσει καὶ ἀνώλεθρον,
παντοίας ἐστὶ καθαρὸν κηλῖδος. Ἀΐδιον δὲ ὂν καὶ
ἀεικίνητον, ὡς ὁρῶμεν, ἤτοι παρὰ ψυχῆς κρείττονος
καὶ θειοτέρας ἐνοικούσης αὐτῷ φέρεται κύκλῳ περὶ

par Zeus, des bêtes sauvages, en allant jusqu'aux animaux rampant sur la terre et aux poissons nageant dans la mer, alors il aurait dû n'y avoir qu'un seul et même démiurge de toutes choses. Si au contraire, entre les êtres immortels et les êtres mortels, il y a une grande distance, qui ne peut être ni augmentée par addition ni diminuée par soustraction comme c'est le cas pour les êtres mortels et périssables, il convient d'attribuer aux uns et aux autres des causes différentes.

## Fr. 11

Pourquoi citer ici comme témoins les Grecs et les Hébreux ? Il n'est personne qui ne tende les mains vers le ciel quand il prie ; et si l'on jure par un dieu ou par les dieux, si l'on forme simplement une notion du divin, c'est encore dans cette direction qu'on se tourne. Ce n'est pas sans raison. Quand on voit que rien de ce qui est dans le ciel ne diminue ni n'augmente, ne change et n'est affecté par aucun désordre, qu'au contraire le mouvement du ciel est harmonieux, sa disposition bien proportionnée, que les phases de la lune sont déterminées, que les levers et les couchers du soleil sont toujours déterminés en des moments déterminés, c'est avec raison qu'on a pensé que le ciel est un dieu ou le trône d'un dieu. Étant donné qu'aucune addition ne l'augmente ni aucune soustraction ne le diminue, qu'il demeure étranger au changement selon la qualité comme au changement selon la direction, un tel être est préservé de toute corruption et de toute génération. Immortel et indestructible par nature, il est pur de toute espèce de souillure. Éternel et toujours en mouvement, comme nous voyons, ou bien il tourne en cercle autour du grand démiurge en vertu d'une âme

τὸν μέγαν δημιουργόν, ἢ πρὸς αὐτοῦ τοῦ θεοῦ τὴν κίνησιν, ὥσπερ οἶμαι τὰ ἡμέτερα σώματα παρὰ τῆς ἐν ἡμῖν ψυχῆς, παραδεξάμενον τὸν ἄπειρον ἐξελίττει κύκλον ἀπαύστῳ καὶ αἰωνίῳ φορᾷ.

## Fr. 12
### Cyrille, Contre Julien, II, 72 B

Ἀλλ᾽ Ἑβραῖοι, φησί, τὰ περὶ οὐρανοῦ δοξάζοντες θρόνον αὐτὸν εἶναί φασι τοῦ θεοῦ, ὑποπόδιον δὲ τὴν γῆν.

## Fr. 13
### Cyrille, Contre Julien, III, 74 B

Τούτοις παράβαλλε τὴν Ἰουδαϊκὴν διδασκαλίαν καὶ τὸν φυτευόμενον ὑπὸ τοῦ θεοῦ παράδεισον καὶ τὸν ὑπ᾽ αὐτοῦ πλαττόμενον Ἀδάμ, εἶτα τὴν γινομένην αὐτῷ γυναῖκα. Λέγει γὰρ ὁ θεός· « Οὐ καλὸν εἶναι τὸν ἄνθρωπον μόνον· ποιήσωμεν αὐτῷ βοηθὸν κατ᾽ αὐτόν », πρὸς οὐδὲν μὲν αὐτῷ τῶν ὅλων βοηθήσασαν, ἐξαπατήσασαν δὲ καὶ γενομένην παραίτιον αὐτῷ τε ἐκείνῳ καὶ ἑαυτῇ τοῦ πεσεῖν ἔξω τῆς τοῦ παραδείσου τρυφῆς. Ταῦτα γάρ ἐστι μυθώδη παντελῶς. Ἐπεὶ πῶς εὔλογον ἀγνοεῖν τὸν θεὸν ὅτι τὸ γινόμενον ὑπ᾽ αὐτοῦ πρὸς βοήθειαν, οὐ πρὸς καλοῦ μᾶλλον, ἀλλὰ πρὸς κακοῦ τῷ λαβόντι γενήσεται;

supérieure et divine habitant en lui, ou bien, recevant le mouvement du dieu lui-même – comme, à mon sens, nos corps reçoivent le mouvement de l'âme qui est en nous – il parcourt son cercle infini dans une course incessante et éternelle.

### Fr. 12

Mais, dit Julien, quand les Hébreux expriment leur croyance sur le ciel, ils affirment qu'il est le trône du dieu et que la terre est son marchepied [1].

### Fr. 13

Compare à cela l'enseignement des Juifs : le jardin planté par le dieu, l'Adam façonné par lui et ensuite la femme venue au monde pour Adam. Car le dieu dit : « Il n'est pas bon que l'homme soit seul ; faisons pour lui une aide qui lui ressemble [2]. » Mais bien loin de l'aider, elle l'a gravement trompé et est devenue la cause, pour lui et pour elle, de la chute qui les a privés des délices du jardin. Tout cela est pure affabulation. Comment en effet serait-il raisonnable d'admettre que le dieu n'ait pas su que l'être qu'il a fait exister pour devenir une aide serait pour celui qui l'accueillerait un mal au lieu d'un bien ?

1. Cf. *Isaïe*, 66, 1.
2. *Genèse*, 2, 18.

Fr. 14
Cyrille, *Contre Julien*, III, 80 B

Ἀλλὰ γὰρ τί ὅλως καὶ νενομοθέτηκεν, φησί, καὶ τῶν ἐδωδίμων ἀπεσόβησέ τινος; Προστέταχε γὰρ ἀπὸ παντὸς ξύλου φαγεῖν δίχα μόνου τοῦ ὄντος ἐν μέσῳ τοῦ παραδείσου. Νόμου δὲ καὶ ἐντολῆς οὐκ ἐπηρτημένης, οὐδ᾽ ἂν πλημμελῆσαι συνέβη. Ἀγαθὸς δὲ ὤν, ἐκόλαζεν ἀνθ᾽ ὅτου;

Fr. 15
Cyrille, *Contre Julien*, III, 85 E

Τὸν γὰρ ὄφιν τὸν διαλεγόμενον πρὸς τὴν Εὔαν ποδαπῇ τινι χρῆσθαι φήσομεν διαλέκτῳ; Ἆρα ἀνθρωπείᾳ; Καὶ τί διαφέρει τῶν παρὰ τοῖς Ἕλλησι πεπλασμένων μύθων τὰ τοιαῦτα;

Fr. 16
Cyrille, *Contre Julien*, III, 88 E

Τὸ δὲ καὶ τὸν θεὸν ἀπαγορεύειν τὴν διάγνωσιν καλοῦ τε καὶ φαύλου τοῖς ὑπ᾽ αὐτοῦ πλασθεῖσιν ἀνθρώποις ἆρ᾽ οὐχ ὑπερβολὴν ἀτοπίας ἔχει; Τί γὰρ ἂν ἠλιθιώτερον γένοιτο τοῦ μὴ δυναμένου διαγινώσκειν καλὸν καὶ πονηρόν; Δῆλον γὰρ ὅτι τὰ μὲν οὐ φεύξεται, λέγω δὲ τὰ κακά, τὰ δὲ οὐ μεταδιώξει, λέγω δὲ τὰ καλά. Κεφάλαιον δέ, φρονήσεως ἀπηγόρευσεν ὁ θεὸς ἀνθρώπῳ γεύσασθαι, ἧς οὐδὲν ἂν εἴη τιμιώτερον ἀνθρώπῳ· ὅτι γὰρ ἡ τοῦ καλοῦ καὶ τοῦ χείρονος διάγνωσις οἰκεῖόν ἐστιν ἔργον φρονήσεως πρόδηλόν ἐστί που καὶ τοῖς ἀνοήτοις.

### Fr. 14

Mais pourquoi finalement a-t-il donné une loi et interdit de manger d'un certain aliment? Car dans ses instructions, il a autorisé la consommation des fruits de tous les arbres en exceptant seulement celui qui se dressait au milieu du jardin. S'il n'y avait pas eu de loi ni de commandement, il n'y aurait pas eu non plus de faute. Et si le dieu est bon, pourquoi a-t-il exercé un châtiment?

### Fr. 15

Quant au serpent qui s'est entretenu avec Ève[1], de quelle langue dirons-nous qu'il s'est servi? D'une langue humaine? Et quoi cela diffère-t-il des mythes forgés par les Grecs?

### Fr. 16

Dire que le dieu refuse aux hommes façonnés par lui la faculté de distinguer le bien et le mal, n'est-ce pas le comble de l'extravagance? Qu'y aurait-il de plus stupide qu'un être incapable de distinguer le bien et le mal? Il est clair qu'il ne fuira pas l'un, je veux dire le mal, et qu'il ne poursuivra pas l'autre, le bien. En somme, le dieu a refusé à l'homme de goûter à l'intelligence, alors qu'il ne peut y avoir pour l'homme rien de plus précieux. En effet, que la distinction du bien et du mal soit l'œuvre propre de l'intelligence, c'est tout à fait évident même pour les sots.

---

1. *Genèse*, 3, 1 *sq.*

Fr. 17

Cyrille, *Contre Julien*, III, 93 D

Συμπέρασμα γὰρ ὥσπερ τῶν ἑαυτοῦ ποιεῖται λόγων ὁ φιλόσοφος Ἰουλιανὸς οὕτω λέγων ὥστε τὸν ὄφιν εὐεργέτην μᾶλλον ἀλλ᾽ οὐχὶ λυμεῶνα τῆς ἀνθρωπίνης γενέσεως εἶναι. Καὶ οὐχὶ τοῦτο μόνον, ἀλλὰ καὶ ἐπιφέρει πάλιν οἷς ἔφη· Ἐπὶ τούτοις ὁ θεὸς λέγεται βάσκανος. Ἐπειδὴ γὰρ εἶδε μετασχόντα τῆς φρονήσεως τὸν ἄνθρωπον, ἵνα μή, φησί, γεύσηται τοῦ ξύλου τῆς ζωῆς, ἐξέβαλεν αὐτὸν τοῦ παραδείσου διαρρήδην εἰπών· « Ἰδού, Ἀδὰμ γέγονεν ὡς εἷς ἐξ ἡμῶν τοῦ γινώσκειν καλὸν καὶ πονηρόν. Καὶ νῦν μήποτε ἐκτείνῃ τὴν χεῖρα καὶ λάβῃ ἀπὸ τοῦ ξύλου τῆς ζωῆς καὶ φάγῃ καὶ ζήσεται εἰς τὸν αἰῶνα. Καὶ ἐξαπέστειλεν αὐτὸν κύριος ὁ θεὸς ἐκ τοῦ παραδείσου τῆς τρυφῆς. » Τούτων τοίνυν ἕκαστον εἰ μὴ μῦθος εἴη ἔχων ἀπόρρητον θεωρίαν, ὅπερ ἐγὼ νενόμικα, πολλῆς γέμουσιν οἱ λόγοι περὶ τοῦ θεοῦ βλασφημίας[1]. Τὸ γὰρ ἀγνοῆσαι μὲν ὡς ἡ γινομένη βοηθὸς αἰτία τοῦ πτώματος ἔσται καὶ τὸ ἀπαγορεῦσαι καλοῦ καὶ πονηροῦ γνῶσιν, ὃ μόνον ἔοικε συνέχειν τὸν βίον τὸν ἀνθρώπινον, καὶ προσέτι τὸ ζηλοτυπῆσαι μὴ τῆς ζωῆς μεταλαβὼν ἀθάνατος ἐκ θνητοῦ γένηται, φθονεροῦ καὶ βασκάνου λίαν ἐστίν.

---

1. La section τούτων τοίνυν... βλασφημίας est transmise également par Socrate, *Histoire ecclésiastique*, III, 23, 32.

## Fr. 17

Dans une sorte de conclusion de son raisonnement, le philosophe Julien s'exprime en des termes qui font du serpent le bienfaiteur du genre humain plutôt que l'auteur de sa perte. Et il ne se contente pas de cela, mais ajoute encore à ce qu'il a dit : D'après ce récit, en outre, le dieu est malveillant. En effet, quand il vit que l'homme avait part à l'intelligence, pour empêcher, dit-il, qu'il goûtât désormais à l'arbre de la vie, il le chassa du jardin en disant textuellement : « "Voici qu'Adam est devenu comme l'un de nous par sa connaissance du bien et du mal. À présent, qu'il n'étende pas la main pour cueillir aussi sur l'arbre de la vie et manger de ses fruits ; ainsi il ne vivra pas éternellement." Et le dieu seigneur le chassa du jardin des délices[1]. » Si chacun de ces éléments ne relève pas, comme je le pense, d'un mythe renfermant une doctrine secrète, ces récits abondent en blasphèmes contre le dieu. Ignorer que la femme qui était née pour être une aide serait la cause de la chute, refuser la connaissance du bien et du mal (la seule chose, semble-t-il, qui sauvegarde la vie humaine) et de plus s'opposer par jalousie à ce que l'homme, participant à la vie, de mortel devienne immortel, c'est le propre d'un être excessivement jaloux et malveillant.

---

1. *Genèse*, 3, 22-23.

Fr. 18
Cyrille, *Contre Julien*, III, 96 B

Ὑπὲρ δὲ ὧν ἐκεῖνοί τε ἀληθῶς ὑπὲρ θεοῦ
δοξάζουσιν ἡμῖν τε ἐξ ἀρχῆς οἱ πατέρες παρέδοσαν,
ὁ μὲν ἡμέτερος ἔχει λόγος ὡδὶ τὸν προσεχῆ τοῦ
κόσμου τούτου δημιουργόν [1]. Ὑπὲρ γὰρ τοῦ ἀνωτέρω
τούτου Μωσῆς μὲν εἴρηκεν οὐδὲν ὅλως, ὅς γε οὐδὲ
ὑπὲρ τῆς τῶν ἀγγέλων ἐτόλμησέ τι φύσεως· ἀλλ᾽ ὅτι
μὲν λειτουργοῦσι τῷ θεῷ πολλαχοῦ καὶ πολλάκις
εἶπεν, εἴτε δὲ γεγονότες εἴτε ἀγένητοι, εἴτε ὑπ᾽ ἄλλου
μὲν γεγονότες, ἄλλῳ δὲ λειτουργεῖν τεταγμένοι,
εἴτε ἄλλως πως, οὐδαμόθεν διώρισται. Περὶ δὲ
οὐρανοῦ καὶ γῆς καὶ τῶν ἐν αὐτῇ καὶ τίνα τρόπον
διεκοσμήθη διέξεισι. Καὶ τὰ μέν φησι κελεῦσαι τὸν
θεὸν γενέσθαι, ὥσπερ ἡμέραν καὶ φωσ<τῆρας>
καὶ στερέωμα, τὰ δὲ ποιῆσαι, ὥσπερ οὐρανὸν καὶ
γῆν, ἥλιόν τε καὶ σελήνην, τὰ δέ, ὄντα, κρυπτόμενα
δὲ τέως, διακρῖναι, καθάπερ ὕδωρ, οἶμαι, καὶ τὴν
ξηράν. Πρὸς τούτοις δὲ οὐδὲ περὶ γενέσεως ἢ περὶ
ποιήσεως τοῦ πνεύματος εἰπεῖν ἐτόλμησεν, ἀλλὰ
μόνον « Καὶ πνεῦμα θεοῦ ἐπεφέρετο ἐπάνω τοῦ
ὕδατος »· πότερον δὲ ἀγένητόν ἐστιν ἢ γέγονεν
οὐδὲν διασαφεῖ.

---

1. Texte controversé ; voir le 2e tome du *Contre Julien* des Éditions
du Cerf, p. 240, n. 2.

### Fr. 18

En ce qui concerne les croyances vraies sur la divinité que ces gens professent et que nos ancêtres nous ont transmises depuis les origines, voilà comment notre tradition présente le démiurge immédiat de ce monde. Moïse, de son côté, n'a absolument rien dit de ce qui est au-dessus de ce démiurge ; il n'a même pas osé dire un mot sur la nature des anges, mais il a affirmé très souvent qu'ils sont au service du dieu, tandis qu'il n'a nulle part précisé s'ils sont engendrés ou inengendrés, ni si, engendrés par un dieu, ils sont assignés au service d'un autre, ou s'il en va autrement. En revanche, il donne de longues explications sur le ciel, sur la terre, sur ce qu'elle renferme et sur la manière dont tout cela a été ordonné. Pour certaines de ces choses, selon lui, il a suffi d'un ordre du dieu pour qu'elles viennent à l'existence, par exemple le jour, les luminaires et le firmament ; pour d'autres, il les a fabriquées, tels le ciel, la terre, le soleil et la lune ; d'autres encore, qui existaient mais étaient cachées jusque là, il les a séparées, comme l'eau, je crois, et la terre ferme. Et en plus, il n'a pas osé se prononcer sur le souffle, s'il est venu à l'existence sur un ordre ou s'il a été fabriqué, mais il s'est contenté de dire : « Le souffle du dieu s'étendait sur les eaux », sans d'ailleurs apporter le moindre éclaircissement sur la question de savoir s'il est inengendré ou s'il a été engendré.

Fr. 19

Cyrille, *Contre Julien*, III, 99 B

... πειρᾶται δεικνύειν ἕνα τινὰ τῶν πολλῶν καὶ τῶν ἀνὰ μέρος νοουμένων θεῶν χρῆναί τε ὑπάρχειν καί λέγεσθαι τὸν διὰ τοῦ Μωσέως γραμμάτων κεκηρυγμένον θεόν, ὡς καὶ ὀλιγίστην τινὰ τῆς ὑφ᾽ ἡλίῳ μοῖραν ἀπολαχεῖν, φημὶ δὴ τὴν Ἰουδαίαν, ἕν τε καὶ μόνον τὸ ἐξ Ἰσραὴλ ἑαυτῷ καταζεῦξαι γένος καί ἀγαπητῶς τάχα που καὶ μόλις τῶν ὑπὸ χεῖρα δύνασθαι προνοεῖν· [...]

Οὐκοῦν ἐπειδήπερ οὐδὲ περὶ τοῦ προσεχοῦς τοῦ κόσμου τούτου δημιουργοῦ πάντα διειλεγμένος Μωσῆς φαίνεται, τήν τε Ἑβραίων καὶ τὴν τῶν ἡμετέρων πατέρων δόξαν ὑπὲρ αὐτῶν τούτων ἀντιπαραθῶμεν ἀλλήλαις. Ὁ Μωσῆς φησι τὸν τοῦ κόσμου δημιουργὸν ἐκλέξασθαι τὸ τῶν Ἑβραίων ἔθνος καὶ προσέχειν ἐκείνῳ μόνῳ καὶ ἐκείνου φροντίσαι καὶ δίδωσιν αὐτῷ τὴν ἐπιμέλειαν αὐτοῦ μόνου. Τῶν δὲ ἄλλων ἐθνῶν ὅπως ἢ ὑφ᾽ οἷστισι διοικοῦνται θεοῖς οὐδ᾽ ἡντινοῦν μνείαν πεποίηται, πλὴν εἰ μή τις ἐκεῖνα συγχωρήσειεν, ὅτι τὸν ἥλιον αὐτοῖς καὶ τὴν σελήνην ἀπένειμεν. Ἀλλ᾽ ὑπὲρ μὲν τούτων καὶ μικρὸν ὕστερον. Πλὴν ὅτι τοῦ Ἰσραὴλ αὐτὸν μόνου θεὸν καὶ τῆς Ἰουδαίας καὶ τούτους ἐκλεκτοὺς εἶναί φησι αὐτός τε καὶ οἱ μετ᾽ ἐκεῖνον προφῆται καὶ Ἰησοῦς ὁ Ναζωραῖος ἐπιδείξω, ἀλλὰ καὶ τὸν πάντας πανταχοῦ τοὺς πώποτε γόητας καὶ ἀπατεῶνας ὑπερβαλλόμενον Παῦλον.

Ἀκούετε δὲ τῶν λέξεων αὐτῶν, πρῶτον μὲν τῶν Μωσέως. « Σὺ δὲ ἐρεῖς τῷ Φαραῶ· υἱὸς πρωτότοκός μου Ἰσραήλ. Εἶπον δέ· ἐξαπόστειλον τὸν λαόν μου,

## Fr. 19

... Julien essaie de montrer que le dieu annoncé dans les écrits de Moïse est forcément l'un des nombreux dieux issus des conceptions diverses des peuples, et qu'on doit le désigner ainsi ; on peut dire alors qu'il reçoit en partage une très petite partie des terres qui existent sous le soleil, je veux dire la Judée, qu'il établit un lien entre lui et une seule et unique race, Israël, qu'il peut tout juste et non sans mal prendre soin de ceux qu'il tient sous son autorité. [...]

Par conséquent, puisque Moïse ne paraît pas non plus avoir fait un exposé exhaustif sur le démiurge immédiat de ce monde, comparons sur ce point la doctrine des Hébreux et celle de nos ancêtres. Moïse affirme que le démiurge du monde a choisi le peuple hébreux, qu'il en a fait l'objet exclusif de son attention et de ses préoccupations, et il lui attribue le gouvernement de ce seul peuple. Quant aux autres peuples, il ne dit pas un mot de la manière dont ils sont administrés ni par quels dieux ils le sont, à moins d'admettre qu'il leur a assigné le soleil et la lune. Mais j'en parlerai brièvement plus loin. Je note seulement que Moïse en personne et après lui les prophètes, Jésus le Nazôréen, mais aussi Paul – qui surpasse tous les magiciens et charlatans qui aient jamais paru dans le monde – affirment que le démiurge est uniquement le dieu d'Israël et de la Judée, et que les Hébreux sont le peuple qu'il s'est choisi.

Écoutez leurs propres paroles, et pour commencer celles de Moïse : « Tu diras à Pharaon : Israël est mon fils premier-né. Je t'avais dit : "Laisse aller mon peuple pour qu'il soit mon serviteur." Mais toi, tu n'as pas voulu le

ἵνα μοι λατρεύσῃ. Σὺ δὲ οὐκ ἐβούλου ἐξαποστεῖλαι αὐτόν.» Καὶ μικρὸν ὕστερον· «Καὶ λέγουσιν αὐτῷ· ὁ θεὸς τῶν Ἑβραίων προσκέκληται ἡμᾶς. Πορευσόμεθα οὖν εἰς τὴν ἔρημον ὁδὸν ἡμερῶν τριῶν, ὅπως θύσωμεν κυρίῳ τῷ θεῷ ἡμῶν.» Καὶ μετ' ὀλίγα πάλιν ὁμοίως· «Κύριος ὁ θεὸς τῶν Ἑβραίων ἐξαπέσταλκέ <με πρός>¹ σε λέγων· ἐξαπόστειλον τὸν λαόν μου, ἵνα μοι λατρεύσωσιν ἐν τῇ ἐρήμῳ.» Συνείρει δὲ τούτοις καὶ ἑτέρας χρήσεις ἐκ τῶν ἱερῶν γραμμάτων συνειλεγμένας ἐμπεδοῦν ἐπιχειρῶν ὅτι δὴ μόνου τοῦ Ἰσραὴλ ὠνόμασται θεὸς καὶ κλῆρος ἰδικὸς αὐτῷ τὸ ἐξ Ἀβραὰμ νενέμηται γένος· εἶτα τῶν ἑαυτοῦ λόγων ποιεῖται συμπέρασμα τὸ ὅτι προσήκει τὸν τῶν Ἑβραίων θεὸν οὐχὶ δὴ τοῦ παντὸς κόσμου γενεσιουργὸν ὑπάρχειν οἴεσθαι καὶ κατεξουσιάζειν τῶν ὅλων, συνεστάλθαι δέ, ὡς ἔφην, καὶ πεπερασμένην ἔχοντα τὴν ἀρχὴν ἀναμὶξ τοῖς ἄλλοις νοεῖσθαι θεοῖς.

## Fr. 20
### Cyrille, *Contre Julien*, III, 106 A

Ἀλλ' ὅτι μὲν Ἰουδαίων μόνων ἐμέλησε τῷ θεῷ τὸ ἐξ ἀρχῆς καὶ κλῆρος αὐτοῦ γέγονεν οὗτος ἐξαίρετος οὐ Μωσῆς μόνον καὶ Ἰησοῦς, ἀλλὰ καὶ Παῦλος εἰρηκὼς φαίνεται· καίτοι τοῦτο θαυμάσαι ἄξιον ὑπὲρ τοῦ Παύλου. Πρὸς γὰρ τύχας, ὥσπερ οἱ πολύποδες πρὸς τὰς πέτρας, ἀλλάττει τὰ περὶ τοῦ θεοῦ δόγματα, ποτὲ μὲν Ἰουδαίους μόνον τὴν κληρονομίαν τοῦ θεοῦ εἶναι διατεινόμενος, πάλιν

---

1. Mots rétablis d'après la Septante; absents du texte de Masaracchia, mais traduits par elle.

laisser partir[1]. » Et un peu plus bas : « Et ils lui dirent : "Le dieu des Hébreux nous a appelés. Nous partirons donc dans le désert à trois jours de marche d'ici pour offrir des sacrifices au seigneur notre dieu"[2]. » Et un peu plus loin il reprend à peu près dans les mêmes termes : « Le seigneur, le dieu des Hébreux, m'a envoyé vers toi pour te dire : "Laisse aller mon peuple pour qu'il soit mon serviteur dans le désert"[3]. » Il relie à cela d'autres citations recueillies dans les saintes Écritures, cherchant à confirmer l'idée que le dieu dont il est question est le dieu du seul Israël et que la race d'Abraham lui a été attribuée comme son lot propre. Ensuite il conclut son raisonnement en disant qu'il ne convient pas de croire que le dieu des Hébreux soit le créateur du monde dans sa totalité, ni qu'il exerce son autorité sur toutes choses, qu'il faut penser au contraire qu'il est borné, selon son expression, c'est-à-dire que, un parmi les dieux, il n'a qu'une autorité limitée.

## Fr. 20

Que depuis l'origine le dieu se soit soucié seulement des Juifs et que ceux-ci soient devenus son apanage, il apparaît que Moïse et Jésus ne sont pas les seuls à l'avoir affirmé mais que Paul aussi l'a fait. Concernant Paul, pourtant, cela a de quoi étonner. En effet, à la manière dont les poulpes changent de couleur au contact des rochers[4], Paul modifie sa doctrine sur le dieu selon les circonstances : tantôt il soutient énergiquement qu'il n'y a que les Juifs qui soient la propriété du dieu, tantôt,

1. *Exode*, 4, 22-23.
2. *Exode*, 5, 3.
3. *Exode*, 7, 16.
4. Pour la même image, cf. *Misopogon*, 20, 349d ; image reprise de Théognis, *Élégies*, 215-216.

δὲ τοὺς Ἕλληνας ἀναπείθων αὐτῷ προστίθεσθαι,
λέγων· « Μὴ Ἰουδαίων ὁ θεὸς μόνον, ουχὶ δὲ καὶ
ἐθνῶν; Ναὶ καὶ ἐθνῶν.» Δίκαιον οὖν ἐρέσθαι
τὸν Παῦλον, εἰ μὴ τῶν Ἰουδαίων ἦν ὁ θεὸς μόνον,
ἀλλὰ καὶ τῶν ἐθνῶν, τοῦ χάριν πολὺ μὲν εἰς τοὺς
Ἰουδαίους ἔπεμψε τὸ προφητικὸν πνεῦμα καὶ τὸν
Μωσέα καὶ τὸ χρῖσμα καὶ τοὺς προφήτας καὶ τὸν
νόμον καὶ τὰ παράδοξα καὶ τὰ τεράστια τῶν μύθων.
Ἀκούεις τε αὐτῶν βοώντων· « Ἄρτον ἀγγέλων
ἔφαγεν ἄνθρωπος. »

Ἐπὶ τέλει δὲ καὶ τὸν Ἰησοῦν ἔπεμψεν ἐκείνοις,
ἡμῖν δὲ οὐ προφήτας, οὐ χρῖσμα, οὐ διδάσκαλον, οὐ
κήρυκα περὶ τῆς μελλούσης ὀψέ ποτε γοῦν ἔσεσθαι
καὶ εἰς ἡμᾶς ἀπ' αὐτοῦ φιλανθρωπίας. Ἀλλὰ καὶ
περιεῖδεν ἐτῶν μυριάδας, εἰ δὲ ὑμεῖς βούλεσθε,
χιλιάδας ἐν ἀγνωσίᾳ τοιαύτῃ τοῖς εἰδώλοις, ὥς
φατε, λατρεύοντας τοὺς ἀπὸ ἀνίσχοντος ἡλίου
μέχρι δυομένου καὶ τοὺς ἀπὸ μέσων τῶν ἄρκτων
ἄχρι μεσημβρίας ἔξω καὶ μικροῦ γένους οὐδὲ πρὸ
δισχιλίων ὅλων ἐτῶν ἑνὶ μέρει συνοικισθέντος τῆς
Παλαιστίνης. Εἰ γὰρ πάντων ἡμῶν ἐστι θεὸς καὶ
πάντων δημιουργὸς ὁμοίως, τί οὖν περιεῖδεν ἡμᾶς;
Καὶ μεθ' ἕτερα ἔτι· Προσέξομεν ὑμῖν ὅτι τὸν τῶν ὅλων
θεὸν ἄχρι ψιλῆς γοῦν ἐννοίας ὑμεῖς ἢ τῆς ὑμετέρας
τις ἐφαντάσθη ῥίζης; Οὐ μερικὰ πάντα ταῦτά ἐστι·
« θεὸς ζηλωτής » – ζηλοῖ γὰρ διὰ τί; – καὶ « θεὸς
ἁμαρτίας ἐκδικῶν πατέρων ἐπὶ τέκνα »;

lorsqu'il tente de convaincre les Grecs de se joindre à lui, il dit : « Est-il seulement le dieu des Juifs et non celui des Gentils ? Des Gentils aussi, assurément[1]. » Il est juste par conséquent de demander à Paul pourquoi, si le dieu n'était pas seulement celui des Juifs mais aussi celui des Gentils, il a envoyé aux Juifs l'esprit prophétique à profusion, Moïse, l'onction sacrée, les prophètes, la Loi, et les choses incroyables et prodigieuses que contiennent leurs mythes. Et on les entend se vanter : « L'homme a mangé le pain des anges[2]. »

Finalement il leur a envoyé Jésus, mais à nous, il n'a envoyé ni prophètes, ni onction, ni maître, ni même un héraut annonçant l'amour qu'il manifesterait un jour pour nous aussi, quoique bien plus tard. Au contraire, durant des myriades d'années ou si vous préférez pendant des milliers d'années, il a regardé avec indifférence, de l'orient à l'occident et du nord au midi, les hommes plongés dans une telle ignorance et servant ce que vous appelez les idoles, à l'exception d'un petit peuple établi depuis moins de deux mille ans dans un coin de Palestine. Car s'il est pareillement notre dieu à tous et le démiurge de toutes choses, pourquoi cette indifférence à notre égard ? Et encore plus loin : Prêterons-nous attention à vous parce que vous ou quelqu'un de votre race avez fabriqué dans votre imagination le dieu de l'univers, sans d'ailleurs aller au-delà d'une notion rudimentaire de ce dieu ? Tout cela ne renvoie-t-il pas à un dieu particulier ? « Dieu est jaloux » – pourquoi en effet est-il jaloux ? – et « Dieu punit sur les enfants les fautes des pères[3] » ?

---

1. Paul, *Épître aux Romains*, 3, 29.
2. *Psaumes*, 78 [77], 25.
3. *Exode*, 20, 5.

Fr. 21

Cyrille, *Contre Julien*, IV, 115 C

Ἑπόμενος γάρ, ὡς ἔφην, ταῖς τοῦ Πλάτωνος δόξαις,
προστιθεὶς δέ, οἶμαι, καὶ τὰς ἑαυτοῦ, τὸν προσεχῆ τοῦ κόσμου
δημιουργόν, καθά φησιν αὐτός, ἀποφαίνει μὲν τῶν ὅλων
δεσπότην καί, τοῖς αὐτοῦ σκήπτροις τὰ πάντα ὑπενεγκών,
ἑτέρῳ τρόπῳ πάλιν αὐτὸν τῆς καθ᾽ ἡμῶν ἐξίστησιν ἀρχῆς καί
τισιν ἀναριθμήτοις θεοῖς καὶ παρ᾽ αὐτὸν ἑτέροις τὴν αὐτοῦ
βασιλείαν διανέμων οὐκ ἐρυθριᾷ. Γράφει δὲ ὡδὶ πάλιν· Ἀλλὰ
δὴ σκοπεῖτε πρὸς ταῦτα πάλιν τὰ παρ᾽ ἡμῶν. Οἱ γὰρ
ἡμέτεροι τὸν δημιουργόν φασιν ἁπάντων μὲν εἶναι
κοινὸν¹ πατέρα καὶ βασιλέα, νενεμῆσθαι δὲ ὑπ᾽
αὐτοῦ τὰ λοιπὰ τῶν ἐθνῶν ἐθνάρχαις καὶ πολιούχοις
θεοῖς, ὧν ἕκαστος ἐπιτροπεύει τὴν ἑαυτοῦ λῆξιν
οἰκείως ἑαυτῷ. Ἐπειδὴ γὰρ ἐν μὲν τῷ πατρὶ τέλεια
καὶ ἓν πάντα, ἐν δὲ τοῖς μεριστοῖς ἄλλη παρ᾽ ἄλλῳ
κρατεῖ δύναμις, Ἄρης μὲν ἐπιτροπεύει τὰ πολεμικὰ
τῶν ἐθνῶν, Ἀθηνᾶ δὲ τὰ μετὰ φρονήσεως πολεμικά,
Ἑρμῆς δὲ τὰ συνετώτερα μᾶλλον ἢ τολμηρότερα,
καὶ καθ᾽ ἑκάστην οὐσίαν τῶν οἰκείων θεῶν ἕπεται
καὶ τὰ ἐπιτροπευόμενα παρὰ σφῶν ἔθνη.

Εἰ μὲν οὖν οὐ μαρτυρεῖ τοῖς ἡμετέροις λόγοις ἡ
πεῖρα, πλάσμα μὲν ἔστω τὰ παρ᾽ ἡμῶν καὶ πιθανότης
ἄκαιρος, τὰ παρ᾽ ὑμῖν δὲ ἐπαινείσθω· εἰ δὲ πᾶν
τοὐναντίον οἷς μὲν ἡμεῖς λέγομεν ἐξ αἰῶνος ἡ πεῖρα
μαρτυρεῖ, τοῖς ὑμετέροις δὲ λόγοις οὐδὲν οὐδαμοῦ
φαίνεται σύμφωνον, τί τοσαύτης τῆς φιλονεικίας

---

1. Mot absent du texte grec de Masaracchia mais impliqué par sa
traduction. Il est présent chez les autres éditeurs.

## Fr. 21

Suivant, d'après ce qu'il dit, les opinions de Platon (mais en y ajoutant, je crois, les siennes), il déclare que le démiurge immédiat du monde, selon son expression, est le maître de l'univers et, tout en ramenant la totalité des choses à sa souveraineté, Julien change de ton et fait marche arrière en lui retirant son pouvoir sur nous ; et sans rougir, il attribue la royauté dudit démiurge à une foule innombrable de dieux distincts de lui. Voici ce qu'il écrit alors : Mais reprenez à présent la comparaison de notre enseignement avec le leur. Les nôtres déclarent que le démiurge est le père et le roi communs de tous, et qu'il a assigné les tâches restantes à des dieux ethnarques[1] et protecteurs des cités, chacun d'eux gouvernant son lot conformément à sa nature. Ainsi, alors que dans le père tout est achevé et un, dans les dieux particuliers une puissance différente prévaut chez chacun : par exemple, Arès gouverne les peuples guerriers, Athéna ceux qui associent la réflexion à l'esprit guerrier[2], Hermès ceux qui montrent plus de prudence que d'audace ; de leur côté, les peuples se conforment à la nature particulière des dieux qui les gouvernent.

Si maintenant l'expérience ne témoigne pas en faveur de ce que nous affirmons, je veux bien que notre tradition soit regardée comme une fiction sans crédibilité et qu'on approuve la vôtre. Si au contraire l'expérience témoigne depuis toujours en faveur de ce que nous disons alors que,

---

1. C'est-à-dire « gouverneurs des peuples ». Peut-être Julien songe-t-il à Platon, *Politique*, 271d et *Lois*, IV, 713d, ce dernier texte étant cité littéralement dans sa lettre *À Thémistios*, 258a. La notion de dieux qui prennent soin de façon particulière d'un peuple est présente aussi dans la Septante sous la forme « dieux des nations » (θεοὶ τῶν ἐθνῶν) ; voir par exemple *Psaumes*, 96 [95], 5.

2. *Cf.* Platon, *Timée*, 24d.

ἀντέχεσθε; Λεγέσθω γάρ μοι τίς αἰτία τοῦ Κελτοὺς μὲν εἶναι καὶ Γερμανοὺς θρασεῖς, Ἕλληνας δὲ καὶ Ῥωμαίους ὡς ἐπίπαν πολιτικοὺς καὶ φιλανθρώπους μετὰ στερροῦ καὶ πολεμικοῦ, συνετωτέρους δὲ καὶ τεχνικωτέρους Αἰγυπτίους, ἀπολέμους δὲ καὶ τρυφηλοὺς Σύρους μετὰ τοῦ συνετοῦ καὶ θερμοῦ καὶ κούφου καὶ εὐμαθοῦς. Ταύτης γὰρ ἐν τοῖς ἔθνεσι διαφορᾶς εἰ μὲν οὐδεμίαν τις αἰτίαν συνορῴη, μᾶλλον δὲ αὐτά φησι καὶ ἐκ τοῦ αὐτομάτου συμπεσεῖν, πῶς ἔτι προνοίᾳ διοικεῖσθαι τὸν κόσμον οἴεται; Εἰ δὲ τούτων αἰτίας εἶναί τις τίθεται, λεγέτω μοι πρὸς αὐτοῦ τοῦ δημιουργοῦ καὶ διδασκέτω.

Fr. 22
Cyrille, *Contre Julien*, IV, 131 B

Τοὺς μὲν γὰρ νόμους εὔδηλον ὡς ἡ τῶν ἀνθρώπων ἔθετο φύσις οἰκείους ἑαυτῇ, πολιτικοὺς μὲν καὶ φιλανθρώπους, οἷς ἐπὶ πλεῖστον ἐντέθραπτο τὸ φιλάνθρωπον, ἀγρίους δὲ καὶ ἀπανθρώπους, οἷς ἐναντία φύσις ὑπῆρχε καὶ ἐνυπῆρχε τῶν ἠθῶν. Οἱ γὰρ νομοθέται μικρὰ ταῖς φύσεσι καὶ ταῖς ἐπιτηδειότησι διὰ τῆς ἀγωγῆς προσέθεσαν. Οὔκουν Ἀνάχαρσιν οἱ Σκύθαι βακχεύοντα παρεδέξαντο· οὐδὲ τῶν Ἑσπερίων ἐθνῶν εὕροις ἄν τινας εὐκόλως πλὴν ὀλίγων σφόδρα ἐπὶ τὸ φιλοσοφεῖν ἢ γεωμετρεῖν ἤ τι τῶν τοιούτων ηὐτρεπισμένους, καίτοι κρατούσης ἐπὶ τοσοῦτον ἤδη τῆς Ῥωμαϊκῆς ἡγεμονίας. Ἀλλ' ἀπολαύουσι μόνον τῆς διαλέξεως καὶ τῆς ῥητορείας οἱ λίαν εὐφυεῖς, ἄλλου δὲ οὐδενὸς μεταλαμβάνουσι

manifestement, rien nulle part ne s'accorde avec ce que vous affirmez, pourquoi vous obstinez-vous à ce point dans la dispute ? Qu'on me dise par exemple pour quelle raison les Celtes et les Germains sont hardis, les Grecs et les Romains ordinairement aptes à la vie politique, et humains tout en étant inflexibles et bons guerriers, les Égyptiens plutôt intelligents et ingénieux, les Syriens pacifiques et efféminés mais en même temps intelligents, chaleureux, de caractère facile, doués pour l'étude. Si l'on n'aperçoit aucune raison d'une pareille différence entre les peuples et si l'on préfère attribuer tout cela au hasard, comment croire encore que le monde soit gouverné par une providence ? Si au contraire on admet qu'il y a à cela des raisons, qu'on me les donne, au nom du démiurge en personne, qu'on me les apprenne.

## Fr. 22

En ce qui concerne les lois, il est clair que la nature des hommes les a instituées en conformité avec elle-même : civilisées et humaines chez les peuples qui ont cultivé plus que tout l'amour de l'humanité, lois sauvages et inhumaines chez ceux en qui existaient par nature, au fond d'eux-mêmes, les caractères opposés. Car les législateurs, par la discipline qu'ils ont introduite, n'ont ajouté que peu de choses aux natures et aux dispositions des peuples. C'est ainsi que les Scythes n'ont pas accepté parmi eux Anacharsis parce qu'il célébrait des rites bachiques [1]. Et chez les peuples d'Occident, il n'est pas facile, sauf exception, de trouver des gens ayant de fortes aptitudes à la philosophie, à la géométrie ou à une

1. *Cf.* Hérodote, IV, 76 et Diogène Laërce, I, 102-103.

μαθήματος. Οὕτως ἰσχυρὸν ἔοικεν ἡ φύσις εἶναι. Τίς οὖν ἡ διαφορὰ τῶν ἐθνῶν ἐν τοῖς ἤθεσι καὶ τοῖς νόμοις;

Fr. 23
Cyrille, *Contre Julien*, IV, 134 C

Ὁ μὲν γὰρ Μωσῆς αἰτίαν ἀποδέδωκε κομιδῇ μυθώδη τῆς περὶ τὰς διαλέκτους ἀνομοιότητος. Ἔφη γὰρ τοὺς υἱοὺς τῶν ἀνθρώπων συνελθόντας πόλιν ἐθέλειν οἰκοδομεῖν καὶ πύργον ἐν αὐτῇ μέγαν, φάναι δὲ τὸν θεὸν ὅτι χρὴ κατελθεῖν καὶ τὰς διαλέκτους αὐτῶν συγχέαι. Καὶ ὅπως μή τίς με νομίσῃ ταῦτα συκοφαντεῖν, καὶ ἐκ τῶν Μωσέως ἀναγνωσόμεθα τὰ ἐφεξῆς. «Καὶ εἶπον· δεῦτε οἰκοδομήσωμεν ἑαυτοῖς πόλιν καὶ πύργον, οὗ ἔσται ἡ κεφαλὴ ἕως τοῦ οὐρανοῦ, καὶ ποιήσωμεν ἑαυτοῖς ὄνομα πρὸ τοῦ διασπαρῆναι ἐπὶ προσώπου πάσης τῆς γῆς. Καὶ κατέβη κύριος ἰδεῖν τὴν πόλιν καὶ τὸν πύργον, ὃν ᾠκοδόμησαν οἱ υἱοὶ τῶν ἀνθρώπων. Καὶ εἶπε κύριος· ἰδοὺ γένος ἓν καὶ χεῖλος ἓν πάντων, καὶ τοῦτο ἤρξαντο ποιῆσαι καὶ νῦν οὐκ ἐκλείψει ἀπ' αὐτῶν πάντα, ὅσα ἂν ἐπιθῶνται ποιεῖν. Δεῦτε, καταβάντες ἐκεῖ συγχέωμεν αὐτῶν τὴν γλῶσσαν, ἵνα μὴ ἀκούωσιν ἕκαστος τῆς φωνῆς τοῦ πλησίον. Καὶ διέσπειρεν αὐτοὺς κύριος ὁ θεὸς ἐπὶ πρόσωπον πάσης τῆς γῆς καὶ ἐπαύσαντο οἰκοδομοῦντες τὴν πόλιν καὶ τὸν πύργον.»

science de ce genre, bien que la domination romaine s'y exerce depuis si longtemps déjà; mais les natures particulièrement douées se plaisent uniquement au débat et à l'art rhétorique, alors qu'elles restent étrangères à toute autre étude. Si grande, semble-t-il, est la force de la nature. D'où vient alors la différence entre les peuples quant aux caractères et aux lois?

### Fr. 23

Pour ce qui est de la diversité des langues, Moïse en a donné une raison totalement mythique. Il a prétendu en effet que les fils des hommes se sont rassemblés et ont voulu bâtir une ville avec une grande tour au milieu, mais que le dieu a dit qu'il lui fallait descendre parmi eux et confondre leurs langues. Et pour qu'on ne croie pas que je lance des accusations mensongères, nous allons encore lire mot à mot ce passage de Moïse : « Et ils dirent : "Allons! Construisons-nous une ville et une tour dont le sommet ira jusqu'au ciel, faisons-nous un nom avant d'être dispersés sur toute la face de la terre." Or le seigneur descendit pour voir la ville et la tour que les fils des hommes avaient bâties. Et le seigneur dit : "Voici que tous font un seul peuple et parlent une seule langue; c'est là le début de leur entreprise, et désormais ils ne renonceront à rien de ce qu'ils tenteront de faire. Allons! Descendons et confondons leur langage, pour que personne ne comprenne la parole de son voisin." Et le dieu seigneur les dispersa sur toute la face de la terre et ils arrêtèrent la construction de la ville et de la tour [1]. »

---

1. *Genèse*, 11, 4-8.

Εἶτα τούτοις ἀξιοῦτε πιστεύειν ἡμᾶς, ἀπιστεῖτε δὲ ὑμεῖς τοῖς ὑφ' Ὁμήρου λεγομένοις ὑπὲρ τῶν Ἀλωαδῶν ὡς ἄρα τρία ἐπ' ἀλλήλοις ὄρη θεῖναι διενοοῦντο, «ἵν' οὐρανὸς ἀμβατὸς εἴη.» Φημὶ μὲν γὰρ ἐγὼ καὶ τοῦτο εἶναι παραπλησίως ἐκείνῳ μυθῶδες. Ὑμεῖς δέ, ἀποδεχόμενοι τὸ πρότερον, ἀνθ' ὅτου πρὸς θεῶν ἀποδοκιμάζετε τὸν Ὁμήρου μῦθον; Ἐκεῖνο γὰρ οἶμαι δεῖν σιωπᾶν πρὸς ἄνδρας ἀμαθεῖς, ὅτι κἂν μιᾷ φωνῇ καὶ γλώσσῃ πάντες οἱ κατὰ πᾶσαν τὴν οἰκουμένην ἄνθρωποι χρήσωνται, πόλιν οἰκοδομεῖν οὐ δυνήσονται πρὸς τὸν οὐρανὸν ἀφικνουμένην, κἂν ἐκπλινθεύσωσι τὴν γῆν πᾶσαν· ἀπείρων γὰρ δεήσει πλίνθων ἰσομεγεθῶν τῇ γῇ ξυμπάσῃ τῶν δυνησομένων ἄχρι τῶν σελήνης ἐφικέσθαι κύκλων. Ὑποκείσθω γὰρ πάντας μὲν ἀνθρώπους συνεληλυθέναι γλώσσῃ καὶ φωνῇ μιᾷ κεχρημένους, πᾶσαν δὲ ἐκπλινθεῦσαι τὴν γῆν καὶ ἐκλατομῆσαι, πότε ἂν μέχρις οὐρανοῦ φθάσαιεν, εἰ καὶ λεπτότερον ἁρπεδόνος ἐκμηρυομένων αὐτῶν ἐκταθείη; Τοῦτον οὖν οὕτω φανερὸν ὄντα τὸν μῦθον ἀληθῆ νενομικότες καὶ περὶ τοῦ θεοῦ δοξάζοντες ὅτι πεφόβηται τὴν τῶν ἀνθρώπων μιαιφονίαν τούτου τε χάριν αὐτῶν συγχέει τὰς διαλέκτους, ἔτι τολμᾶτε θεοῦ γνῶσιν αὐχεῖν;

Fr. 24
Cyrille, *Contre Julien*, IV, 137 D

Ἐπάνειμι δὲ αὖθις πρὸς ἐκεῖνο, τὰς μὲν διαλέκτους ὅπως ὁ θεὸς συνέχεεν. Εἴρηκεν ὁ Μωσῆς τὴν μὲν αἰτίαν ὅτι φοβηθεὶς μή τι κατ' αὐτοῦ πράξωσι

Après quoi vous nous demandez d'ajouter foi à ce récit, mais vous refusez de croire ce qu'Homère dit des Aloades quand il raconte qu'ils projetaient d'entasser trois montagnes l'une sur l'autre, « pour pouvoir atteindre le ciel[1] ». Pour ma part, j'affirme que ce récit est à peu près aussi mythique que l'autre. Mais si vous acceptez le précédent, pourquoi, au nom des dieux, rejetez-vous le mythe raconté par Homère ? Je pense en effet qu'il ne faut pas dire à des ignorants que, même si tous les hommes répandus par toute la terre habitable se servent un jour de la même parole et de la même langue, ils seront incapables de bâtir une ville montant jusqu'au ciel, fût-ce en transformant toute la terre en briques. Car il faudrait un nombre infini de briques aussi grandes que la terre entière pour pouvoir monter jusqu'aux cercles de la lune. Admettons que tous les hommes se rassemblent et emploient une seule langue, une seule parole, qu'ils aient complètement transformé la terre en briques et en aient extrait des pierres, quand donc atteindraient-ils le ciel, même s'ils déroulaient et étiraient leur construction sous une forme plus fine que celle d'un fil ? Vous donc qui regardez comme vrai ce qui est si manifestement un mythe, qui croyez que le dieu a eu peur de la fureur criminelle des hommes et que pour cette raison il a confondu les langues, vous osez encore vous vanter de votre connaissance du dieu !

### Fr. 24

Je reviens à la manière dont le dieu a confondu les langues. Selon la raison donnée par Moïse, le dieu a craint de voir les hommes se dresser contre lui une fois qu'ils se

1. Homère, *Odyssée*, XI, 316.

προσβατὸν αὐτοῖς τὸν οὐρανὸν ἀπεργασάμενοι ὁμόγλωττοι ὄντες καὶ ὁμόφρονες ἀλλήλοις· τὸ δὲ πρᾶγμα ὅπως ἐποίησεν ὅτι κατελθὼν ἐξ οὐρανοῦ, μὴ δυνάμενος ἄνωθεν αὐτὸ ποιεῖν, ὡς ἔοικεν, εἰ μὴ κατῆλθεν ἐπὶ τῆς γῆς. Ὑπὲρ δὲ τῆς κατὰ τὰ ἤθη καὶ τὰ νόμιμα διαφορᾶς οὔτε Μωσῆς οὔτε ἄλλος ἀπεσάφησέ τις. Καίτοι τῷ παντὶ μείζων ἐστὶν ἡ περὶ τὰ νόμιμα καὶ τὰ πολιτικὰ τῶν ἐθνῶν ἐν τοῖς ἀνθρώποις τῆς περὶ τὰς διαλέκτους διαφορᾶς. Τίς γὰρ Ἑλλήνων ἀδελφῇ, τίς δὲ θυγατρί, τίς δὲ μητρί φησι δεῖν μίγνυσθαι; Τοῦτο δὲ ἀγαθὸν ἐν Πέρσαις κρίνεται.

Τί με χρῆ καθ᾽ ἕκαστον ἐπιέναι τὸ φιλελεύθερόν τε καὶ ἀνυπότακτον Γερμανῶν ἐπεξιόντα, τὸ δὲ χειρόηθες καὶ τιθασὸν Σύρων καὶ Περσῶν καὶ Πάρθων καὶ πάντων ἁπλῶς τῶν πρὸς ἕω καὶ πρὸς μεσημβρίαν βαρβάρων καὶ ὅσα καὶ τὰς βασιλείας ἀγαπᾷ κεκτημένα δεσποτικωτέρας; Εἰ μὲν οὖν ἄνευ προνοίας μείζονος καὶ θειοτέρας ταῦτα συνηνέχθη τὰ μείζω καὶ τελειώτερα, τί μάτην περιεργαζόμεθα καὶ θεραπεύομεν τὸν μηδὲν προνοοῦντα; Ὧι γὰρ οὔτε βίων οὔτε ἠθῶν οὔτε τρόπων οὔτε εὐνομίας οὔτε πολιτικῆς ἐμέλησε καταστάσεως, ἆρ᾽ ἔτι προσήκει μεταποιεῖσθαι τῆς παρ᾽ ἡμῖν τιμῆς; Οὐδαμῶς. Ὁρᾶτε εἰς ὅσην ὑμῶν ἀτοπίαν ὁ λόγος ἔρχεται. Τῶν γὰρ ἀγαθῶν ὅσα περὶ τὸν ἀνθρώπινον θεωρεῖται βίον, ἡγεῖται μὲν τὰ τῆς ψυχῆς, ἕπεται δὲ τὰ τοῦ σώματος. Εἰ τοίνυν τῶν ψυχικῶν ἡμῶν ἀγαθῶν κατωλιγώρησεν, οὔτε τῆς φυσικῆς ἡμῶν

seraient construit un accès vers le ciel à la faveur de leur communauté de langue et de pensée. Quant à la façon dont il s'y est pris, Moïse dit que le dieu est descendu du ciel, incapable qu'il était, à ce qu'il paraît, d'accomplir son dessein de là-haut sans être descendu sur terre. En ce qui concerne les différences de caractères et de coutumes, ni Moïse ni un autre n'ont apporté d'éclaircissement. Pourtant, dans l'humanité les coutumes et les usages politiques des peuples offrent à tout point de vue des différences plus grandes que les langues. Qui parmi les Grecs dit qu'il faut avoir commerce avec sa sœur, avec sa fille, avec sa mère ? Et pourtant chez les Perses, c'est une chose que l'on approuve.

Eh quoi ? Faut-il que je passe en revue tous les cas, et examine sans rien omettre l'amour de la liberté et le naturel indomptable des Germains, le caractère doux et accommodant des Syriens, des Perses, des Parthes et en un mot de tous les barbares d'orient et du midi, ainsi que des peuples qui se satisfont des monarchies tout à fait despotiques qui sont les leurs ? Si ces différences plus grandes et plus complètes sont advenues sans l'intervention d'une providence divine supérieure, pourquoi nous donner tant de mal, en vain au demeurant, et rendre un culte à celui qui n'exerce aucune providence <envers nous> ? Celui qui ne s'est préoccupé ni de nos modes de vies, ni de nos mœurs, ni de nos habitudes, ni de la bonne qualité de nos lois ni de notre organisation politique, doit-il continuer à recevoir de nous sa part d'honneur ? En aucun cas ! Voyez à quel degré d'absurdité conduit votre doctrine. Parmi tous les biens que l'on observe dans la vie humaine, ceux de l'âme viennent en premier, ceux du corps suivent. Par conséquent, s'il a entièrement négligé les biens de notre âme, et que par

κατασκευῆς προνοησάμενος, οὔτε ἡμῖν πέμψας
διδασκάλους ἢ νομοθέτας, ὥσπερ τοῖς Ἑβραίοις
κατὰ τὸν Μωσέα καὶ τοὺς ἐπ᾽ ἐκείνῳ προφήτας,
ὑπὲρ τίνος ἕξομεν αὐτῷ καλῶς εὐχαριστεῖν;

Fr. 25
Cyrille, *Contre Julien*, IV, 141 B

Ὁ δὲ συνεστάλθαι μὲν οἴεται τὴν ἐξουσίαν αὐτοῦ (scil.
Iudaeorum dei), διήκειν δὲ μόλις ἄχρι τερμάτων δύνασθαι
τῆς Ἰουδαίων χώρας καὶ κλῆρον ὥσπερ τινὰ λαχεῖν αὐτὸν τὸ
χρῆναι κρατεῖν μόνων τάχα που τῶν ἐξ αἵματος Ἰσραὴλ καὶ μὴν
καὶ ὀλίγα διενεγκεῖν τῶν ἑτέρων ἐθναρχῶν οὓς αὐτὸς ἄνω τε
καὶ κάτω θεοὺς ὀνομάζει καὶ δαίμονας. Ἔφη γὰρ πάλιν· Ἀλλ᾽
ὁρᾶτε μήποτε καὶ ἡμῖν ἔδωκεν ὁ θεὸς οὓς ὑμεῖς
ἠγνοήκατε θεούς τε <καὶ> προστάτας ἀγαθούς,
οὐδὲν ἐλάττονας τοῦ παρὰ τοῖς Ἑβραίοις ἐξ ἀρχῆς
τιμωμένου τῆς Ἰουδαίας, ἧσπερ ἐκεῖνος προνοεῖν
ἔλαχε μόνης, ὥσπερ ὁ Μωσῆς ἔφη καὶ οἱ μετ᾽
ἐκεῖνον ἄχρις ἡμῶν. Εἰ δὲ ὁ προσεχὴς εἴη τοῦ κόσμου
δημιουργὸς ὁ παρὰ τῶν Ἑβραίων τιμώμενος, ἔτι καὶ
βέλτιον ὑπὲρ αὐτοῦ διενοήθημεν ἡμεῖς ἀγαθά τε
ἡμῖν ἔδωκεν ἐκείνων μείζονα τά τε περὶ ψυχὴν καὶ
τὰ ἐκτός, ὑπὲρ ὧν ἐροῦμεν ὀλίγον ὕστερον, ἔστειλέ
τε καὶ ἐφ᾽ ἡμᾶς νομοθέτας οὐδὲν Μωσέως χείρονας,
εἰ μὴ τοὺς πολλοὺς μακρῷ κρείττονας.

ailleurs il n'a rien prévu en faveur de notre constitution physique et ne nous a pas envoyé de maîtres ni de législateurs (comme il l'a fait pour les Hébreux au temps de Moïse et des prophètes venus après lui), pour quelle raison lui serions-nous reconnaissants ?

## Fr. 25

Il estime que la puissance du dieu des Juifs est restreinte et à peine assez forte pour s'étendre jusqu'aux frontières de la terre des Juifs, que ce dieu a en quelque sorte obtenu comme lot la charge de ne régner en fait que sur les fils du sang d'Israël, et qu'en toute hypothèse il diffère peu des autres ethnarques que Julien appelle sans arrêt « dieux » et « démons ». Il dit alors : Mais demandez-vous si le dieu ne nous a pas donné à nous aussi, sans que vous en ayez eu connaissance, des dieux et de bons protecteurs, en rien inférieurs à celui qui depuis les origines est honoré chez les Hébreux de Judée – unique contrée dont la responsabilité lui est revenue, comme l'ont dit Moïse et ceux qui sont venus après lui jusqu'à nos jours. Si vous maintenez que le démiurge immédiat du monde est le dieu honoré par les Hébreux, reconnaissez alors que nous avons conçu à son sujet des pensées bien plus hautes et que, de son côté, il nous a accordé des biens supérieurs aux leurs, biens de l'âme et biens extérieurs (nous en parlerons plus tard), et qu'il nous a envoyé des législateurs qui ne sont nullement inférieurs à Moïse, voire bien meilleurs pour la plupart [1].

---

1. Ceci ne contredit pas la fin du fr. 24, où Julien se met à la place des Hébreux, alors qu'ici il exprime son opinion.

Fr. 26

Cyrille, *Contre Julien*, IV, 143 A

Ὅπερ οὖν ἐλέγομεν, εἰ μὴ καθ᾽ ἕκαστον ἔθνος ἐθνάρχης τις θεὸς ἐπιτροπεύων [ἦν] ἄγγελός τε ὑπ᾽ αὐτῷ καὶ δαίμων καὶ ψυχῶν ἰδιάζον γένος ὑπηρετικὸν καὶ ὑπουργικὸν τοῖς κρείττοσιν ἔθετο τὴν ἐν τοῖς νόμοις καὶ τοῖς ἤθεσι διαφορότητα, δεικνύσθω παρ᾽ ἄλλου πῶς γέγονε ταῦτα. Καὶ γὰρ οὐδὲ ἀπόχρη λέγειν « Εἶπεν ὁ θεὸς καὶ ἐγένετο »· ὁμολογεῖν γὰρ χρὴ τοῖς ἐπιτάγμασι τοῦ θεοῦ τῶν γινομένων τὰς φύσεις. Ὁ δὲ λέγω σαφέστερον ἐρῶ. Ἐκέλευσεν ὁ θεὸς ἄνω φέρεσθαι τὸ πῦρ, εἰ τύχοι, κάτω δὲ τὴν γῆν· οὐκ, ἵνα τὸ πρόσταγμα γένηται τοῦ θεοῦ, τὸ μὲν ἐχρῆν εἶναι κοῦφον, τὸ δὲ βρίθειν; Οὕτω καὶ ἐπὶ τῶν ἑτέρων ὁμοίως.

Καὶ μεθ᾽ ἕτερα· Τὸν αὐτὸν τρόπον καὶ ἐπὶ τῶν θείων. Αἴτιον δὲ ὅτι τὸ μὲν τῶν ἀνθρώπων ἐπίκηρόν ἐστι καὶ φθαρτὸν γένος. Εἰκότως οὖν αὐτοῦ φθαρτὰ καὶ τὰ ἔργα καὶ μεταβλητὰ καὶ παντοδαπῶς τρεπόμενα· τοῦ δὲ θεοῦ ὑπάρχοντος ἀϊδίου, καὶ τὰ προστάγματα τοιαῦτα εἶναι προσήκει. Τοιαῦτα δὲ ὄντα ἤτοι φύσεις εἰσὶ τῶν ὄντων ἢ τῇ φύσει τῶν ὄντων ὁμολογούμενα. Πῶς γὰρ ἂν ἡ φύσις τῷ προστάγματι μάχοιτο τοῦ θεοῦ; Πῶς δ᾽ ἂν ἔξω πίπτοι τῆς ὁμολογίας; Οὐκοῦν εἰκῇ προσέταξεν ὥσπερ τὰς γλώσσας συγχυθῆναι καὶ μὴ συμφωνεῖν ἀλλήλαις οὕτω δὲ καὶ τὰ πολιτικὰ τῶν ἐθνῶν; Οὐκ ἐπιτάγματι δὲ μόνον ἐποίησε αὐτά, καὶ πεφυκέναι δὲ ἡμᾶς πρὸς ταύτην κατεσκεύασε τὴν διακονίαν. Ἐχρῆν γὰρ πρῶτον διαφόρους ὑπεῖναι φύσεις τοῖς

## Fr. 26

S'il n'est pas vrai, comme nous le disions, que pour chaque peuple un dieu ethnarque veillant sur lui (et avec ce dieu un ange qui lui est subordonné, un démon ou un genre particulier d'âme qui sert et assiste les êtres supérieurs) a établi cette diversité dans les lois et dans les caractères, qu'on nous explique comment et par quel autre agent cela s'est produit. Il ne suffit pas d'affirmer : « Le dieu l'a dit et il en fut ainsi » ; il faut en effet que la nature des choses qui viennent à l'existence s'accorde avec les ordres du dieu. Je vais m'exprimer plus clairement. Le dieu a ordonné que le feu, par exemple, s'élève et que la terre se porte vers le bas : ne fallait-il pas, pour que l'ordre du dieu s'accomplît, que l'un fût léger et l'autre pesant ? Et pareillement pour les autres choses.

Et plus loin : Il en va de même pour les réalités divines. La raison <de ces difficultés> est que le genre humain est mortel et corruptible. Il est donc compréhensible que ses œuvres aussi soient corruptibles, changeantes et sujettes à toutes sortes d'altérations ; mais puisque le dieu est éternel, ses ordres doivent l'être aussi. Et s'ils sont tels, ou bien ils sont la nature des choses, ou bien ils s'accordent avec la nature des choses. Comment en effet la nature pourrait-elle être en conflit avec l'ordre du dieu ? Comment pourrait-elle échapper à cet accord ? Est-ce donc qu'avec les usages politiques des peuples le dieu a agi n'importe comment, comme il l'a fait pour les langues quand il a commandé qu'elles fussent confondues et disparates ? Mais il n'a pas seulement, par son ordre, créé ces institutions, il a aussi pris des dispositions pour que nous soyons naturellement portés à nous y soumettre. Il fallait que préexistent des natures différentes chez

ἐν τοῖς ἔθνεσι διαφόρως ἐσομένοις. Ὁρᾶται γοῦν τοῦτο καὶ τοῖς σώμασιν εἴ τις ἀπίδοι Γερμανοὶ καὶ Σκύθαι Λιβύων καὶ Αἰθιόπων ὁπόσον διαφέρουσιν. Ἆρα καὶ τοῦτό ἐστι ψιλὸν ἐπίταγμα, καὶ οὐδὲν ὁ ἀὴρ οὐδὲ ἡ χώρα τῷ πῶς ἔχειν <τοῖς> προστάγμασι <τοῦ> θεοῦ συμπράττει;

Fr. 27
Cyrille, *Contre Julien*, IV, 146 A

Ὁ Μωσῆς ἐπεκάλυπτε τὸ τοιοῦτον εἰδώς, οὐδὲ τὴν τῶν διαλέκτων σύγχυσιν ἀνατέθεικε τῷ θεῷ μόνῳ. Φησὶ γὰρ αὐτὸν οὐ μόνον κατελθεῖν, οὐ μὴν οὐδὲ ἕνα συγκατελθεῖν αὐτῷ, πλείονας δέ, καὶ τούτους οἵτινές εἰσιν οὐκ εἶπεν. Εὔδηλον δὲ ὅτι παραπλησίους αὐτῷ τοὺς συγκατιόντας ὑπελάμβανεν. Εἰ τοίνυν πρὸς τὴν σύγχυσιν τῶν διαλέκτων οὐχ ὁ κύριος μόνος, ἀλλὰ καὶ οἱ σὺν αὐτῷ κατέρχονται, πρόδηλον ὅτι καὶ πρὸς τὴν σύγχυσιν τῶν ἠθῶν οὐχ ὁ κύριος μόνος, ἀλλὰ καὶ οἱ σὺν αὐτῷ τὰς διαλέκτους συγχέοντες εἰκότως ἂν ὑπολαμβάνοιντο ταύτης εἶναι τῆς διαστάσεως αἴτιοι.

les hommes appelés à se différencier dans les peuples. C'est par exemple ce qu'on voit si on observe combien, même dans leur constitution physique, les Germains et les Scythes diffèrent des Libyens et des Éthiopiens. Un simple commandement a-t-il suffi là aussi ? Est-ce que les qualités particulières de l'air et de la terre ne collaborent en aucune manière avec les ordres du dieu ?

## Fr. 27

Moïse a sciemment jeté un voile sur ce genre d'examen, et il n'a pas attribué la confusion des langues au dieu seul. Il déclare en effet que le dieu n'est pas descendu seul, et qu'il n'y en avait pas qu'un à l'accompagner dans sa descente, mais plusieurs[1], sans d'ailleurs préciser qui étaient ces derniers. On voit bien néanmoins qu'il considérait ceux qui étaient descendus avec le dieu comme lui étant semblables. Si donc dans le cas de la confusion des langues le seigneur ne descend pas seul mais avec d'autres, cela vaut manifestement aussi pour la confusion des modes de vie ; et dès lors on peut raisonnablement penser que la responsabilité de cette diversité n'incombe pas au seigneur seul, mais aussi à ceux qui opéraient avec lui la confusion des langues.

1. Voir fr. 23. Julien s'appuie sans doute sur le fait que la parole prêtée à Dieu contient les pluriels « descendons » et « confondons ». Ces pluriels ont aussi été relevés et commentés dans la tradition chrétienne ancienne ; voir, dans le 2ᵉ tome du *Contre Julien* des Éditions du Cerf, la Note complémentaire p. 580.

Fr. 28
Cyrille, *Contre Julien*, IV, 148 A

Ἀνακεφαλαιούμενος δὲ τὸν σύμπαντα λόγον πάλιν ὧδί φησι· Τί οὖν <οὐκ> ἐν μακροῖς εἰπεῖν βουλόμενος τοσαῦτα ἐπεξῆλθον; Ὡς, εἰ μὲν ὁ προσεχὴς εἴη τοῦ κόσμου δημιουργὸς ὁ ὑπὸ τοῦ Μωσέως κηρυττόμενος, ἡμεῖς ὑπὲρ αὐτοῦ βελτίους ἔχομεν δόξας οἱ κοινὸν μὲν ἐκεῖνον ὑπολαμβάνοντες ἁπάντων δεσπότην, ἐθνάρχας δὲ ἄλλους, οἳ τυγχάνουσι μὲν ὑπ᾽ ἐκεῖνον, εἰσὶ δὲ ὥσπερ ὕπαρχοι βασιλέως, ἕκαστος τὴν ἑαυτοῦ διαφερόντως ἐπανορθούμενος φροντίδα· καὶ οὐ καθίσταμεν αὐτὸν οὐδὲ ἀντιμερίτην τῶν ὑπ᾽ αὐτὸν θεῶν καθισταμένων. Εἰ δὲ μερικόν τινα τιμήσας ἐκεῖνος ἀνατίθησιν αὐτῷ τὴν τοῦ παντὸς ἡγεμονίαν, ἄμεινον τὸν τῶν ὅλων θεὸν ἡμῖν πειθομένους ἐπιγνῶναι μετὰ τοῦ μηδὲ ἐκεῖνον ἀγνοῆσαι ἢ τὸν τοῦ ἐλαχίστου μέρους εἰληχότα τὴν ἡγεμονίαν ἀντὶ τοῦ πάντων τιμᾶν δημιουργοῦ.

Fr. 29
Cyrille, *Contre Julien*, V, 152 A

Ὁ νόμος ἐστὶν ὁ τοῦ Μωσέως θαυμαστός, ἡ δεκάλογος ἐκείνη· « Οὐ κλέψεις, οὐ φονεύσεις, οὐ ψευδομαρτυρήσεις. » Γεγράφθω δὲ αὐτοῖς ῥήμασιν ἑκάστη τῶν ἐντολῶν, ἃς ὑπ᾽ αὐτοῦ φησι γεγράφθαι τοῦ θεοῦ· « Ἐγώ εἰμι κύριος ὁ θεός σου, ὃς ἐξήγαγέ σε ἐκ γῆς Αἰγύπτου. » Δευτέρα μετὰ τοῦτο· « Οὐκ ἔσονταί σοι θεοὶ ἕτεροι πλὴν ἐμοῦ, οὐ ποιήσεις σεαυτῷ εἴδωλον. » Καὶ τὴν αἰτίαν προστίθησιν·

## Fr. 28

Récapitulant l'ensemble de son propos, voici ce qu'il dit : Alors que je ne voulais pas m'étendre sur le sujet, pourquoi donc ai-je poursuivi l'examen aussi loin ? En voici la raison : si vous maintenez que le démiurge immédiat du monde est le dieu qui a été annoncé par Moïse, l'idée que nous nous en faisons est supérieure : nous pensons en effet qu'il est le maître commun de tous, et qu'il a sous lui d'autres dieux dans le rôle d'ethnarques, qui sont comme des lieutenants d'un roi, chacun remplissant de son côté la charge qui est la sienne ; et nous n'en faisons pas un rival pour les dieux qui lui sont subordonnés. Mais parce qu'il veut honorer un dieu particulier, Moïse lui confère l'empire du tout ; il vaudrait mieux pourtant que vous nous écoutiez et reconnaissiez le dieu de l'univers, sans pour autant méconnaître le dieu des Hébreux, plutôt que d'honorer, au lieu du démiurge de toutes choses, le dieu à qui est échu le pouvoir sur une contrée minuscule.

## Fr. 29

La loi de Moïse, le fameux décalogue, est admirable : « Tu ne voleras pas, tu ne tueras pas, tu ne porteras pas de faux témoignage. » Transcrivons chacun des commandements dans les termes mêmes dans lesquels, selon Moïse, le dieu en personne les a écrits : « Je suis le seigneur ton dieu, celui qui t'a fait sortir de la terre d'Égypte. » Puis vient en deuxième lieu : « Tu n'auras pas d'autres dieux que moi et tu ne te fabriqueras pas d'image. » Et il en ajoute la raison : « Car je suis le seigneur ton dieu, un dieu jaloux, qui fait retomber les fautes des parents sur les enfants jusqu'à la troisième

« Ἐγὼ γάρ εἰμι κύριος ὁ θεός σου, θεὸς ζηλωτής, ἀποδιδοὺς πατέρων ἁμαρτίας ἐπὶ τέκνα ἕως τρίτης γενεᾶς.» «Οὐ λήψῃ τὸ ὄνομα κυρίου τοῦ θεοῦ σου ἐπὶ ματαίῳ», «μνήσθητι τὴν ἡμέραν τῶν σαββάτων »,« τίμα σου τὸν πατέρα καὶ τὴν μητέρα », « οὐ μοιχεύσεις », « οὐ φονεύσεις », « οὐ κλέψεις », « οὐ ψευδομαρτυρήσεις », « οὐκ ἐπιθυμήσεις τὰ τοῦ πλησίον σου.»

Ποῖον ἔθνος ἐστί, πρὸς τῶν θεῶν, ἔξω τοῦ « οὐ προσκυνήσεις θεοῖς ἑτέροις » καὶ τοῦ « μνήσθητι τῆς ἡμέρας τῶν σαββάτων », ὃ μὴ τὰς ἄλλας οἴεται χρῆναι φυλάττειν ἐντολάς, ὡς καὶ τιμωρίας κεῖσθαι τοῖς παραβαίνουσιν, ἐνιαχοῦ μὲν σφοδροτέρας, ἐνιαχοῦ δὲ παραπλησίας ταῖς παρὰ Μωσέως νομοθετηθείσαις, ἔστι δὲ ὅπου καὶ φιλανθρωποτέρας;

Fr. 30
Cyrille, *Contre Julien*, V, 155 C

Ἀλλὰ τὸ « οὐ προσκυνήσεις θεοῖς ἑτέροις » ὁ δὴ μετὰ μεγάλης περὶ τὸν θεόν φησι διαβολῆς· « Θεὸς γὰρ ζηλωτής » φησι· καὶ ἐν ἄλλοις πάλιν· « Ὁ θεὸς ἡμῶν πῦρ καταναλίσκον.» Εἶτα ἄνθρωπος ζηλωτής καὶ βάσκανος ἄξιος εἶναί σοι φαίνεται μέμψεως, ἐκθειάζεις δέ, εἰ ζηλότυπος ὁ θεὸς λέγεται; Καίτοι πῶς εὔλογον οὕτω φανερὸν πλάσμα τοῦ θεοῦ καταψεύδεσθαι; Καὶ γὰρ εἰ ζηλότυπος, ἄκοντος αὐτοῦ πάντες οἱ θεοὶ προσκυνοῦνται καὶ πάντα τὰ λοιπὰ τῶν ἐθνῶν τοὺς θεοὺς προσκυνεῖ. Εἶτα πῶς

génération. » « Tu ne prononceras pas en vain le nom du seigneur ton dieu », « Souviens-toi du jour du sabbat », « Honore ton père et ta mère », « Tu ne commettras pas d'adultère », « Tu ne tueras pas », « Tu ne voleras pas », « Tu ne porteras pas de faux témoignage », « Tu ne convoiteras pas ce qui appartient à ton prochain [1]. »

Par les dieux, si l'on excepte le « Tu ne te prosterneras pas devant d'autres dieux » et le « Souviens-toi du jour du sabbat », quel peuple ne pense pas qu'il faille observer les autres commandements ? C'est si vrai qu'on a fixé des châtiments pour ceux qui les transgressent, châtiments plus sévères parfois que ceux imposés par Moïse, parfois semblables à eux, quand ils ne sont pas plus humains.

## Fr. 30

Mais le commandement « Tu ne te prosterneras pas devant d'autres dieux », il le formule en l'accompagnant d'une grave calomnie envers le dieu : « Car dieu est jaloux », dit-il; et ailleurs encore : « Notre dieu est un feu dévorant [2]. » Ainsi, à tes yeux, un homme jaloux et méchant mérite d'être blâmé, mais si l'on dit que le dieu est jaloux, tu regardes ce vice comme divin ? Est-il raisonnable de proférer à l'encontre du dieu, au mépris de la vérité, ce qui est si manifestement une fiction ? Et s'il est jaloux, c'est contre son gré que tous les dieux sont l'objet de prosternation et que tous les autres peuples se prosternent devant leurs dieux. De plus, comment se fait-il

1. Voir *Exode*, 20, 1 *sq.*
2. *Exode*, 20, 5 et *Deutéronome*, 4, 24 (*cf.* 9, 3).

οὐκ ἀνέστειλεν αὐτὸ ζηλῶν οὕτω καὶ μὴ βουλόμενος προσκυνεῖσθαι τοὺς ἄλλους, ἀλλὰ μόνον ἑαυτόν; Ἆρ' οὖν οὐχ οἷός τε ἦν ἢ οὐδὲ τὴν ἀρχὴν ἠβουλήθη κωλῦσαι μὴ προσκυνεῖσθαι καὶ τοὺς ἄλλους θεούς; Ἀλλὰ τὸ μὲν πρῶτον ἀσεβές, τὸ δὴ λέγειν ὡς οὐκ ἠδύνατο· τὸ δεύτερον δὲ τοῖς ἡμετέροις [ἔργοις] ὁμολογεῖ. Ἄφετε τοῦτον τὸν λῆρον καὶ μὴ τηλικαύτην ἐφ' ὑμᾶς αὐτοὺς ἕλκετε βλασφημίαν.

Fr. 31
Cyrille, *Contre Julien*, V, 159 C

Εἶτα πῶς ἀσύνετον κομιδῇ τῶν Μωσέως γραμμάτων πεποίηται τὴν καταβοὴν μὴ δὴ χρῆναι λέγων ἀγανακτεῖν τὸν θεόν, εἰ δή τινες εἶεν τῶν ὑπ' αὐτῷ πεπραχότων ἐλαφροὶ καὶ εὐπαρακόμιστοι καὶ τὴν ἐπ' αὐτῷ γνῶσιν ἀφέντες ζωοποιὸν εἰς τὸ τῆς ἀπολείας καταπίπτουσι βάραθρον. Ἀλλὰ γὰρ ἀνθ' ὅτου, φησί, οὐ κεκώλυκε, καίτοι τοῦτο δρᾶν ἐξὸν αὐτῷ; Ἀλλ' ὦ κράτιστε, φαίην ἄν, καίτοι πῶς οὐκ ἀπείργει τοῦ κακοῦ, καὶ ὀργὴν ἀπειλῶν καὶ δίκην ἐπαρτήσας καὶ πῦρ ἑαυτὸν εἶναι λέγων καὶ περιστέλλων τῷ φόβῳ τὸ ῥᾴθυμον; Ἀλλ' ἦν ἄμεινον ὡς ἐξ ἀνάγκης, φησί, καὶ βίας. Εἶτα ποῦ τῆς ἀνθρώπου διανοίας τὸ ἐλεύθερον καὶ ἀφειμένον εἰς τὸ δοκοῦν; Χρῆμα γὰρ ἀδέσποτον ἡ ἀρετή, καθὰ καὶ αὐτοί φασιν οἱ Ἑλλήνων λογάδες, ἵνα καὶ τοῖς ἀγαθοῖς τὸ ἐπαινεῖσθαι δεῖν εἰκότως ἀκολουθῇ καὶ τοῖς μὴ τοιούτοις τὸ χρῆναι πράττεσθαι δίκας· ἐξὸν γὰρ εὐδοκιμεῖν δι' ἀγαθουργίας, ἐθέλοντες διολώλασι πεσόντες εἰς τὰ αἰσχίω. Προσεπάγει δὲ καί φησιν· Εἰ γὰρ οὐδένα θέλει προσκυνεῖσθαι, τοῦ χάριν αὐτοῦ τὸν νόθον

qu'il n'ait pas empêché cela, s'il est à ce point jaloux et ne veut pas qu'on se prosterne devant les autres dieux mais uniquement devant lui ? En était-il incapable, ou bien ne voulait-il pas du tout empêcher qu'on se prosternât également devant les autres dieux ? Mais la première hypothèse, à savoir qu'il ne le pouvait pas, est impie ; la seconde par contre s'accorde avec notre conception. Laissez tomber ce bavardage et ne vous chargez pas d'un si grave blasphème !

## Fr. 31

Comme elles sont insensées (et au plus haut point !) les invectives que Julien a lancées contre les écrits de Moïse, quand il dit que le dieu ne devrait pas se fâcher si parmi ceux qui relèvent de lui il y en a qui sont inconstants et influençables dans leurs actions, et qui, après avoir rejeté la connaissance divine, source de vie, tombent dans le gouffre de la perdition ! Et pourquoi, poursuit-il, le dieu n'a-t-il pas empêché cela alors qu'il en avait le pouvoir ? – Mais excellent ami, dirais-je, comment se fait-il qu'il ne les tienne pas à l'écart du mal alors que pourtant il brandit sa colère, fait peser la menace du châtiment, qu'il se présente lui-même comme un feu et répand la peur autour des insouciants ? – Mais, dit Julien, il vaudrait mieux qu'il fît usage de la contrainte et de la force. – Qu'en est-il alors de la liberté de la pensée humaine et de son pouvoir de se porter vers ce qui lui semble bon ? Car la vertu ne connaît pas de maître [1], comme l'affirment les plus éminents des Grecs eux-mêmes ; ce n'est qu'ainsi qu'on peut légitimer l'obligation de louer les bons et la nécessité de punir les méchants ; ces derniers, en effet, alors qu'ils avaient la possibilité d'être estimés en faisant le bien, se sont perdus volontairement quand ils sont tombés dans le mal.

---

1. Allusion manifeste à Platon, *République*, X, 617e.

υἱὸν τοῦτον προσκυνεῖτε καὶ ὃν ἐκεῖνος ἴδιον οὔτε
ἐνόμισεν οὔτε ἡγήσατο πώποτε; Καὶ δείξω γε τοῦτο
ῥᾳδίως. Ὑμεῖς δέ, οὐκ οἶδ᾽ ὅθεν, ὑπόβλητον αὐτῷ
προστίθετε.

Fr. 32
Cyrille, *Contre Julien*, V, 160 B

Συνασπίζων δὲ πανταχοῦ τοῖς λόγοις τοῦ Πλάτωνος
καὶ τῶν ἱερῶν γραμμάτων τιθεὶς ἐν ἀμείνοσι τὰ παρ᾽ αὐτῷ
ῥαψῳδούμενα γράφεται πάλιν ἡμᾶς, ἀνθ᾽ ὅτου δή, λέγων,
τῆς Ἑλληνικῆς εὐεπείας ἀπονοστήσαντες τοῖς τῆς ἀληθείας
λόγοις προσκεχωρήκαμεν καὶ τὸν φύσει καὶ ἀληθῶς ὄντα θεὸν
ἐγνώκαμεν, καίτοι Μωσέως μεῖον, φησίν, ἢ χρῆν ὑμνήσαντος τὰ
περὶ θεοῦ. Ζηλωτὴν γὰρ αὐτὸν καὶ δύσοργον ὀνομάζει, καίτοι
πραότατον ὄντα καὶ αὐτόχρημα τὸ ἀγαθόν.

Fr. 33
Cyrille, *Contre Julien*, V, 160 C

Οὐδαμοῦ χαλεπαίνων ὁ θεὸς φαίνεται οὐδὲ
ἀγανακτῶν οὐδὲ ὀργιζόμενος οὐδὲ ὀμνύων οὐδ᾽
ἐπ᾽ ἀμφότερα ταχέως ῥέπων, ὡς ὁ Μωσῆς φησιν
ἐπὶ τοῦ Φινεές. Εἴ τις ὑμῶν ἀνέγνω τοὺς Ἀριθμούς,
οἶδεν ὃ λέγω. Ἐπειδὴ γάρ φησι τὸν τελεσθέντα
τῷ Βεελφεγὼρ μετὰ τῆς ἀναπεισάσης αὐτὸν
γυναικὸς αὐτοχειρίᾳ λαβὼν ἀπέκτεινεν αἰσχρῷ
καὶ ὀδυνηροτάτῳ τραύματι, διὰ τῆς μήτρας, φησί,
παίσας τὴν γυναῖκα, πεποίηται λέγων ὁ θεός·
« Φινεὲς υἱὸς Ἐλεάζαρ υἱοῦ Ἀαρὼν τοῦ ἱερέως
κατέπαυσε τὸν θυμόν μου ἀπὸ υἱῶν Ἰσραὴλ ἐν

Julien poursuit et dit : Si le dieu veut qu'on ne se prosterne devant personne, pourquoi vous prosternez-vous devant son bâtard de fils, qu'il n'a jamais appelé son fils ni considéré comme tel ? Ce dernier point en tout cas, je vous le prouverai aisément. Mais vous, j'ignore pourquoi, vous lui attribuez un fils supposé.

## Fr. 32

En se ralliant en tout aux arguments de Platon et en mettant les rhapsodies de ce dernier au-dessus des saintes Écritures, Julien renouvelle ses accusations contre nous et demande pourquoi nous avons pris nos distances avec les beaux enseignements des Grecs pour nous rallier aux discours de la vérité, et reconnaître celui qui est Dieu par nature et en vérité [1] – bien que, d'après Julien, Moïse ait célébré les réalités divines moins bien qu'il n'aurait fallu ; Moïse qualifie en effet Dieu de jaloux et d'irascible, alors qu'il est l'indulgence et la bonté mêmes.

## Fr. 33

Nulle part <dans notre tradition> le dieu ne se montre malveillant, indigné, en colère, prononçant un serment et passant brusquement d'une humeur à l'autre, comme Moïse le rapporte à propos de Phinées [2]. Si l'un de vous a lu les *Nombres*, il sait ce que je veux dire. Quand Phinées, d'après Moïse, eut saisi et tué de sa main l'homme qui s'était consacré à Béelphégor [3], ainsi que la femme qui l'avait persuadé, en frappant cette dernière, dit-il, à la

---

1. Les expressions « discours de la vérité » et « Dieu par nature et en vérité » s'entendent du point de vue de Cyrille.
2. Ou Pinhas. Pour la suite, voir *Nombres*, 25.
3. Ou Baal de Péor ou Baal-Péor.

τῷ ζηλῶσαί μου τὸν ζῆλον ἐν αὐτοῖς. Καὶ οὐκ ἐξανάλωσα τοὺς υἱοὺς Ἰσραὴλ ἐν τῷ ζήλῳ μου.» Τί κουφότερον τῆς αἰτίας δι᾽ ἣν ὁ θεὸς ὀργισθεὶς οὐκ ἀληθῶς ὑπὸ τοῦ γράψαντος ταῦτα πεποίηται; Τί δὲ ἀλογώτερον εἰ δέκα ἢ πεντεκαίδεκα, κείσθω δὲ καὶ ἑκατόν, – οὐ γὰρ δὴ χιλίους ἐροῦσι, θῶμεν δὲ ἡμεῖς καὶ τοσούτους τολμήσαντάς τι τῶν ὑπὸ τοῦ θεοῦ τεταγμένων νόμων παραβῆναι – ἑξακοσίας ἐχρῆν διὰ τοὺς ἅπαξ χιλίους ἀναλωθῆναι χιλιάδας; Ὡς ἔμοιγε κρεῖττον εἶναι τῷ παντὶ φαίνεται χιλίοις ἀνδράσι βελτίστοις ἕνα συνδιασῶσαι πονηρὸν ἢ συνδιαφθεῖραι τοὺς χιλίους ἑνί.

Εἶτα τούτοις μακροὺς λόγους προσυφαίνει μὴ δὴ χρῆναι λέγων τὸν οὐρανοῦ καὶ γῆς ποιητὴν ἀγρίοις οὕτω κεχρῆσθαι θυμοῖς ὡς ἅπαν ἐθελῆσαι πολλάκις τὸ τῶν Ἰουδαίων δαπανῆσαι γένος. Εἰ γὰρ καὶ ἑνὸς ἡρώων καὶ οὐκ ἐπισήμου δαίμονος δύσοιστος ἡ ὀργὴ χώραις τε καὶ πόλεσιν ὁλοκλήροις, τίς ἂν ὑπέστη τοσούτου θεοῦ δαίμοσιν ἢ ἀγγέλοις ἢ καὶ ἀνθρώποις ἐπιμηνίσαντος;

matrice, blessure honteuse et extrêmement douloureuse, le dieu dit, toujours d'après Moïse : « Phinées, fils d'Éléazar fils du prêtre Aaron, a détourné ma colère des fils d'Israël, parce qu'il était animé envers eux de la même jalousie que moi. C'est pourquoi je n'ai pas, dans ma jalousie, anéanti les fils d'Israël. » Qu'y a-t-il de plus léger que cette raison faussement assignée à la colère du dieu par celui qui a écrit cela ? Quoi de plus illogique que ceci : supposons que dix hommes ou quinze, soit même cent – ils n'iront sûrement pas jusqu'à mille, mais admettons qu'il y en avait autant à oser transgresser une des lois établies par le dieu, quoi de plus illogique, dis-je, que de devoir dans ce cas anéantir six cent mille hommes à cause de ce seul millier ? Pour ma part, je trouve à tout point de vue préférable d'épargner un méchant en même temps que mille hommes d'une parfaite moralité, plutôt que de faire périr les mille pour le seul méchant.

À la suite de quoi il brode des discours interminables, pour dire qu'on ne doit pas prêter au créateur du ciel et de la terre une colère sauvage telle qu'elle lui fasse souhaiter à plusieurs reprises d'anéantir en totalité la race des Juifs. Si en effet la colère d'un seul héros ou d'un démon de second rang est difficile à supporter pour des régions et des cités entières, qui aurait pu résister à un dieu aussi puissant lorsqu'il est irrité contre des démons, des anges ou à plus forte raison contre des hommes ?

Fr. 34
Cyrille, *Contre Julien*, V, 168 A

Καταψευδόμενος γὰρ πανταχοῦ τῆς θεοπνεύστου γραφῆς, ποτὲ μέν φησι τὸν ἱεροφάντην Μωσέα δημαγωγοῦντα μᾶλλον ἢ ἀληθεύοντα τοὺς περὶ θεοῦ ποιήσασθαι λόγους οὔτε ἔχοντας ὀρθῶς οὔτε μὴν ἐοικότως αὐτῷ γεγονότας, ποτὲ δὲ τὸν Ἔσδραν ἀπὸ γνώμης ἰδίας προσεπενεγκεῖν τινα διατείνεται.

Fr. 35
Cyrille, *Contre Julien*, V, 168 B

Ἄξιόν γε ἔσται παραβαλεῖν αὐτὸν τῇ Λυκούργου πραότητι καὶ τῇ Σόλωνος ἀνεξικακίᾳ ἢ τῇ Ῥωμαίων πρὸς τοὺς ἠδικηκότας ἐπιεικείᾳ καὶ χρηστότητι. Εἶτα πῶς οὐ δέδιεν ὁ θρασὺς τὸν ἐπὶ πάντας θεὸν ἀντιπαρεξάγων ἀνθρώποις κατὰ σύγκρισιν, μᾶλλον δὲ οὐδὲ ἀνθρώπων κρείττονα γενέσθαι λέγων τὸν οὐρανοῦ καὶ γῆς ποιητήν, τὴν ἁπάντων τεχνίτην σοφίαν, τῆς ἀνθρώπων ἐπιεικείας ἡττᾶσθαι διατεινόμενος καὶ μονονουχὶ κατόπιν ἐρρίφθαι τῶν ἐν ἡμῖν ἀγαθῶν τὸν τοῖς οὖσι διανέμοντα μετ' ἐξουσίας τὰ δι' ὧν ἂν εἶεν τοῦθ' ὅπερ εἰσί.

## Fr. 34

Proférant partout des calomnies contre l'Écriture inspirée par Dieu, Julien affirme d'un côté que l'hiérophante [1] Moïse, parlant en démagogue plutôt qu'en homme qui dit la vérité, a tenu sur Dieu des propos qui sont inexacts et ne conviennent sûrement pas à la nature divine ; d'un autre côté, il soutient énergiquement qu'Esdras [2], de sa propre initiative, a fait des ajouts au texte.

## Fr. 35

Il vaudrait la peine de le comparer (le dieu de Moïse) à Lycurgue et à sa douceur, à Solon et à sa patience, ou aux Romains et à leur indulgence et à leur bonté envers les coupables. Comment cet arrogant n'a-t-il pas craint de confronter Dieu avec les hommes, lui qui les domine tous ? mieux, d'affirmer qu'il n'est pas meilleur que les hommes, lui le créateur du ciel et de la terre, sagesse artisane de toutes choses ; enfin de soutenir avec force qu'il est surpassé par les honnêtes gens, et qu'il se trouve quasiment relégué après les hommes vertueux que l'on peut trouver parmi nous, lui qui distribue en abondance aux êtres ce grâce à quoi ils se trouvent être ce qu'ils sont ?

---

1. Prêtre qui explique les vérités sacrées ; chez les auteurs chrétiens, le terme s'applique à Moïse, aux prophètes, à David et même à Jésus-Christ.

2. Esdras est un personnage important de la communauté juive de la période d'après le retour de l'Exil à Babylone en 538 av. J.-C. Il vécut fin $V^e$ siècle ou début $IV^e$ siècle. Spécialiste de la Loi de Moïse, il participe à l'harmonisation des traditions relatives à cette Loi et à sa fixation définitive. À cette occasion, il a sans doute rédigé lui-même certains de ces textes, ce qui explique la remarque de Julien. Un livre de l'Ancien Testament porte son nom.

Fr. 36
Cyrille, *Contre Julien*, V, 171 C

Ὥσπερ δὲ σαφῶς καὶ ἀναμφιλόγως ἀποφήνας τὴν τοῖς καθ᾿ ἡμᾶς πάθεσιν ἀνάλωτον φύσιν, μᾶλλον δὲ παντὶ τῷ καταλυπεῖν πεφυκότι, τὴν παντὸς ἐπέκεινα νοῦ τετυραννεῦσθαι θυμῷ καὶ τοῖς εἰς ὀργὴν κινήμασι καταθήγεσθαι, γραοπρεπεῖς τινας λόγους καὶ τῆς ἐσχάτης ἀβελτηρίας ἐξόζοντας ἀναβράττει δὴ πάλιν καί φησι· Πόσῳ δὲ δὴ τὰ παρ᾿ ἡμῖν τῶν παρ᾿ αὐτοῖς κρείττονα καὶ ἐκ τῶνδε σκοπεῖτε. Μιμεῖσθαι κελεύουσιν ἡμᾶς οἱ φιλόσοφοι κατὰ δύναμιν τοὺς θεούς, εἶναι δὲ ταύτην τὴν μίμησιν ἐν θεωρίᾳ τῶν ὄντων. Ὅτι δὲ τοῦτο δίχα πάθους ἐστὶ καὶ ἐν ἀπαθείᾳ κεῖται πρόδηλόν ἐστί που, κἂν ἐγὼ μὴ λέγω· καθ᾿ ὅσον ἄρα ἐν ἀπαθείᾳ γινόμεθα, τεταμένοι περὶ τῶν ὄντων θεωρίαν, κατὰ τοσοῦτον ἐξομοιούμεθα τῷ θεῷ. Τίς δὲ ἡ παρ᾿ Ἑβραίοις ὑμνουμένη τοῦ θεοῦ μίμησις; Ὀργὴ καὶ θυμὸς καὶ ζῆλος ἄγριος. «Φινεές», φησί, «κατέπαυσε τὸν θυμόν μου ἀπὸ υἱῶν Ἰσραὴλ ἐν τῷ ζηλῶσαι τὸν ζῆλόν μου ἐν αὐτοῖς.» Εὑρὼν γὰρ ὁ θεὸς τὸν συναγανακτοῦντα καὶ συναλγοῦντα φαίνεται ἀφεὶς τὴν ἀγανάκτησιν. Ταῦτα καὶ τὰ τοιαῦτα περὶ θεοῦ ἕτερα πεποίηται λέγων ὁ Μωσῆς οὐκ ὀλιγαχοῦ τῆς γραφῆς.

## Fr. 36

Julien croit avoir établi clairement et sans conteste que la nature qui n'est pas affectée par les passions humaines, ni même par tout ce qui est naturellement cause de chagrin, que cette nature, dis-je, qui transcende toute intelligence, est victime d'emportement et exacerbée par des mouvements de colère ; sur quoi il vomit de nouveau des radotages de vieille femme qui sentent l'extrême bêtise et dit : Voyez encore, à partir de ce qui suit, combien nos traditions sont supérieures aux leurs : les philosophes nous exhortent à imiter les dieux dans la mesure du possible[1], et cette imitation consiste selon eux à contempler la réalité. Que cette activité soit étrangère aux passions et ait son siège dans un état d'impassibilité, c'est évident, je pense, sans que je le dise[2] ; dans la mesure même où nous atteignons cet état et sommes appliqués à la contemplation de la réalité, dans cette même mesure nous nous rendons semblables au dieu. Or quand les Hébreux prônent l'imitation du dieu, qu'y a-t-il à imiter ? Colère, emportement, jalousie sauvage. « Phinées, dit-il, a détourné ma colère des fils d'Israël, parce qu'il était animé envers eux de la même jalousie que moi. » C'est manifestement parce qu'il a trouvé quelqu'un qui partage son indignation et sa douleur que le dieu a abandonné son indignation. Voilà les propos sur dieu que l'on attribue à Moïse, et on lui en prête souvent d'autres du même genre dans l'Écriture.

1. Idée chère à Julien (cf. *Héracleios*, 225d ; *Cyniques ignorants*, 183a et 184a). Emprunt manifeste à Platon (*Théétète*, 176b ; *République*, VI, 500c et X, 613a-b). Ce thème se retrouve notamment chez Thémistios, le correspondant et ami de Julien (par exemple *À l'empereur Constance, que le souverain est surtout un philosophe*, 32d).
2. La même association de l'ἀπάθεια (« état d'impassibilité ») et du divin, rapportée aux Cyniques, figure dans *Cyniques ignorants*, 192a.

Fr. 37
Cyrille, *Contre Julien*, V, 175 E

Ὅτι δὲ οὐχ Ἑβραίων μόνον ἐμέλησε τῷ θεῷ,
πάντων δὲ ἐθνῶν κηδόμενος ἔδωκεν ἐκείνοις μὲν
οὐδὲν σπουδαῖον ἢ μέγα, ἡμῖν δὲ μακρῷ κρείττονα
καὶ διαφέροντα, σκοπεῖτε λοιπὸν τὸ ἐντεῦθεν.
Ἔχουσι μὲν εἰπεῖν καὶ Αἰγύπτιοι, παρ᾽ ἑαυτοῖς
ἀπαριθμούμενοι σοφῶν οὐκ ὀλίγων ὀνόματα,
πολλοὺς ἐσχηκέναι τοὺς ἀπὸ τῆς Ἑρμοῦ διαδοχῆς,
Ἑρμοῦ δέ φημι τοῦ τρίτον ἐπιφοιτήσαντος τῇ
Αἰγύπτῳ, Χαλδαῖοι δὲ καὶ Σῦροι τοὺς ἀπ᾽ Ὠάννου
καὶ Βήλου, μυρίους δὲ Ἕλληνες τοὺς ἀπὸ Χείρωνος.
Ἐκ τούτου γὰρ πάντες ἐγένοντο τελεστικοὶ φύσει
καὶ θεολογικοί, καθὸ δὴ δοκοῦσι μόνον Ἑβραῖοι τὰ
ἑαυτῶν ἀποσεμνύνειν. Εἶτα κατασκώπτει τὸν μακάριον
Δαβὶδ καὶ Σαμψὼν καὶ οὐ σφόδρα φησὶ αὐτοὺς γενέσθαι
ἀλκιμωτάτους ἐν μάχαις, ἀλλὰ τῆς Ἑλλήνων καὶ Αἰγυπτίων
εὐσθενείας ἡττῆσθαι παρὰ πολὺ καὶ μόλις μέχρι τῶν τῆς
Ἰουδαίας τερμάτων τὸ τῆς βασιλείας αὐτοῖς ὡρίσθαι μέτρον.

Fr. 38
Cyrille, *Contre Julien*, V, 178 A

Οἰηθεὶς δὲ κατὰ ἀλήθειαν ἅπαν μὲν εἶδος ἀγαθῶν ταῖς
τῶν Ἑλλήνων ἀγέλαις δεδωρῆσθαι παρὰ θεοῦ, Ἑβραίοις γε
μὴν τὸ σύμπαν οὐδέν, ταῖς τῶν φιλοσόφων εὑρεσιεπείαις
ἐναβρύνεται καί φησιν· Ἀλλ᾽ ἀρχὴν ἔδωκεν ὑμῖν
ἐπιστήμης ἢ μάθημα φιλόσοφον; Καὶ ποῖον; Ἡ μὲν
γὰρ περὶ τὰ φαινόμενα θεωρία παρὰ τοῖς Ἕλλησιν
ἐτελειώθη, τῶν πρώτων τηρήσεων παρὰ τοῖς

## Fr. 37

Que le dieu n'a pas pris soin des Hébreux seulement mais s'est soucié de tous les peuples ; qu'en outre il n'a rien donné de remarquable ni de grand aux premiers alors qu'à nous il a dispensé des dons de loin meilleurs et plus importants, on va le constater d'après ce qui suit. Les Égyptiens par exemple, qui comptent chez eux les noms de nombreux sages, peuvent prétendre qu'ils possèdent beaucoup de successeurs d'Hermès, je veux dire de l'Hermès qui s'est rendu en Égypte pour la troisième fois ; les Chaldéens et les Syriens peuvent citer les successeurs d'Oannès et de Bélos[1], et les Grecs les innombrables successeurs de Chiron[2]. D'où il suit qu'ils sont tous naturellement versés dans les initiations mystiques et la théologie, chose dont on voit les Hébreux se glorifier comme de leur propriété exclusive. Julien se moque ensuite du bienheureux David et de Samson, et prétend qu'ils n'ont pas été exceptionnellement vaillants à la guerre, qu'au contraire ils se faisaient battre face à la puissance des Grecs et des Égyptiens, et que l'autorité de leur roi était limitée puisqu'elle s'étendait à peine jusqu'aux frontières de la Judée.

## Fr. 38

Croyant qu'en vérité le dieu a offert aux populations grecques tout ce qui appartient au genre des biens, tandis qu'aux Hébreux il n'a absolument rien donné, Julien tire vanité des trouvailles

1. D'après la légende, Oannès, être fantastique mi-homme mi-poisson, serait apparu à Babylone pour enseigner aux hommes les fondements de la civilisation. Bélos désigne sans doute le dieu babylonien Bel ou son homologue cananéen Baal.

2. Centaure réputé pour sa science et sa sagesse, qui lui ont valu d'être choisi comme gouverneur, entre autres, d'Asclépios et d'Achille.

βαρβάροις ἐν Βαβυλῶνι γενομένων. Ἡ δὲ περὶ τὴν γεωμετρίαν ἀπὸ τῆς γεωδαισίας τῆς ἐν Αἰγύπτῳ τὴν ἀρχὴν λαβοῦσα πρὸς τοσοῦτον μέγεθος ηὐξήθη· τὸ δὲ περὶ τοὺς ἀριθμοὺς ἀπὸ τῶν Φοινίκων ἐμπόρων ἀρξάμενον τέως εἰς ἐπιστήμης παρὰ τοῖς Ἕλλησι κατέστη πρόσχημα. Τὰ δὴ τρία μετὰ τῆς συναρίθμου μουσικῆς Ἕλληνες εἰς ἓν συνῆψαν, ἀστρονομίαν γεωμετρίᾳ προσυφήναντες, ἀμφοῖν δὲ προσαρμόσαντες τοὺς ἀριθμοὺς καὶ τὸ ἐν τούτοις ἐναρμόνιον κατανοήσαντες, ἐντεῦθεν ἔθεντο τῇ παρὰ σφίσι μουσικῇ τοὺς ὅρους, εὑρόντες τῶν ἁρμονικῶν λόγων πρὸς τὴν αἴσθησιν τῆς ἀκοῆς ἄπταιστον ὁμολογίαν ἢ ὅτι μάλιστα τούτου ἐγγύς.

Fr. 39
Cyrille, *Contre Julien*, VI, 184 A

Πότερον οὖν χρή με κατ᾽ ἄνδρα ὀνομάζειν καὶ τὰ ἐπιτηδεύματα ἢ τοὺς ἀνθρώπους, οἷον Πλάτωνα, Σωκράτην, Ἀριστείδην, Κίμωνα, Θαλῆν, Λυκοῦργον, Ἀγησίλαον, Ἀρχίδαμον, ἢ μᾶλλον τὸ τῶν φιλοσόφων γένος, τὸ τῶν στρατηγῶν, τὸ τῶν δημιουργῶν, τὸ

des philosophes et dit : Mais le dieu vous a-t-il accordé de donner naissance à une science, vous a-t-il dotés d'une connaissance philosophique ? Laquelle ? En effet, l'étude des phénomènes célestes a été pleinement développée chez les Grecs à partir des premières observations réalisées chez les barbares à Babylone. L'étude de la géométrie, qui a trouvé son origine dans la géodésie pratiquée en Égypte, s'est ensuite développée jusqu'au haut niveau qu'elle atteint aujourd'hui. L'arithmétique, qui a commencé avec les marchands phéniciens, a fini par obtenir chez les Grecs le statut d'une science. Ces trois sciences, les Grecs les ont réunies avec la musique, qui est régie par les nombres : ils ont rattaché l'astronomie à la géométrie et ont harmonisé l'arithmétique avec les deux ; et ayant observé l'accord qui existe entre elles, ils ont déterminé à partir de là les degrés fixes de leur musique parce qu'ils avaient découvert, entre les rapports harmoniques et la sensation auditive, une correspondance parfaite ou ce qui s'en rapproche le plus.

## Fr. 39

Faut-il donc que je nomme aussi les professions une par une ou seulement les individus ? Par exemple Platon, Socrate, Aristide[1], Cimon[2], Thalès[3], Lycurgue[4],

1. Homme politique et général athénien, né vers 540, que Julien cite aussi en termes laudatifs dans la lettre *Au Sénat*, 268c *sq.*
2. Homme politique et général athénien, né vers 504, mentionné encore comme bon citoyen et excellent général dans *Eusébie*, 128c.
3. Thalès figure dans *Eusébie*, 125d, en tant que « premier des sages ».
4. Législateur de Sparte, qui, selon la tradition, aurait vécu au IXe siècle.

τῶν νομοθετῶν; Εὑρεθήσονται γὰρ οἱ μοχθηρότατοι
καὶ βδελυρώτατοι τῶν στρατηγῶν ἐπιεικέστερον
χρησάμενοι τοῖς τὰ μέγιστα ἠδικηκόσι ἢ Μωσῆς
τοῖς οὐδὲν ἐξημαρτηκόσιν.

Fr. 40
Cyrille, *Contre Julien*, VI, 190 C

Τίνα οὖν ὑμῖν ἀπαγγείλω βασιλείαν; Πότερα
τὴν Περσέως ἢ τὴν Αἰακοῦ ἢ Μίνω τοῦ Κρητός, ὃς
ἐκάθηρε μὲν ληστευομένην τὴν θάλασσαν, ἐκβαλὼν
καὶ ἐξελάσας τοὺς βαρβάρους ἄχρι Συρίας καὶ
Σικελίας, ἐφ᾽ ἑκάτερα προβὰς τοῖς τῆς ἀρχῆς ὁρίοις,
οὐ μόνων δὲ τῶν νήσων, ἀλλὰ καὶ τῶν παραλίων
ἐκράτει; Καὶ διελόμενος πρὸς τὸν ἀδελφὸν
Ῥαδάμανθυν οὔτι τὴν γῆν, ἀλλὰ τὴν ἐπιμέλειαν
τῶν ἀνθρώπων, αὐτὸς μὲν ἐτίθει παρὰ τοῦ Διὸς
λαμβάνων τοὺς νόμους, ἐκείνῳ δὲ τὸ δικαστικὸν
ἠφίει μέρος ἀναπληροῦν.

Fr. 41
Cyrille, *Contre Julien*, VI, 191 C

Μετὰ δέ γε τοὺς περὶ τοῦ Μίνω λόγους εἰς πλατὺ
διηγημάτων ἀπαίρει πέλαγος καὶ ἱστοριῶν Ἑλληνικῶν ποιεῖται
μνήμην τὸν Δάρδανον λέγων Διὸς μὲν ἐκφῦναι καὶ τῆς
Ἀτλαντίδος Ἠλέκτρας, οἰκιστὴν δὲ τῆς Δαρδανίας γενέσθαι
καὶ μὴν τεθνεῶτα συμβασιλεῦσαι τῷ Διί, καὶ ἕτερα ἄττα πρὸς
τούτοις λήρου καὶ βαττολογίας ἔμπλεω. Διαμνημονεύσας
μεταξὺ καὶ τοῦ πάντων ἡμῶν σωτῆρος Ἰησοῦ Χριστοῦ, αἴρει
πάλιν εἰς ὕψος τῆς ἀπονοίας τὸ κέρας καί φησι περὶ αὐτοῦ·

Agésilaos[1], Archidamos[2], ou dois-je nommer plutôt
la catégorie des philosophes, celle des généraux, des
artisans[3], des législateurs? On découvrira alors que les
plus méchants et les plus odieux des généraux se sont
comportés de façon plus modérée envers les plus grands
criminels que Moïse envers ceux qui n'avaient commis
aucune faute.

### Fr. 40

Quel règne vais-je évoquer pour vous? Celui de
Persée[4], celui d'Éaque[5]? Ou celui de Minos[6], le roi de
Crète, qui a purgé la mer des pirates qui l'infestaient, a
expulsé et repoussé les barbares jusqu'en Syrie et en Sicile,
étendant ainsi dans les deux directions les frontières de son
royaume, et dont le pouvoir ne s'exerçait pas seulement
sur les îles, mais encore sur les côtes. Il partagea avec
son frère Rhadamanthe non pas la terre, mais le soin des
hommes : lui promulguait les lois qu'il recevait de Zeus et
il laissait son frère remplir les fonctions de juge.

### Fr. 41

Après avoir parlé de Minos, Julien appareille vers la haute mer
de son exposé, et rappelle d'autres récits grecs. Il raconte ainsi que
Dardanos est né de Zeus et d'Électre, la fille d'Atlas, qu'il a colonisé

1. Roi de Sparte du IV<sup>e</sup> siècle, célébré comme roi exemplaire par
Xénophon dans son *Agésilas*.
2. Roi de Sparte, fils du précédent. Julien y fait allusion dans
*Royauté*, 77b.
3. Pour δημιουργῶν (« des artisans »), Migne signale la suggestion
δημηγόρων (« des orateurs ») de Jean-Baptiste Cotelier (érudit du XVII<sup>e</sup>
siècle).
4. Héros mythologique, roi d'Argos.
5. Héros mythologique, fils de Zeus, souverain d'Égine.
6. Selon la légende, roi et législateur de Crète.

Ὁ δὲ Ἰησοῦς ἀναπείσας τὸ χείριστον τῶν παρ'
ἡμῖν, ὀλίγους πρὸς τοῖς τριακοσίοις ἐνιαυτοῖς
ὀνομάζεται, ἐργασάμενος παρ' ὃν ἔζη χρόνον ἔργον
οὐδὲν ἀκοῆς ἄξιον, εἰ μή τις οἴεται τοὺς κυλλοὺς καὶ
τυφλοὺς ἰάσασθαι καὶ δαιμονῶντας ἐφορκίζειν ἐν
Βηθσαϊδᾷ καὶ ἐν Βηθανίᾳ ταῖς κώμαις τῶν μεγίστων
ἔργων εἶναι.

Fr. 42
Cyrille, *Contre Julien*, VI, 193 B

Ἀποπεράνας δὲ κατὰ τὸ αὐτῷ δοκοῦν τὸ κενὸν ἐπὶ
Δαρδάνῳ ῥαψῴδημα μέτεισιν εὐθὺς ἐπὶ τὴν Αἰνείου φυγὴν
καὶ τὴν ἐκ Τροίας ἄπαρσιν ἐπὶ τὰ τῶν Ἰταλῶν ἔθνη διηγεῖται
σαφῶς, Ῥώμου τε καὶ προσέτι Ῥωμύλου ποιεῖται μνήμην
καὶ τίνα τρόπον ἡ Ῥώμη συνῴκισται· καὶ μακροὺς εἰς τοῦτο
κατατείνας λόγους, δεδόσθαι φησὶν αὐτοῖς παρὰ τοῦ Διὸς τὸν
σοφώτατον Νουμᾶν, καὶ δὴ καί φησι περὶ αὐτοῦ· Ἀλλ' ἐπειδὴ
κτισθεῖσαν αὐτὴν πολλοὶ μὲν περιέστησαν πόλεμοι,
πάντων δὲ ἐκράτει καὶ κατηγωνίζετο καί, παρ' αὐτὰ
μᾶλλον αὐξανομένη τὰ δεινά, τῆς ἀσφαλείας ἐδεῖτο
μείζονος, αὖθις ὁ Ζεὺς τὸν φιλοσοφώτατον αὐτῇ
Νουμᾶν ἐφίστησιν. Οὗτος ἦν ὁ καλὸς καὶ ἀγαθὸς
ὁ Νουμᾶς, ἄλσεσιν ἐρήμοις ἐνδιατρίβων καὶ συνὼν
ἀεὶ τοῖς θεοῖς κατὰ τὰς ἀκραιφνεῖς αὐτοῦ νοήσεις.
Καὶ μεθ' ἕτερα· Οὗτος τοὺς πλείστους τῶν ἱερατικῶν
κατέστησε νόμους.

la Dardanie [1], et même qu'après sa mort il a régné avec Zeus. Suivent d'autres bavardages remplis de sottises. Ayant remémoré entre temps la figure de Jésus-Christ, notre Sauveur à tous, il pousse de nouveau sa plume au comble de la déraison, et dit de lui ceci : Pour ce qui est de Jésus, qui a su persuader les plus mauvais d'entre nous, son nom circule depuis un peu plus de trois cents ans, bien que durant sa vie il n'ait rien accompli de mémorable, sauf si l'on estime que guérir les infirmes et les aveugles et délivrer les possédés de leur démons dans les villages de Bethsaida et de Béthanie compte parmi les plus grands exploits.

## Fr. 42

Après avoir achevé sa version de l'inconsistante rhapsodie de Dardanos, il passe directement à la fuite d'Énée et raconte de manière détaillée son départ de Troie en direction des peuples de l'Italie ; après quoi il rappelle le souvenir de Remus et Romulus, ainsi que la façon dont Rome a été fondée ; et au terme de longs développements, il en vient à déclarer que Zeus leur a fait don du très sage Numa. Voici ce qu'il dit de lui : Mais, quand après sa fondation Rome eut à affronter de nombreuses guerres, en toutes elle fut la plus forte et remporta la victoire ; et comme elle croissait à mesure même que les périls augmentaient [2], elle eut besoin de plus de sécurité : alors Zeus mit à sa tête le grand philosophe Numa. Ce Numa était un homme de bien qui s'attardait dans les bois solitaires et était constamment en relation avec les dieux grâce à la pureté de ses pensées. Et un peu plus loin : C'est lui qui a établi la plupart des lois régissant le culte.

---

1. Pays de la Troade où fut bâtie ensuite la ville de Troie.
2. Formule comparable chez Plutarque, *Vie de Numa*, 8.

Fr. 43

Cyrille, *Contre Julien*, VI, 194 A

Ταῦτα μὲν οὖν ἐκ κατοχῆς καὶ ἐπιπνοίας θείας ἔκ τε τῶν τῆς Σιβύλλης καὶ τῶν ἄλλων, οἳ δὴ γεγόνασι κατὰ τὴν πάτριον φωνὴν χρησμολόγοι, φαίνεται δοὺς ὁ Ζεὺς τῇ πόλει. Τὴν δὲ ἐξ ἀέρος πεσοῦσαν ἀσπίδα καὶ τὴν ἐν τῷ λόφῳ κεφαλὴν φανεῖσαν, ὅθεν, οἶμαι, καὶ τοὔνομα προσέλαβεν ἡ τοῦ μεγάλου Διὸς ἕδρα, πότερον ἐν τοῖς πρώτοις ἢ τοῖς δευτέροις ἀριθμήσομεν τῶν δώρων; Εἶτα, ὦ δυστυχεῖς ἄνθρωποι, σῳζομένου τοῦ παρ' ἡμῖν ὅπλου διοπετοῦς ὃ κατέπεμψεν ὁ μέγας Ζεὺς ἤτοι πατὴρ Ἄρης, ἐνέχυρον διδοὺς οὐ λόγον, ἔργον δὲ ὅτι τῆς πόλεως ἡμῶν εἰς τὸ διηνεκὲς προασπίσει, προσκυνεῖν ἀφέντες καὶ σέβεσθαι, τὸ τοῦ σταυροῦ προσκυνεῖτε ξύλον, εἰκόνας αὐτοῦ σκιαγραφοῦντες ἐν τῷ μετώπῳ καὶ πρὸ τῶν οἰκημάτων ἐγγράφοντες; Ἆρα ἀξίως ἄν τις τοὺς συνετωτέρους ὑμῶν μισήσειεν ἢ τοὺς ἀφρονεστέρους ἐλεήσειεν, οἳ κατακολουθοῦντες ὑμῖν εἰς τοῦτο ἦλθον ὀλέθρου,

## Fr. 43

Ces indications, issues de la possession et de l'inspiration divines, par le truchement de la Sibylle et des autres personnages qui ont interprété les oracles dans la langue du pays, c'est manifestement Zeus qui les a données à la cité. Le bouclier tombé du ciel et la tête apparue sur la colline – d'où vient, je pense, le nom du siège du grand Zeus[1] – les compterons-nous parmi les premiers ou parmi les moins importants de ces dons ? Après cela, malheureux, alors que nous avons conservé cette arme tombée du ciel, qu'elle ait été envoyée par le grand Zeus ou par notre Père Arès[2], comme gage non pas verbal mais efficace de la protection perpétuelle de notre cité, vous négligez de l'adorer et de la vénérer, mais vous adorez le bois de la croix, vous vous marquez son image sur le front et l'inscrivez sur les portes de vos maisons ? Ne serait-on pas fondé à vous haïr vous, les plus intelligents parmi les Galiléens, ou alors à prendre en pitié les plus sots qui, en mettant leurs pas dans les vôtres, ont précipité

1. Plutarque rapporte que, la population de Rome étant découragée à la suite d'une épidémie de peste, un bouclier de bronze était tombé du ciel. Numa, deuxième roi de Rome selon la légende, explique que ce bouclier est envoyé par le ciel pour le salut de la Ville et qu'il faut le conserver soigneusement (*Vie de Numa*, 13 ; *cf.* Tite-Live, I, 20, 4). – Tarquin le Superbe, dernier roi de Rome, entreprit de bâtir un temple pour Jupiter (Zeus pour les Grecs) sur la colline tarpéienne. En creusant les fondations du temple, on met au jour une tête humaine aux traits intacts ; le fait est interprété comme le signe que ce lieu serait la tête du monde (*caput* est le mot latin pour désigner la tête, d'où le nom de Capitole donné à la colline) ; *cf.* Tite-Live, I, 55, 5.
2. C'est-à-dire le dieu Mars des Romains. De son union avec la vestale Rhéa Silvia sont nés, selon la légende, les fondateurs de Rome, Romulus et Remus.

ὥστε τοὺς αἰωνίους ἀφέντες θεοὺς ἐπὶ τῶν Ἰουδαίων
μεταβῆναι νεκρόν;

Fr. 44
Cyrille, *Contre Julien*, VI, 197 B

Παρίημι γάρ[1] φησι τὰ τῆς μητρὸς τῶν θεῶν
μυστήρια καὶ ζηλῶ τὸν Μάριον.

Fr. 45
Cyrille, *Contre Julien*, VI, 198 B

Καὶ γοῦν οὐχὶ μόνον παρ' αὐτῶν (scil. τῶν θεῶν) δεδόσθαι
φησὶ τὸν Μάριον, ἀλλὰ γὰρ ἔτι πρὸς τούτῳ καὶ τοὺς τῶν
ψευδομαντειῶν ἀνευρῆσθαι τρόπους. Γράφει δὲ ὧδε· Τὸ
γὰρ ἐκ θεῶν εἰς ἀνθρώπους ἀφικνούμενον πνεῦμα
σπανιάκις μὲν καὶ ἐν ὀλίγοις γίνεται καὶ οὔτε πάντα
ἄνδρα τούτου μετασχεῖν ῥάδιον οὔτε ἐν παντὶ καιρῷ.
Ταύτῃ τοι καὶ τὸ παρ' Ἑβραίοις ἐπέλιπεν, οὐκοῦν
οὐδὲ παρ' Αἰγυπτίοις εἰς τοῦτο σῴζεται. Φαίνεται
δὲ καὶ τὰ αὐτοφυῆ χρηστήρια <σιγῆσαι> ταῖς τῶν
χρόνων εἴκοντα περιόδοις. Ὁ δὴ φιλάνθρωπος
ἡμῶν δεσπότης καὶ πατὴρ Ζεὺς ἐννοήσας, ὡς ἂν
μὴ παντάπασι τῆς πρὸς τοὺς θεοὺς ἀποστερηθῶμεν
κοινωνίας, δέδωκεν ἡμῖν διὰ τῶν ἱερῶν τεχνῶν
ἐπίσκηψιν, ὑφ' ἧς πρὸς τὰς χρείας ἔξομεν τὴν
ἀποχρῶσαν βοήθειαν. Πνεῦμα μὲν οὖν ἐκ θεῶν ἐνθάδε τὸ
τῶν ψευδομάντεων φησιν· ἔθος γὰρ ἦν αὐτοῖς ὑποπλάττεσθαι

---

1. À la différence de Masaracchia, nous considérons avec Kinzig et
Brüggemann que γάρ fait partie du discours de Julien.

leur perte au point d'abandonner les dieux immortels et de faire allégeance au cadavre[1] des Juifs?

## Fr. 44

Car je laisse de côté, dit-il, les mystères de la Mère des dieux[2] et je passe à mon admiration pour Marius[3].

## Fr. 45

De Marius, en tout cas, il affirme non seulement qu'il est un don des dieux mais encore qu'il a été l'inventeur des techniques de fausses prophéties[4]. Il écrit ainsi : L'inspiration qui parvient aux hommes de la part des dieux est une chose qui se produit rarement et pour peu de gens; il n'est pas facile pour tout un chacun d'y avoir part ni d'y avoir part à tout moment. Ainsi elle a fait défaut chez les Hébreux également, et elle ne s'est pas non plus maintenue jusqu'à

1. Terme de Julien pour désigner Jésus-Christ de façon méprisante, comme le confirme Cyrille plus loin dans le texte (197 D).

2. Cybèle, dont le culte a été confondu avec celui de Rhéa, épouse de Cronos et mère des Olympiens. D'après le commentaire de Cyrille, il semble que Julien ait entre temps évoqué, parmi « les dons des dieux » aux Grecs, les mystères relatifs à cette déesse. Un discours *À la Mère des dieux* figure parmi les œuvres de l'Empereur.

3. Cette admiration pour Marius (général et homme politique romain, 157-86), considéré par Julien comme un don des dieux, se retrouve en *Césars*, 323a; voir aussi la note suivante.

4. Les « fausses prophéties » pourraient faire référence à ce que Plutarque rapporte dans la *Vie de Marius*, 17, 1-3 : Marius aurait amené avec lui une prophétesse syrienne dans sa campagne contre les Cimbres et les Teutons, et Plutarque affirme que selon certains Marius utilisait ses prophéties pour profiter de la crédulité des gens. À propos d'une anecdote semblable, Valère Maxime le qualifie d'« expert dans l'art de la divination » (*interpretandarum religionum peritissimus*, I, 5, 5).

τὸ ἐνθουσιᾶν καὶ οἷον ἐν κατοχῇ μαντικοῦ γεγονότας ὁρᾶσθαι
πνεύματος, ἵν᾽ ἔχοι τὸ ψεῦδος τὸ εὐπαράδεκτον.

## Fr. 46
### Cyrille, *Contre Julien*, VI, 199 E

Ἔλαθέ με μικροῦ τὸ μέγιστον <καὶ ἐξαίρετον> τῶν
Ἡλίου καὶ Διὸς δώρων. Εἰκότως δὲ αὐτὸ ἐφύλαξα
ἐν τῷ τέλει. Καὶ γὰρ οὐκ ἴδιόν ἐστιν ἡμῶν μόνον,
ἀλλ᾽ οἶμαι κοινὸν πρὸς Ἕλληνας, τοὺς ἡμετέρους
συγγενεῖς. Ὁ γάρ τοι Ζεὺς ἐν μὲν τοῖς νοητοῖς ἐξ
ἑαυτοῦ τὸν Ἀσκληπιὸν ἐγέννησεν, εἰς δὲ τὴν γῆν διὰ
τῆς Ἡλίου γονίμου ζωῆς ἐξέφηνεν. Οὗτος ἐπὶ γῆς ἐξ
οὐρανοῦ ποιησάμενος <τὴν> πρόοδον, ἑνοειδῶς
μὲν ἐν ἀνθρώπου μορφῇ περὶ τὴν Ἐπίδαυρον
ἀνεφάνη, πληθυνόμενος δὲ ἐντεῦθεν ταῖς προόδοις
ἐπὶ πᾶσαν ὤρεξε τὴν γῆν τὴν σωτήριον ἑαυτοῦ
δεξιάν. Ἦλθεν εἰς Πέργαμον, εἰς Ἰωνίαν, εἰς Τάραντα,

ce jour chez les Égyptiens. Il est manifeste aussi que nos oracles à nous se sont tus, vaincus par les retours périodiques des temps. Voilà pourquoi, dans son amour pour les hommes, Zeus, notre maître et père, voulant nous éviter d'être totalement privés de communication avec les dieux, nous a donné de pouvoir nous recommander à eux par le moyen des arts sacrés, recommandation qui doit nous procurer une assistance suffisante pour nos besoins. Il dit donc que l'inspiration des faux prophètes nous vient des dieux. Ces gens feignaient systématiquement d'être saisis d'un transport divin et aimaient apparaître aux yeux de tous comme s'ils étaient possédés par l'inspiration prophétique afin qu'on pût accorder du crédit à leurs mensonges.

### Fr. 46

Pour un peu j'allais oublier de mentionner le plus grand et le plus remarquable des dons d'Hélios et de Zeus. Mais c'est à juste titre que je l'ai gardé pour la fin. Car il ne nous appartient pas à nous seuls, <les Romains>, comme un don propre, mais, je pense, nous le partageons avec les Grecs, qui ont la même origine que nous. À partir de lui même, Zeus a engendré Asclépios [1] parmi les dieux intelligibles et il l'a révélé à la terre par l'intermédiaire de la puissance vitale d'Hélios générateur. Descendu du ciel sur la terre, Asclépios apparut sous une forme humaine singulière près d'Épidaure ; puis, à partir de là, il a multiplié ses apparitions et a étendu sur toute la terre sa droite secourable. Il vint à Pergame, en Ionie, à Tarente

---

1. Dans *Hélios-Roi* (39, 153b), Asclépios, présenté comme sauveur de l'univers, est dit avoir été engendré par Hélios. La double figure d'Asclépios mentionnée ici (parmi les dieux intelligibles, puis sous forme humaine) renvoie à la doctrine évoquée déjà plus haut, fr. 10 (soleil intelligible et soleil visible).

μετὰ ταῦθ' ὕστερον ἦλθεν εἰς τὴν Ῥώμην. Ὤιχετο εἰς Κῶν, ἐνθένδε εἰς Αἰγάς. Εἶτα πανταχοῦ γῆς ἐστι καὶ θαλάσσης. Οὐ καθ' ἕκαστον ἡμῶν ἐπιφοιτᾷ, καὶ ὅμως ἐπανορθοῦται <τὰς> ψυχὰς πλημμελῶς διακειμένας καὶ τὰ σώματα ἀσθενῶς ἔχοντα.

Fr. 47
Cyrille, *Contre Julien*, VI, 201 E

Τί δὲ τοιοῦτον Ἑβραῖοι καυχῶνται παρὰ τοῦ θεοῦ δεδόσθαι, πρὸς οὓς ὑμεῖς ἀφ' ἡμῶν αὐτομολήσαντες πείθεσθε; Εἰ τοῖς ἐκείνοις γοῦν προσείχετε λόγοις, καὶ οὐ παντάπασιν ἐπεπράγειτε δυστυχῶς, ἀλλὰ χεῖρον μὲν ἢ πρότερον, ὁπότε σὺν ἡμῖν ἦτε, οἰστὰ δὲ ὅμως πεπόνθειτε ἂν καὶ φορητά. Ἕνα γὰρ ἀντὶ πολλῶν θεῶν ἐσέβεσθε ἂν οὐκ ἄνθρωπον, μᾶλλον δὲ πολλοὺς ἀνθρώπους δυστυχεῖς. Καὶ νόμῳ σκληρῷ μὲν καὶ τραχεῖ καὶ πολὺ τὸ ἄγριον ἔχοντι καὶ βάρβαρον ἀντὶ τῶν παρ' ἡμῖν ἐπιεικῶν καὶ φιλανθρώπων χρώμενοι τὰ μὲν ἄλλα χείρονες ἂν ἦτε, ἁγνότεροι δὲ καὶ καθαρώτεροι τὰς ἁγιστείας. Νῦν δὲ ὑμῖν συμβέβηκεν ὥσπερ ταῖς βδέλλαις τὸ χείριστον ἕλκειν αἷμα ἐκεῖθεν, ἀφεῖναι τὸ καθαρώτερον.

puis plus tard à Rome. Il se rendit à Cos, puis de là à Æges. Depuis, il est présent partout sur terre et sur mer. Il ne rend pas visite à chacun de nous, et cependant il restaure la puissance des âmes déréglées et des corps malades.

### Fr. 47

Quel don comparable les Hébreux peuvent-ils se vanter d'avoir reçu du dieu, ces Hébreux à qui vous faites confiance après être passés de nos rangs dans les leurs ? Si du moins vous vous étiez attachés à leur enseignement, vous n'auriez pas été complètement plongés dans le malheur : votre condition aurait certes été moins bonne qu'auparavant, lorsque vous étiez de notre côté, mais elle aurait été supportable, tolérable. Car au lieu de plusieurs dieux, vous n'en honoreriez qu'un, lequel ne serait pas un homme et encore moins une foule d'hommes malheureux [1]. De plus, dans la mesure où vous obéiriez alors à une loi pénible, cruelle et surchargée de dispositions sauvages et barbares au lieu d'être soumis aux lois modérées et humaines qui sont les nôtres, votre condition serait certes assez mauvaise, mais vous seriez plus saints et plus purs que vous ne l'êtes dans vos cérémonies religieuses. En réalité, il vous est arrivé, pour votre malheur, de faire comme les sangsues : des Hébreux vous avez sucé le sang le plus mauvais et laissé le plus pur.

---

1. Allusion vraisemblable aux martyrs, sur lesquels Julien exprime à plusieurs reprises son opinion négative (par exemple *Lettre 89B*, 288a ; *114*, 438c ; *Héracleios*, 228c ; *Misopogon*, 361a-c).

Fr. 48
Cyrille, *Contre Julien*, VI, 205 E

Ἁγνείας μὲν γὰρ οὐδὲ [γὰρ] εἰ πεποίηται
μνήμην ἐπίστασθε· ζηλοῦτε δὲ αὐτῶν τοὺς θυμοὺς
καὶ τὴν πικρίαν ἀνατρέποντες ἱερὰ καὶ βωμοὺς
καὶ ἀπεσφάξατε οὐχ ἡμῶν μόνον τοὺς τοῖς
πατρῴοις ἐμμένοντας, ἀλλὰ καὶ τῶν ἐξ ἴσης ὑμῖν
πεπλανημένων αἱρετικῶν τοὺς μὴ τὸν αὐτὸν τρόπον
ὑμῖν τὸν νεκρὸν θρηνοῦντας. Ἀλλὰ ταῦτα ὑμέτερα
μᾶλλόν ἐστιν. Οὐδαμοῦ γὰρ οὔτε Ἰησοῦς αὐτὰ
παραδέδωκε κελεύων ὑμῖν οὔτε Παῦλος. Αἴτιον δὲ
ὅτι μηδὲ ἤλπισαν εἰς τοῦτο ἀφίξεσθαί ποτε δυνάμεως
ὑμᾶς· ἠγάπων γὰρ εἰ θεραπαίνας ἐξαπατήσουσι καὶ
δούλους καὶ διὰ τούτων τὰς γυναῖκας ἄνδρας τε
οἵους Κορνήλιος καὶ Σέργιος, ὧν εἷς ἐὰν φανῇ τῶν
τηνικαῦτα γνωριζομένων ἐπιμνησθείς – ἐπὶ Τιβερίου
γὰρ ἤτοι Κλαυδίου ταῦτα ἐγίνετο –, περὶ πάντων ὅτι
ψεύδομαι νομίζετε.

Fr. 49
Cyrille, *Contre Julien*, VI, 209 C

Ἀλλὰ τοῦτο μὲν οὐκ οἶδ' ὅθεν ὥσπερ
ἐπιπνεόμενος ἐφθεγξάμην, ὅθεν δὲ ἐξέβην ὅτι « πρὸς
τοὺς Ἰουδαίους ηὐτομολήσατε, τί τοῖς ἡμετέροις
ἀχαριστήσαντες θεοῖς; », ἆρ' ὅτι βασιλεύειν ἔδοσαν
οἱ θεοὶ τῇ Ῥώμῃ, τοῖς Ἰουδαίοις δὲ ὀλίγον μὲν χρόνον
ἐλευθέρους εἶναι, δουλεῦσαι δὲ ἀεὶ καὶ παροικῆσαι;
Σκόπει τὸν Ἀβραάμ· οὐχὶ πάροικος ἦν ἐν γῇ
ἀλλοτρίᾳ; Τὸν Ἰακώβ· οὐ πρότερον μὲν Σύροις, ἑξῆς

## Fr. 48

Quant à la sainteté, vous ne savez même pas s'il en est fait mention. Vous cherchez à imiter les emportements et l'aigreur des Juifs lorsque vous renversez les temples et les autels ; vous avez égorgé non seulement ceux des nôtres qui sont restés fidèles aux croyances de leurs pères, mais aussi ceux des hérétiques qui se sont fourvoyés comme vous mais ne pleurent pas le cadavre [1] de la même manière que vous. Mais en fait tout cela vient de vous. Car nulle part Jésus ne vous a donné de tels commandements, et Paul non plus. La raison en est qu'ils n'espéraient même pas que vous puissiez atteindre un tel degré de puissance. Ils se contentaient de tromper des servantes, des esclaves, et par leur intermédiaire des femmes et des hommes comme Cornélius et Sergius [2]. S'il apparaît qu'un seul des personnages connus de cette époque – cela se passait sous Tibère ou sous Claude – se souvient de ces gens-là, regardez-moi comme un fieffé menteur.

## Fr. 49

Je ne sais pas pourquoi j'ai dit cela – est-ce l'effet d'une inspiration ? – et je reviens au point à partir duquel j'ai entamé cette digression, à savoir : « Vous êtes passés dans le camp des Juifs : pourquoi cette ingratitude envers nos dieux ? » Est-ce parce que les dieux ont donné l'empire à Rome, alors qu'aux Juifs ils n'ont accordé la liberté que pour peu de temps, les laissant ordinairement

1. *Cf.* note 1, p. 121 pour le mot « cadavre ». Julien vise ici les violences entre Chrétiens qu'il évoque aussi ailleurs, par exemple dans les *Lettres* 114 et 115. Voir notre Introduction p. 19-20 et 22.
2. Personnages nommés dans les *Actes des Apôtres*, 10 et 13, 6-12.

δὲ ἐπὶ τούτοις Παλαιστηνοῖς, ἐν γήρᾳ δὲ Αἰγυπτίοις ἐδούλευσεν; Οὐκ ἐξ οἴκου δουλείας ἐξαγαγεῖν φησιν αὐτοὺς ὁ Μωσῆς ἐξ Αἰγύπτου ἐν βραχίονι ὑψηλῷ; Κατοικήσαντες δὲ τὴν Παλαιστίνην, οὐ πυκνότερον ἤμειψαν τὰς τύχας ἢ τὸ χρῶμά φασιν οἱ τεθεαμένοι τὸν χαμαιλέοντα, νῦν μὲν ὑπακούοντες τοῖς κριταῖς, νῦν δὲ τοῖς ἀλλοφύλοις δουλεύοντες; Ἐπειδὴ δὲ ἐβασιλεύθησαν – ἀφείσθω δὲ νῦν ὅπως· οὔτε γὰρ ὁ θεὸς ἑκὼν αὐτοῖς τὸ βασιλεύεσθαι συνεχώρησεν, ὡς ἡ γραφή φησιν, ἀλλὰ βιασθεὶς ὑπ᾽ αὐτῶν καὶ προδιαστειλάμενος ὅτι ἄρα φαύλως βασιλευθήσονται – πλὴν ἀλλ᾽ ᾤκησαν γοῦν τὴν ἑαυτῶν καὶ ἐγεώργησαν ὀλίγα πρὸς τοῖς τετρακοσίοις ἔτεσιν, ἐξ ἐκείνου πρῶτον Ἀσσυρίοις, εἶτα Μήδοις, ὕστερον Πέρσαις ἐδούλευσαν, εἶτα νῦν ἡμῖν αὐτοῖς.

Fr. 50
Cyrille, *Contre Julien*, VI, 212 E

Ὁ παρ᾽ ὑμῖν κηρυττόμενος Ἰησοῦς εἷς ἦν τῶν Καίσαρος ὑπηκόων. Εἰ δὲ ἀπιστεῖτε, μικρὸν ὕστερον ἀποδείξω· μᾶλλον δὲ ἤδη λεγέσθω. Φατὲ μέντοι αὐτὸν ἀπογράψασθαι μετὰ τοῦ πατρὸς καὶ τῆς μητρὸς ἐπὶ Κυρηνίου. Ἀλλὰ γενόμενος τίνων ἀγαθῶν αἴτιος κατέστη τοῖς ἑαυτοῦ συγγενέσιν; Οὐ γὰρ ἠθέλησαν, φησί, ὑπακοῦσαι αὐτῷ. Τί δέ; Ὁ

esclaves ou étrangers ? Voyez Abraham : n'était-il pas étranger dans une terre qui n'était pas la sienne ? Voyez Jacob : n'était-il pas esclave, en Syrie d'abord, puis en Palestine et, dans sa vieillesse, en Égypte ? Moïse ne dit-il pas qu'il les a fait sortir de la maison de servitude quand il les a menés hors d'Égypte « le bras étendu »[1] ? Une fois établis en Palestine, n'ont-ils pas connu des fortunes changeantes plus souvent que le caméléon ne change de couleur – à ce que disent ceux qui les ont observés – tantôt soumis aux Juges[2], tantôt esclaves des étrangers ? Cependant, quand ils furent gouvernés par des rois – laissons de côté pour l'instant la façon dont cela s'est réalisé : d'après l'Écriture, le dieu ne leur a pas accordé de bon gré d'avoir des rois, mais il a été contraint par eux et leur a par avance clairement expliqué qu'ils seraient mal gouvernés par les rois – alors enfin ils ont habité une terre qui était à eux, ils l'ont cultivée pendant un peu plus de quatre cents ans ; mais depuis ils furent esclaves, des Assyriens d'abord, puis des Mèdes, plus tard des Perses et finalement aujourd'hui ils sont nos esclaves à nous.

## Fr. 50

Ce Jésus que vous annoncez était un sujet de César. Si vous ne me croyez pas, je vous le prouverai sous peu ; ou plutôt, parlons-en dès maintenant. Vous racontez bien qu'il a été soumis au recensement avec son père et sa mère sous le gouvernorat de Quirinius[3]. Mais de quel bien a-t-il été l'auteur pour les gens de sa race ? C'est que,

---

1. Expression reprise d'*Exode*, 6, 6.
2. Chefs du peuple hébreux entre Josué et le premier roi, Saül. Pour la suite du fragment, voir *I*[er] *Livre de Samuel*, 8.
3. *Évangile de Luc*, 2, 2.

σκληροκάρδιος καὶ λιθοτράχηλος ἐκεῖνος λαὸς
πῶς ὑπήκουσε τοῦ Μωσέως; Ἰησοῦς δὲ ὁ τοῖς
πνεύμασιν ἐπιτάττων καὶ βαδίζων ἐπὶ τῆς θαλάσσης
καὶ τὰ δαιμόνια ἐξελαύνων, ὡς δὲ ὑμεῖς λέγετε, τὸν
οὐρανὸν καὶ τὴν γῆν ἀπεργασάμενος – οὐ γὰρ δὴ
ταῦτα τετόλμηκέ τις εἰπεῖν περὶ αὐτοῦ τῶν μαθητῶν,
εἰ μὴ μόνος Ἰωάννης οὐδὲ αὐτὸς σαφῶς οὐδὲ
τρανῶς· ἀλλ᾽ εἰρηκέναι γε συγκεχωρήσθω – οὐκ
ἠδύνατο τὰς προαιρέσεις ἐπὶ σωτηρίᾳ τῶν ἑαυτοῦ
φίλων καὶ συγγενῶν μεταστῆσαι;

Fr. 51
Cyrille, *Contre Julien*, VII, 217 E

Ταῦτα μὲν οὖν καὶ μικρὸν ὕστερον, ὅταν ἰδίᾳ περὶ
τῆς τῶν εὐαγγελίων τερατουργίας καὶ σκευωρίας
ἐξετάζειν ἀρξώμεθα. Νυνὶ δὲ ἀποκρίνεσθέ μοι πρὸς
ἐκεῖνο. Πότερον ἄμεινον τὸ διηνεκῶς μὲν εἶναι
ἐλεύθερον, ἐν δισχιλίοις δὲ ὅλοις ἐνιαυτοῖς ἄρξαι
τὸ πλεῖστον γῆς καὶ θαλάσσης, ἢ τὸ δουλεύειν καὶ
πρὸς ἐπίταγμα ζῆν ἀλλότριον; Οὐδεὶς οὕτως ἐστὶν
ἀναίσχυντος, ὡς ἑλέσθαι μᾶλλον τὸ δεύτερον. Ἀλλὰ
τὸ πολέμῳ κρατεῖν οἰήσεταί τις τοῦ κρατεῖσθαι
χεῖρον; Οὕτω τίς ἐστιν ἀναίσθητος; Εἰ δὲ ταῦτα
ἀληθῆ φαμεν, ἕνα μοι κατὰ Ἀλέξανδρον δείξατε
στρατηγόν, ἕνα κατὰ Καίσαρα παρὰ τοῖς Ἑβραίοις.
Οὐ γὰρ δὴ παρ᾽ ὑμῖν. Καίτοι, μὰ τοὺς θεούς, εὖ οἶδ᾽
ὅτι περιυβρίζω τοὺς ἄνδρας, ἐμνημόνευσα δὲ αὐτῶν
ὡς γνωρίμων. Οἱ γὰρ τούτων ἐλάττους ὑπὸ τῶν

est-il dit, ils ne consentirent pas à l'écouter. Pourquoi ? Ce peuple au cœur dur et à la nuque raide [1], comment a-t-il fait alors pour obéir à Moïse ? Ce Jésus qui commandait aux esprits, marchait sur la mer, chassait les démons, à ce que vous prétendez, qui a fait le ciel et la terre – aucun de ses disciples n'a osé dire cela de lui, excepté Jean ; et lui-même ne l'a pas affirmé clairement et distinctement, mais admettons qu'il l'ait dit – ce Jésus, dis-je, a été incapable de convertir ses amis et les gens de sa race pour assurer leur salut ?

## Fr. 51

De cela il sera question un peu plus loin, quand nous commencerons à examiner séparément les prodiges et les inventions des Évangiles. Pour le moment, répondez-moi sur le point suivant. Est-il préférable d'être libre sans interruption et de régner durant deux millénaires entiers sur la plus grande partie de la terre et de la mer, ou d'être esclave et de vivre sous la domination d'autrui ? Personne ne manque à ce point d'amour-propre pour préférer la seconde condition. Mais y aura-t-il quelqu'un pour penser qu'à la guerre la victoire est pire que la défaite ? Y a-t-il quelqu'un de si stupide ? Si nous reconnaissons que je dis vrai, montrez-moi chez les Hébreux un seul général comparable à Alexandre, un seul comparable à César. Car il n'y en a pas chez vous, c'est sûr. Pourtant, par les dieux, je sais bien que j'outrage gravement ces grands hommes, mais j'en ai fait mention parce qu'ils sont célèbres. Ceux

---

1. La dureté de cœur (σκληροκάρδιος, σκληροκαρδία) est mentionnée à plusieurs reprises dans l'Ancien et le Nouveau Testament. L'idée de « nuque raide » (λιθοτράχηλος chez Julien) est présente dans l'*Exode*, 33, 3 et 5, sous la forme σκληροτράχηλος.

πολλῶν ἀγνοοῦνται, ὧν ἕκαστος πάντων ὁμοῦ τῶν
παρ' Ἑβραίοις γεγονότων ἐστὶ θαυμαστότερος.

## Fr. 52
### Cyrille, *Contre Julien*, VII, 220 B

Εἶτα πῶς, φησί, ἐφῆκεν αὐτοῖς ὁ τῶν ὅλων θεός, καίτοι
γεγονόσιν ἐχθροῖς, παρελθεῖν εὐκλείας εἰς τοῦτο καὶ κατισχῦσαι
πολλῶν; Ἐγκαλεῖς οὖν ἄρα τὸ ἥμερον αὐτῷ καὶ ἀνεξικακοῦντα
διώκεις καὶ γραφὴν περιποιῆσαι τὴν φιλανθρωπίαν.

## Fr. 53
### Cyrille, *Contre Julien*, VII, 221 D

Ἀλλ' ὁ τῆς πολιτείας θεσμὸς καὶ τύπος τῶν
δικαστηρίων, ἡ δὲ περὶ τὰς πόλεις οἰκονομία καὶ τὸ
κάλλος, ἡ δὲ ἐν τοῖς μαθήμασιν ἐπίδοσις, ἡ δὲ ἐν ταῖς
ἐλευθερίοις τέχναις ἄσκησις οὐχ Ἑβραίων μὲν ἦν
ἀγρία καὶ βαρβαρική; Καίτοι βούλεται ὁ μοχθηρὸς
Εὐσέβιος εἶναί τινα καὶ παρ' αὐτοῖς ἑξάμετρα καὶ
φιλοτιμεῖται λογικὴν εἶναι πραγματείαν παρὰ τοῖς
Ἑβραίοις, ἧς τοὔνομα ἀκήκοε παρὰ τοῖς Ἕλλησι.
Ποῖον ἰατρικῆς εἶδος ἀνεφάνη παρὰ τοῖς Ἑβραίοις,
ὥσπερ ἐν Ἕλλησι τῆς Ἱπποκράτους καί τινων ἄλλων
μετ' ἐκεῖνον αἱρέσεων;

## Fr. 54
### Cyrille, *Contre Julien*, VII, 224 B

Ὁ σοφώτατος Σολομῶν παρόμοιός ἐστι τῷ παρ'
Ἕλλησι Φωκυλίδῃ ἢ Θεόγνιδι ἢ Ἰσοκράτει; Πόθεν;
Εἰ γοῦν παραβάλοις τὰς Ἰσοκράτους παραινέσεις

qui ne les valent pas, la plupart des gens ne les connaissent pas et néanmoins chacun d'eux mérite plus d'admiration que l'ensemble de tous les généraux qu'ont connus les Hébreux.

### Fr. 52

Ensuite, dit-il, comment se fait-il que le dieu de l'univers ait permis <aux Romains>, bien qu'ils fussent nos ennemis, de parvenir à ce degré de gloire et de soumettre un grand nombre de gens ? Tu lui reproches donc sa douceur, tu incrimines sa patience et tu accuses son amour des hommes !

### Fr. 53

En ce qui concerne les lois de l'État, le caractère des tribunaux, la belle administration des cités, le progrès des sciences, la pratique des arts libéraux, tout cela n'était-il pas sauvage et barbare chez les Hébreux ? Le misérable Eusèbe [1] veut pourtant qu'ils aient eux aussi connu des poèmes en hexamètres, et il affirme fièrement que les Hébreux se livraient à l'étude de la logique, terme qu'il avait entendu chez les Grecs. Quel genre d'art médical est apparu chez les Hébreux qui soit comparable à ce que sont chez les Grecs la médecine d'Hippocrate ou celles des écoles postérieures ?

### Fr. 54

Le « très sage » Salomon est-il comparable aux grecs Phocylide, Théognis, Isocrate ? En quoi ? En tout cas, si l'on comparait les Exhortations d'Isocrate aux Proverbes

---

1. Eusèbe de Césarée, historien chrétien (v. 265-v. 340) ; *Préparation évangélique*, XI, 5, 7 et XI, 5, 5.

ταῖς ἐκείνου παροιμίαις, εὕροις ἄν, εὖ οἶδα, τὸν τοῦ Θεοδώρου κρείττονα τοῦ σοφωτάτου βασιλέως. Ἀλλ᾽ ἐκεῖνος, φησί, καὶ περὶ θεουργίαν ἤσκητο. Τί οὖν; Οὐχὶ καὶ ὁ Σολομῶν οὗτος τοῖς ἡμετέροις ἐλάτρευσε θεοῖς, ὑπὸ τῆς γυναικός, ὡς λέγουσιν, ἐξαπατηθείς; Ὦ μέγεθος ἀρετῆς, ὦ σοφίας πλοῦτος. Οὐ περιγέγονεν ἡδονῆς, καὶ γυναικὸς λόγοι τοῦτον παρήγαγον. Εἴπερ οὖν ὑπὸ γυναικὸς ἠπατήθη, τοῦτον σοφὸν μὴ λέγετε. Εἰ δὲ πεπιστεύκατε εἶναι σοφόν, μή τοι παρὰ γυναικὸς αὐτὸν ἐξηπατῆσθαι νομίζετε, κρίσει δὲ οἰκείᾳ καὶ συνέσει καὶ τῇ παρὰ τοῦ φανέντος αὐτῷ θεοῦ διδασκαλίᾳ πειθόμενον λελατρευκέναι καὶ τοῖς ἄλλοις θεοῖς. Φθόνος γὰρ καὶ ζῆλος οὐδὲ ἄχρι τῶν ἀρίστων ἀνθρώπων ἀφικνεῖται, τοσοῦτον ἄπεστιν ἀγγέλων καὶ θεῶν. Ὑμεῖς δὲ ἄρα περὶ τὰ μέρη τῶν δυνάμεων στρέφεσθε, ἃ δὴ δαιμόνιά τις εἰπὼν οὐκ ἐξαμαρτάνει. Τὸ γὰρ φιλότιμον ἐνταῦθα καὶ κενόδοξον, ἐν δὲ τοῖς θεοῖς οὐδὲν ὑπάρχει καὶ τοιοῦτον.

de Salomon, on constaterait, je le sais bien, que le fils de Théodore est supérieur au roi « très sage »[1]. Mais ce dernier, explique-t-on, a en outre pratiqué la théurgie. Et alors ? N'est-ce pas aussi ce Salomon qui a rendu un culte à nos dieux, berné par sa femme, à ce qu'ils disent ? Ô comble de vertu, ô trésor de sagesse ! Il n'a pu vaincre son plaisir et les paroles d'une femme l'ont égaré ! Si vraiment il a été trompé par une femme, ne l'appelez pas sage ; si au contraire vous êtes persuadés qu'il était sage, ne croyez pas qu'il se soit laissé berner par une femme, mais qu'il était convaincu par son propre jugement et sa propre intelligence, ainsi que par les instructions du dieu qui s'est révélé à lui, et que c'est pour cette raison qu'il a rendu un culte aux autres dieux également. Car la jalousie et l'envie n'atteignent pas les meilleurs des hommes et bien moins encore les anges et les dieux. Mais vous, vous vous tournez vers des puissances particulières[2] qu'on peut sans risque d'erreur appeler démoniques : c'est là qu'on trouve l'ambition et la vaine gloire, mais rien de tel n'existe chez les dieux.

1. Le livre des *Proverbes* de l'Ancien Testament est tradition-nellement attribué au roi Salomon. Phocylide et Théognis sont des poètes gnomiques de la tradition grecque, à peu près contemporains (VIᵉ siècle av. J.-C.). Deux discours du « fils de Théodore » (il s'agit de l'orateur athénien Isocrate, 436-338) ont été désignés par les anciens grammairiens comme des « exhortations », παραινέσεις (*À Nicoclès* et *À Démonicos*). Comme celui de Salomon, tous ces textes contiennent essentiellement des réflexions générales, des conseils et des règles morales. Ce caractère explique qu'ils aient été largement diffusés et utilisés durant toute l'Antiquité et au-delà.

2. Julien admet l'existence de « démons », puissances divines intermédiaires, dont certains sont malfaisants (*Royauté*, 90c et *Lettre 82*, 445b). Dans la *Lettre 89*, 288a, il affirme que les Chrétiens sont soumis à la tribu des démons pervers (πονερῶν), qui leur font souhaiter de mourir pour gagner le ciel.

Fr. 55

Cyrille, *Contre Julien*, VII, 229 B

Τοῦ χάριν ὑμεῖς τῶν παρ' Ἕλλησι παρεσθίετε
μαθημάτων, εἴπερ αὐτάρκης ὑμῖν ἐστιν ἡ τῶν
ὑμετέρων γραφῶν ἀνάγνωσις; Καίτοι κρεῖττον
ἐκείνων εἴργειν τοὺς ἀνθρώπους ἢ τῆς τῶν ἱεροθύτων
ἐδωδῆς. Ἐκ μὲν γὰρ ἐκείνης, καθὰ καὶ ὁ Παῦλος
λέγει, βλάπτεται μὲν οὐδὲν ὁ προσφερόμενος, ἡ δὲ
συνείδησις τοῦ βλέποντος ἀδελφοῦ σκανδαλισθείη
ἄν, καθ' ὑμᾶς, ὦ σοφώτατοι, φάναι. Διὰ δὲ τῶν
μαθημάτων τούτων ἀπέστη τῆς ἀθεότητος πᾶν ὅτι
περ παρ' ὑμῖν ἡ φύσις ἤνεγκε γενναῖον. Ὅτῳ οὖν
ὑπῆρξεν εὐφυΐας κἂν μικρὸν μόριον, τούτῳ τάχιστα
συνέβη τῆς παρ' ὑμῖν ἀθεότητος ἀποστῆναι.
Βέλτιον οὖν εἴργειν μαθημάτων, οὐχ ἱερείων τοὺς
ἀνθρώπους.

Ἀλλ' ἴστε καὶ ὑμεῖς, ὡς ἐμοὶ φαίνεται, τὸ
διάφορον εἰς σύνεσιν τῶν παρ' ὑμῖν θεοπνεύστων
γραφῶν πρὸς τὰς παρ' ἡμῖν τοῦ πονηροῦ, καὶ ὡς ἐκ
μὲν τῶν παρ' ὑμῖν οὐδεὶς ἂν γένοιτο γενναῖος ἀνήρ,
μᾶλλον δὲ οὐδὲ ἐπιεικής, ἐκ δὲ τῶν παρ' ἡμῖν αὐτὸς
αὐτοῦ πᾶς ἂν γένοιτο καλλίων, εἰ καὶ παντάπασιν
ἀφυής τις εἴη. Φύσεως δὲ ἔχων εὖ καὶ τὰς ἐκ τούτων
προσλαβὼν παιδείας ἀτεχνῶς γίνεται τῶν θεῶν τοῖς
ἀνθρώποις δῶρον, ἤτοι φῶς ἀνάψας ἐπιστήμης ἢ
πολιτείας γένος <καταστησάμενος> ἢ πολεμίους
πολλοὺς τρεψάμενος καὶ πολλὴν μὲν γῆν, πολλὴν
δὲ ἐπελθὼν θάλασσαν καὶ τούτῳ φανεὶς ἡρωικός.
Καὶ μεθ' ἕτερα· Τεκμήριον δὲ τοῦτο σαφές· ἐκ πάντων
ὑμῶν ἐπιλεξάμενοι παιδία ταῖς γραφαῖς ἐμμελετῆσαι

## Fr. 55

Pourquoi grignotez-vous les connaissances des Grecs si la lecture de vos Écritures vous suffit? Pourtant il vaudrait mieux tenir les hommes éloignés de ces connaissances plutôt que de leur interdire de consommer les viandes des sacrifices, car celui qui en mange, de l'avis même de Paul[1], ne subit aucun dommage (c'est la conscience de son frère qui l'observe qui pourrait en être scandalisée, à ce que vous dites, vous les très sages). Mais grâce aux connaissances des Grecs tous les êtres nobles que la nature a produits chez vous ont abandonné l'impiété. Ainsi celui qui a été doté d'un bon naturel, ne serait-ce qu'en faible part, a très rapidement fini par renoncer à votre impiété. Il vaut mieux par conséquent interdire aux hommes les connaissances plutôt que les victimes des sacrifices.

Mais vous savez vous aussi, il me semble, que vos Écritures inspirées du dieu sont plus pernicieuses pour l'intelligence que nos écrits à nous, et qu'en se fondant sur les vôtres, personne ne peut devenir un homme de noble caractère, ou plutôt qu'il ne saurait pas même devenir un homme honnête, alors qu'en s'appuyant sur les nôtres, tout homme peut s'améliorer, même s'il devait être totalement dépourvu de qualités naturelles. Par contre, quand un homme est naturellement bien doué et a en outre bénéficié de l'éducation véhiculée par nos écrits, il devient sans conteste un don des dieux pour les hommes : qu'il allume le flambeau de la science, qu'il établisse une forme de constitution, qu'il repousse un grand nombre d'ennemis et parcoure maintes terres et

---

1. Voir *I re Épitre aux Corinthiens*, 8, spécialement 8-13.

παρασκευάσατε, κἂν φανῇ τῶν ἀνδραπόδων εἰς ἄνδρα τελέσαντα σπουδαιότερα, ληρεῖν ἐμὲ καὶ μελαγχολᾶν νομίζετε. Εἶτα οὕτως ἐστὲ δυστυχεῖς καὶ ἀνόητοι, ὥστε νομίζειν θείους μὲν ἐκείνους τοὺς λόγους, ὑφ' ὧν οὐδεὶς ἂν γένοιτο φρονιμώτερος οὐδὲ ἀνδρειότερος οὐδ' ἑαυτοῦ κρείττων· ὑφ' ὧν δὲ ἔνεστιν ἀνδρείαν, φρόνησιν, δικαιοσύνην προσλαβεῖν, τούτους ἀποδίδοτε τῷ Σατανᾷ καὶ τοῖς τῷ Σατανᾷ λατρεύουσιν.

Fr. 56
Cyrille, Contre Julien, VII, 233 E

Ἐνισταμένῳ δὲ μετὰ τοῦτο καὶ τὴν ἁγίαν τε καὶ θεόπνευστον κατασκώπτοντι γραφήν, ἐπεί τοι τῇ Ἑβραίων συντέθειται γλώττῃ, φαίη ἄν, οἶμαι, τίς· ἆρ' οὖν, ὦ κράτιστε, συγκαταψέξεις αὐτῇ καὶ τὰς ἑτέρας τῶν γλωσσῶν, αἵπερ ἂν εἶεν τῆς Ἑλλήνων ἐξῳκισμέναι, καὶ ταύταις ἐναριθμήσεις πάντως που τὴν σήν, ἣν δὴ καὶ πεποίησαι περὶ πολλοῦ, τὴν τῶν Αὐσονίων φημί;

Fr. 57
Cyrille, Contre Julien, VII, 235 B

Ἰᾶται ἡμῶν Ἀσκληπιὸς τὰ σώματα, παιδεύουσιν ἡμῶν αἱ Μοῦσαι σὺν Ἀσκληπιῷ καὶ Ἀπόλλωνι καὶ Ἑρμῇ λογίῳ τὰς ψυχάς, Ἄρης δὲ καὶ Ἐνυὼ τὰ πρὸς τὸν πόλεμον συναγωνίζεται, τὰ δὲ εἰς τέχνας Ἥφαιστος ἀποκληροῖ καὶ διανέμει, ταῦτα δὲ πάντα Ἀθηνᾷ μετὰ τοῦ Διὸς παρθένος ἀμήτωρ πρυτανεύει. Σκοπεῖτε οὖν, εἰ μὴ καθ' ἕκαστον τούτων ὑμῶν ἐσμεν κρείττους, λέγω δὲ τὰ περὶ τὰς τέχνας καὶ

maintes mers, il se révèle dans ces activités un homme supérieur. Et plus loin : En voici une preuve manifeste : choisissez parmi tous les vôtres des enfants et faites en sorte qu'ils s'appliquent à l'étude des Écritures ; si une fois arrivés à l'âge d'homme ils se révèlent meilleurs que les esclaves, alors considérez que je raconte des sottises et que je vois tout en noir. Vous êtes misérables et insensés au point de juger divines ces paroles qui ne peuvent rendre personne plus sage, plus courageux, meilleur qu'avant ; mais celles qui permettent d'acquérir courage, sagesse et justice, vous les attribuez à Satan et à ceux qui lui rendent un culte.

## Fr. 56

À cet homme qui renouvelle ses attaques en se moquant de l'Écriture sainte inspirée par Dieu parce qu'elle a été composée dans la langue des Hébreux, on pourrait, je crois, répondre : est-ce que, excellent homme, tu railles pareillement les autres langues qui seraient éloignées du grec ? et tu comptes parmi elles certainement la tienne, langue dont, j'en suis sûr, tu fais grand cas, je veux dire, celle des Italiens ?

## Fr. 57

Asclépios guérit nos corps ; les Muses, avec le concours d'Asclépios, d'Apollon et d'Hermès, le dieu de l'éloquence, éduquent nos âmes ; Arès et Ényô combattent avec nous à la guerre ; Héphaïstos répartit et dirige ce qui a rapport aux arts ; et Athéna, la vierge qui n'est pas née d'une mère, préside à tout cela en union avec Zeus. Voyez donc si nous ne vous sommes pas supérieurs en chacun de ces domaines, je veux parler de ce qui se rapporte aux arts, de la sagesse, de l'intelligence, qu'il s'agisse des arts tournés vers l'utilité ou des arts d'imitation qui visent

σοφίαν καὶ σύνεσιν, εἴτε γὰρ τὰς πρὸς τὴν χρείαν
σκοπήσειας, εἴτε τὰς τοῦ καλοῦ χάριν μιμητικάς,
οἷον ἀγαλματοποιητικήν, γραφικήν, οἰκονομικήν,
ἰατρικὴν τὴν ἐξ Ἀσκληπιοῦ, οὗ πανταχοῦ γῆς ἐστι
χρηστήρια, ἃ δίδωσιν ἡμῖν ὁ θεὸς μεταλαγχάνειν
διηνεκῶς. Ἐμὲ γοῦν ἰάσατο πολλάκις Ἀσκληπιὸς
κάμνοντα ὑπαγορεύσας φάρμακα· καὶ τούτων
μάρτυς ἐστὶ Ζεύς. Εἰ τοίνυν οἱ[1] προσνείμαντες
ἑαυτοὺς τῷ τῆς ἀποστασίας πνεύματι τὰ περὶ ψυχὴν
ἄμεινον ἔχομεν καὶ περὶ σῶμα καὶ τὰ ἐκτός, τίνος
ἕνεκεν ἀφέντες ταῦτα ἐπ' ἐκεῖνα βαδίζετε;

Fr. 58
Cyrille, *Contre Julien*, VII, 238 A

Ἀνθ' ὅτου μηδὲ τοῖς Ἑβραϊκοῖς λόγοις ἐμμένετε
μήτε ἀγαπᾶτε τὸν νόμον, ὃν δέδωκεν ὁ θεὸς ἐκείνοις,
ἀπολιπόντες δὲ τὰ πάτρια καὶ δόντες ἑαυτοὺς οἷς
ἐκήρυξαν οἱ προφῆται, πλέον ἐκείνων ἢ τῶν παρ'
ἡμῖν ἀπέστητε; Τὸ γὰρ ἀληθὲς εἴ τις ὑπὲρ ὑμῶν
ἐθέλοι σκοπεῖν, εὑρήσει τὴν ὑμετέραν ἀσέβειαν
ἔκ τε τῆς Ἰουδαϊκῆς τόλμης καὶ τῆς παρὰ τοῖς
ἔθνεσιν ἀδιαφορίας καὶ χυδαιότητος συγκειμένην.
Ἐξ ἀμφοῖν γὰρ οὔτι τὸ κάλλιστον, ἀλλὰ τὸ χεῖρον
ἑλκύσαντες παρυφὴν κακῶν εἰργάσασθε.

Τοῖς μὲν γὰρ Ἑβραίοις ἀκριβῆ τὰ περὶ θρησκείαν
ἐστὶ νόμιμα καὶ τὰ σεβάσματα, καὶ τὰ φυλάγματα
μυρία καὶ δεόμενα βίου καὶ προαιρέσεως ἱερατικῆς,

---

1. οἱ d'après les manuscrits, et retenu par Kinzig et Brüggemann ;
οὐ, imprimé par Masaracchia, est une conjecture de P. Klimek.

le beau, par exemple la sculpture, la peinture, ainsi que
l'économie domestique, la médecine issue d'Asclépios –
cet Asclépios dont il existe partout sur la terre des oracles,
que le dieu nous donne pour qu'ils soient constamment
à notre disposition. Pour ce qui me concerne en tout
cas, Asclépios m'a souvent guéri quand j'étais malade,
grâce aux remèdes qu'il m'avait prescrits ; Zeus en est
témoin. Si par conséquent nous qui nous sommes livrés
à l'esprit d'apostasie, nous sommes favorisés tant pour
l'âme que pour le corps et les biens extérieurs, pourquoi
abandonnez-vous ces avantages pour suivre la voie qui est
la vôtre ?

## Fr. 58

Pourquoi n'êtes-vous pas non plus fidèles aux
enseignements des Hébreux, et pourquoi n'êtes-vous pas
satisfaits de la loi que le dieu leur a donnée ? Pourquoi,
après avoir abandonné les traditions de vos pères pour
vous rallier à l'enseignement des prophètes, vous êtes-
vous plus éloignés de ces derniers que de nous ? Car si
l'on voulait examiner ce qu'il en est vraiment de vous,
on verrait que votre impiété mêle l'audace des Juifs à
l'indifférence et à la grossièreté des Gentils. Des deux,
vous avez retiré non pas le meilleur mais le pire, et vous
en avez fait un tissu [1] de maux.

Les Hébreux, en effet, ont des dispositions précises
pour le culte et des cérémonies rigoureusement organisées,
ainsi que d'innombrables règles réclamant un mode de
vie et une vocation de prêtre. Or leur législateur a interdit
de servir tous les dieux et imposé de n'en servir qu'un,
celui dont « Jacob est le lot et Israël la part d'héritage » ;

1. Litt. « une broderie ».

ἀπαγορεύσαντος δὲ τοῦ νομοθέτου τὸ πᾶσι μὴ
δουλεύειν τοῖς θεοῖς, ἑνὶ δὲ μόνον, οὗ «μερίς
ἐστιν Ἰακὼβ καὶ σχοίνισμα κληρονομίας Ἰσραήλ»,
οὐ τοῦτο μόνον εἰπόντος, ἀλλὰ γάρ, οἶμαι, καὶ
προσθέντος «οὐ κακολογήσεις θεούς», ἡ τῶν
ἐπιγινομένων βδελυρία τε καὶ τόλμα, βουλομένη
πᾶσαν εὐλάβειαν ἐξελεῖν τοῦ πλήθους, ἀκολουθεῖν
ἐνόμισε τῷ μὴ θεραπεύειν τὸ βλασφημεῖν, ὃ δὴ καὶ
ὑμεῖς ἐντεῦθεν εἱλκύσατε μόνον· ὡς τῶν γε ἄλλων
οὐθὲν ὑμῖν τέ ἐστι κἀκείνοις παραπλήσιον.

Ἀπὸ μὲν οὖν τῆς Ἑβραίων καινοτομίας τὸ
βλασφημεῖν <τοὺς παρ' ἡμῖν> τιμωμένους θεοὺς
ἡρπάσατε, ἀπὸ δὲ τῆς παρ' ἡμῖν θρησκείας τὸ μὲν
εὐσεβὲς καὶ φιλόθεον εὐλαβές τε ὁμοῦ πρὸς ἅπασαν
τὴν κρείττονα φύσιν καὶ τῶν πατρίων ἀγαπητικὸν
ἀπολελοίπατε, μόνον δ' ἐκτήσασθε τὸ πάντα
ἐσθίειν ὡς λάχανα χόρτου. Καὶ εἰ χρὴ τἀληθὲς εἰπεῖν,
ἐπιτεῖναι τὴν παρ' ἡμῖν ἐφιλοτιμήθητε χυδαιότητα.
Τοῦτο δέ, οἶμαι, καὶ μαλ' εἰκότως συμβαίνει·
πᾶσιν <γὰρ> ἔθνεσιν καὶ βίοις ἀνθρώπων ἑτέρων,
καπήλων, τελωνῶν, ὀρχηστῶν ἑτεροτρόπων καὶ
ἁρμόττειν ᾠήθητε χρῆναι τὰ παρ' ὑμῖν.

mais il ne s'en est pas tenu là, je crois qu'il a dit aussi ailleurs : « Tu n'insulteras pas les dieux[1]. » Cependant, l'impudeur et l'audace des générations suivantes, désireuses d'extirper du peuple toute révérence envers les dieux, les ont conduites à juger que l'interdiction qui leur était faite de rendre un culte aux <autres> dieux impliquait qu'on pouvait les insulter[2], et c'est là la seule chose que vous ayez retirée de ces prescriptions ; hormis cela, en effet, il n'y a aucune ressemblance entre vous et eux.

Des innovations des Hébreux vous avez tiré qu'on pouvait insulter[3] les dieux que nous honorons ; mais de notre culte à nous, vous avez rejeté la piété, l'amour des dieux, et la révérence envers toute nature supérieure en même temps que l'affection pour l'héritage de nos pères, et n'avez pris que le droit de vous nourrir de tout « comme de légumes du jardin[4] ». Et s'il faut dire la vérité, vous avez eu pour ambition de renchérir sur notre grossièreté ; ce qui est tout à fait logique, à mon avis, car vous avez cru qu'il fallait adapter votre enseignement à tous les peuples ainsi qu'aux modes de vie des gens de peu, tels les marchands, les publicains, les saltimbanques.

---

1. Successivement *Deutéronome*, 32, 9 et *Exode*, 22, 27 (cette dernière phrase dans une version propre à la Septante).

2. Litt. « blasphémer ».

3. *Cf.* note précédente.

4. Julien se réfère au texte de la *Genèse*, 9, 3, où Dieu s'adresse à Noé après le déluge et lui annonce que les hommes pourront désormais manger de la chair des animaux (vidée de son sang) « comme des légumes du jardin », c'est-à-dire sans autre restriction. L'expression est reprise par Julien ici même, fr. 74, et elle figure aussi dans son ouvrage *Contre les Cyniques ignorants*, 192d.

Fr. 59

Cyrille, *Contre Julien*, VII, 245 A

Ὅτι δὲ οὐχ οἱ νῦν, ἀλλὰ καὶ οἱ ἐξ ἀρχῆς οἱ πρῶτοι παραδεξάμενοι τὸν λόγον παρὰ τοῦ Παύλου τοιοῦτοί τινες γεγόνασιν εὔδηλον ἐξ ὧν αὐτὸς ὁ Παῦλος μαρτυρεῖ πρὸς αὐτοὺς γράφων. Οὐ γὰρ ἦν οὕτως ἀναίσχυντος, οἶμαι, ὡς – μὴ συνειδώς – αὐτοῖς ὀνείδη τοσαῦτα πρὸς αὐτοὺς ἐκείνους ὑπὲρ αὐτῶν γράφειν, ἐξ ὧν, εἰ καὶ ἐπαίνους ἔγραψε τοσούτους αὐτῶν, εἰ καὶ ἀληθεῖς ἐτύγχανον, ἐρυθριᾶν ἦν, εἰ δὲ ψευδεῖς καὶ πεπλασμένοι, καταδύεσθαι φεύγοντα τὸ μετὰ θωπείας λάγνου καὶ ἀνελευθέρου κολακείας ἐντυγχάνειν δοκεῖν. Ἃ δὲ γράφει περὶ τῶν ἀκροασαμένων αὐτοῦ Παῦλος πρὸς αὐτοὺς ἐκείνους, ἐστὶ ταῦτα· « Μὴ πλανᾶσθε· οὔτε εἰδωλολάτραι, οὔτε μοιχοί, οὔτε μαλακοί, οὔτε ἀρσενοκοῖται, οὔτε κλέπται, οὔτε πλεονέκται, οὐ μέθυσοι, οὐ λοίδοροι, οὐχ ἅρπαγες βασιλείαν θεοῦ κληρονομήσουσι. Καὶ ταῦτα οὐκ ἀγνοεῖτε, ἀδελφοί, ὅτι καὶ ὑμεῖς τοιοῦτοι ἦτε· ἀλλ᾽ ἀπελούσασθε, ἀλλ᾽ ἡγιάσθητε ἐν τῷ ὀνόματι Ἰησοῦ Χριστοῦ. » Ὁρᾷς ὅτι καὶ τούτους γενέσθαι φησὶ τοιούτους, ἁγιασθῆναι δὲ καὶ ἀπολούσασθαι, ῥύπτειν ἱκανοῦ καὶ διακαθαίρειν ὕδατος εὐπορήσαντας, ὃ μέχρι ψυχῆς εἰσδύσεται. Καὶ τοῦ μὲν λεπροῦ τὴν λέπραν οὐκ ἀφαιρεῖται τὸ βάπτισμα, οὐδὲ λειχῆνας οὐδὲ ἀλφοὺς οὔτε ἀκροχορδῶνας οὐδὲ ποδάγραν οὐδὲ δυσεντερίαν, οὐχ ὕδερον, οὐ παρωνυχίαν, οὐ μικρόν, οὐ μέγα τῶν τοῦ σώματος ἁμαρτημάτων, μοιχείας δὲ καὶ ἁρπαγὰς καὶ πάσας ἁπλῶς τῆς ψυχῆς παρανομίας ἐξελεῖ;

## Fr. 59

Ce ne sont pas seulement les Galiléens de notre temps qui sont des individus de ce genre mais aussi, dès le début, ceux qui ont été les premiers à recevoir la parole de Paul ; cela ressort avec évidence du témoignage que Paul en personne a apporté dans les écrits qu'il leur a adressés. En effet, s'il n'avait pas eu connaissance de leur conduite, il n'aurait pas été assez impudent, à mon avis, pour leur adresser autant de blâmes ; car même s'il formule aussi de nombreux éloges, ces blâmes avaient de quoi le faire rougir, y compris dans le cas où les éloges se trouvaient être justifiés ; et si les éloges étaient mensongers et controuvés, ces blâmes auraient dû le faire rentrer sous terre pour éviter de donner l'image d'une complaisance dépravée et d'une flatterie servile. Ce que Paul écrit sur ses disciples en s'adressant à eux, c'est : « Ne vous y trompez pas. Ni les idolâtres, ni les adultères, ni les dépravés, ni les invertis, ni les voleurs, ni les cupides, ni les ivrognes, ni les insulteurs, ni les rapaces n'hériteront du royaume de Dieu. Et vous n'ignorez pas, mes frères, que vous étiez vous aussi de ceux-là ; mais vous avez été lavés et vous avez été sanctifiés au nom de Jésus-Christ [1]. » On le voit, il affirme que même ses disciples étaient des gens de cette espèce, mais qu'ils ont été sanctifiés et lavés, parce qu'ils ont bénéficié d'une eau aux vertus détergentes et purifiantes, censée pénétrer jusqu'à l'âme. Le baptême ne débarrasse pas le lépreux de la lèpre, n'enlève ni la dartre ni les pustules ni les verrues ni la goutte ni la dysenterie ni l'hydropisie ni le panaris ni aucune infirmité du corps, qu'elle soit bénigne ou grave, mais il va expulser l'adultère, la rapacité et, en un mot, tous les vices de l'âme ?

---

1. Paul, *I<sup>re</sup> Épître aux Corinthiens*, 6, 9-11.

Fr. 60
Cyrille, *Contre Julien*, VII, 249 C

Περιιστὰς δὲ ὥσπερ εἰς πᾶν τοὐναντίον τῶν καθ' ἡμᾶς
πραγμάτων τὴν φύσιν, τοὺς διὰ πίστεως τῆς ἐν Χριστῷ
σεσαγηνευμένους εἰς ἐπίγνωσιν καὶ λατρείαν τοῦ κατὰ
ἀλήθειαν ὄντος θεοῦ προσεοικέναι φησὶν ἀνδραπόδοις, ἃ τῆς
τῶν δεσποτῶν ἑστίας ἀπαίροντα δεδυσφορηκότα τε λίαν περὶ
τὸν τῆς δουλείας ζυγόν, πρὸς καλοῦ μὲν ἔσεσθαι σφίσιν αὐτοῖς
τὸ ἀποδρᾶναι νομίζουσιν, ἡμαρτηκόσι δὲ τῆς ἐλπίδος οὐδὲν ὧν
ἐσχήκασιν ἐκβῆναι [τὸ] χεῖρον.

Fr. 61
Cyrille, *Contre Julien*, VII, 250 B

Πρόκειται γὰρ αὐτοῖς (scil. Christianis) εἰς ὑπόσχεσιν
τῆς υἱοθεσίας ἡ χάρις, τεύξεσθαι δὲ προσδοκῶσι καὶ τῆς ἐκ
νεκρῶν ἀναστάσεως ἐν Χριστῷ. Ὃ δὴ μάλιστα διαγελᾷ πρὸς
τοῖς ἄλλοις ἅπασιν ὁ τῆς ἀληθείας ἐχθρός, ὥσπερ οὐκ ἐνὸν τῷ
πάντα ἰσχύοντι θεῷ καὶ θανάτου κρείττονα ἀποφῆναι τὸν λόγῳ
φθορᾶς ὑποκείμενον κατὰ ἰδίαν φύσιν.

Fr. 62
Cyrille, *Contre Julien*, VIII, 252 B

Ἐπειδὴ δὲ πρὸς μὲν τοὺς νυνὶ Ἰουδαίους
διαφέρεσθαί φασιν, εἶναι δὲ ἀκριβῶς Ἰσραηλίτας
κατὰ τοὺς προφήτας αὐτῶν, καὶ τῷ Μωσῇ
μάλιστα πείθεσθαι καὶ τοῖς ἀπ' ἐκείνου περὶ
τὴν Ἰουδαίαν ἐπιγενομένοις προφήταις, ἴδωμεν
κατὰ τί μάλιστα αὐτοῖς ὁμολογοῦσιν. Ἀρκτέον
δὲ ἡμῖν ἀπὸ τοῦ Μωσέως, ὃν δὴ καὶ αὐτόν φασι
προκηρύξαι τὴν ἐσομένην Ἰησοῦ γέννησιν.

## Fr. 60

Renversant totalement, pour ainsi dire, ce qu'est réellement notre position, il déclare que ceux qui, à cause de leur foi dans le Christ, ont été pris dans les filets et amenés à reconnaître et à honorer le Dieu véritable ressemblent à des esclaves qui, quittant le foyer de leur maître parce qu'ils ont très mal supporté le joug de l'esclavage, pensent que leur fuite tournera à leur avantage, esclaves qui néanmoins se sont trompés quand ils espéraient qu'il ne leur arriverait rien de pire que leur état antérieur.

## Fr. 61

Aux Chrétiens est offerte comme grâce la promesse d'être adoptés comme des fils, et ils attendent en outre la résurrection des morts dans le Christ [1]. En plus de tous les autres, ce point est tout particulièrement tourné en dérision par notre ennemi de la vérité, comme s'il n'était pas possible au Dieu tout puissant de rendre plus fort que la mort celui qui selon sa nature propre est sujet à la loi de la corruption.

## Fr. 62

Puisque les Galiléens affirment qu'ils se distinguent des Juifs d'aujourd'hui, mais sont rigoureusement Israélites en conformité avec la parole de leurs prophètes, et qu'ils obéissent parfaitement à Moïse et aux prophètes qui lui ont succédé en Judée, voyons en quoi exactement ils sont d'accord avec eux. Nous devons partir de Moïse qui, d'après eux, aurait lui aussi prédit la naissance à venir de Jésus.

1. Même vocabulaire dans le Symbole des Apôtres (ou *Credo*), expression de la foi chrétienne définie par le concile de Nicée en 325 (« J'attends la résurrection des morts »).

Ὁ τοίνυν Μωσῆς οὐχ ἅπαξ οὐδὲ δὶς οὐδὲ τρίς, ἀλλὰ πλειστάκις ἕνα θεὸν μόνον ἀξιοῖ τιμᾶν, ὃν δὴ καὶ ἐπὶ πᾶσιν ὀνομάζει, θεὸν δὲ ἕτερον οὐδαμοῦ, ἀγγέλους δὲ ὀνομάζει καὶ κυρίους καὶ μέντοι καὶ θεοὺς πλείονας, ἐξαίρετον δὲ τὸν πρῶτον, ἄλλον δὲ οὐχ ὑπείληφε δεύτερον οὔτε ὅμοιον οὔτε ἀνόμοιον, καθάπερ ὑμεῖς ἐπεξείργασθε. Εἰ δέ ἐστί που παρ' ὑμῖν ὑπὲρ τούτων μία Μωσέως ῥῆσις, ταύτην ἐστὲ δίκαιοι προφέρειν. Τὸ γὰρ « προφήτην ὑμῖν ἀναστήσει κύριος ὁ θεὸς ἡμῶν ἐκ τῶν ἀδελφῶν ὑμῶν ὡς ἐμέ· αὐτοῦ ἀκούσεσθε » μάλιστα μὲν οὖν οὐκ εἴρηται περὶ τοῦ γεννηθέντος ἐκ Μαρίας. Εἰ δέ τις ὑμῶν ἕνεκα συγχωρήσειεν, ἑαυτῷ φησιν αὐτὸν ὅμοιον γενήσεσθαι καὶ οὐ τῷ θεῷ, προφήτην ὥσπερ ἑαυτὸν καὶ ἐξ ἀνθρώπων, ἀλλ' οὐκ ἐκ θεοῦ. Καὶ τὸ « οὐκ ἐκλείψει ἄρχων ἐξ Ἰούδα οὐδὲ ἡγούμενος ἐκ τῶν μηρῶν αὐτοῦ » μάλιστα μὲν οὐκ εἴρηται περὶ τούτου, ἀλλὰ περὶ τῆς τοῦ Δαβὶδ βασιλείας, ἣ δὴ καταλῆξαι φαίνεται εἰς Σεδεκίαν τὸν βασιλέα. Καὶ δὴ ἡ γραφὴ διπλῶς πως ἔχει « ἕως

Or Moïse a affirmé, non pas une fois ni deux ni trois, mais très souvent, qu'il convenait d'honorer un seul dieu, qu'il appelle le dieu suprême, et nulle part il ne dit d'honorer un autre dieu ; il parle encore d'anges, de seigneurs et aussi de plusieurs dieux, certes, mais il met à part le premier et ne conçoit pas de second dieu, qu'il soit ou non semblable au premier selon les diverses hypothèses que vous avez élaborées[1]. Si par hasard vous avez une seule déclaration de Moïse sur ce sujet, vous devez la produire. La phrase « Le seigneur notre dieu fera se lever pour vous, du milieu de vos frères, un prophète semblable à moi ; et vous l'écouterez[2] » n'a en aucune façon été prononcée au sujet du fils de Marie. Et si pour vous faire plaisir on vous accordait qu'elle se réfère bien à lui, Moïse <, notez-le, > dit que cet homme sera semblable à lui et non au dieu, qu'il sera un prophète comme lui, né des hommes et non d'un dieu. Et les mots « Il ne manquera pas de chef issu de Juda, ni de guide issu de ses cuisses[3] » ne se réfèrent certainement pas au fils de Marie mais à la royauté de David, laquelle d'ailleurs a manifestement cessé avec le roi Sédécias. Et de plus l'Écriture contient

---

1. Les termes ὅμοιον (« semblable ») et ἀνόμοιον (« dissemblable ») font manifestement référence aux controverses entre Chrétiens au sujet de la Trinité, dogme selon lequel il y a un seul Dieu en trois Personnes, le Père, le Fils et l'Esprit Saint. Le concile de Nicée a déclaré le Fils *consubstantiel* au Père (ὁμοούσιον, « de même substance ») ; ce que nient les Ariens (partisans d'Arius), pour qui le Fils ne possède pas la plénitude du Père dont il émane. Mais ceux qui refusent la consubstantialité sont eux-mêmes divisés : pour les uns, le Père et le Fils sont seulement *semblables* ; pour d'autres, ils sont *dissemblables* ; pour d'autres encore ils sont *de substance semblable* (ὁμοιούσιοι).

2. Cette formule reprend celle des *Actes des Apôtres*, 3, 22 (*cf.* 7, 37) ; voir *Deutéronome*, 18, 15.

3. *Genèse*, 49, 10 (trad. M. Harl, *Le Pentateuque d'Alexandrie*, Paris, Le Cerf, 2001).

ἔλθῃ τὰ ἀποκείμενα αὐτῷ», παραπεποιήκατε δὲ
ὑμεῖς «ἕως ἔλθῃ ᾧ ἀπόκειται». Ὅτι δὲ τούτων
οὐδὲν τῷ Ἰησοῦ προσήκει πρόδηλον· οὐδὲ γάρ
ἐστιν ἐξ Ἰούδα. Πῶς γὰρ ὁ καθ' ὑμᾶς οὐκ ἐξ Ἰωσήφ,
ἀλλ' ἐξ ἁγίου πνεύματος γεγονώς; Τὸν Ἰωσὴφ γὰρ
γενεαλογοῦντες εἰς τὸν Ἰούδαν ἀναφέρετε καὶ οὐδὲ
τοῦτο ἐδυνήθητε πλάσαι καλῶς. Ἐλέγχονται γὰρ
Ματθαῖος καὶ Λουκᾶς περὶ τῆς γενεαλογίας αὐτοῦ
διαφωνοῦντες πρὸς ἀλλήλους.

Fr. 63
Cyrille, *Contre Julien*, VIII, 255 E

Οὐ γάρ τοι, καθά φησιν αὐτός, καινοτομοῦντές τι
προσειργάσμεθα καὶ τοῖς διὰ τοῦ πανσόφου Μωσέως
προστεθείκαμεν λόγοις τὸ ἀβασανίστως δοκοῦν, κανόνα δὲ
μᾶλλον καὶ στάθμην τὰ αὐτοῦ πεποιήμεθα.

Fr. 64
Cyrille, *Contre Julien*, VIII, 261 D

Ἀλλὰ περὶ μὲν τούτου μέλλοντες ἐν τῷ
δευτέρῳ συγγράμματι τὸ ἀληθὲς ἀκριβῶς
ἐξετάζειν, ὑπερτιθέμεθα. Συγκεχωρήσθω δὲ καὶ

une sorte d'ambiguïté lorsqu'elle ajoute : « Jusqu'à ce que vienne ce qui est réservé pour lui » ; mais vous avez falsifié la phrase en « Jusqu'à ce que vienne celui pour qui cela est réservé[1] ». Il est clair que rien de tout cela ne convient à Jésus puisqu'il n'est même pas issu de Juda. Comment en effet pourrait-il l'être puisque, selon vous, il n'est pas né de Joseph mais de l'Esprit Saint ? Quand vous faites la généalogie de Joseph, vous le faites remonter à Juda, et sur ce point vous n'avez même pas été capables de produire une fiction plausible. En effet les généalogies de Joseph fournies par Matthieu et par Luc[2] sont invalidées du fait de leur désaccord.

## Fr. 63

Il n'est certainement pas vrai, contrairement à ce que dit Julien, que nous ayons innové et inventé quoi que ce soit, ni ajouté aux paroles du très sage Moïse nos croyances à nous sans les soumettre à l'examen ; nous avons au contraire fait de ses instructions une règle et une norme.

## Fr. 64

Mais puisque nous nous proposons d'examiner de près dans le deuxième livre ce qu'il y a de vrai sur ce point, remettons la chose à plus tard. Admettons qu'il soit

---

1. La première occurrence reprend exactement (avec omission de ἄν) les mots de la Septante, qui forment la fin de la phrase citée précédemment de *Genèse*, 49, 10. La seconde, que Julien déclare falsifiée, correspond à l'interprétation habituelle des premiers auteurs chrétiens et de la tradition ultérieure, qui l'ont appliquée à Jésus-Christ (une formule comparable en grec se trouve dans la Septante, *Ézéchiel*, 21, 32). Ce verset 49, 10 est l'objet de discussions chez les exégètes du texte hébreu et chez ceux du texte grec.

2. *Évangile de Matthieu*, 1, 1-17 ; *Évangile de Luc*, 3, 23-38.

« ἄρχων ἐξ Ἰούδα », οὐ « θεὸς ἐκ θεοῦ » κατὰ τὰ παρ' ὑμῶν λεγόμενα, οὐδὲ « τὰ πάντα δι' αὐτοῦ ἐγένετο καὶ χωρὶς αὐτοῦ ἐγένετο οὐδὲ ἕν. » Ἀλλ' εἴρηται καὶ ἐν τοῖς Ἀριθμοῖς· « Ἀνατελεῖ ἄστρον ἐξ Ἰακὼβ καὶ ἄνθρωπος ἐξ Ἰσραήλ. » Τοῦθ' ὅτι τῷ Δαβὶδ προσήκει καὶ τοῖς ἀπ' ἐκείνου πρόδηλόν ἐστί που· τοῦ γὰρ Ἰεσσαὶ παῖς ἦν ὁ Δαβίδ.

Ὥσπερ οὖν ἐκ τούτων ἐπιχειρεῖτε συμβιβάζειν, ἐπιδείξατε μίαν ἐκεῖθεν ἑλκύσαντες ῥῆσιν, ὅποι ἐγὼ πολλὰς πάνυ. Ὅτι δὲ θεὸν τὸν ἕνα τὸν τοῦ Ἰσραὴλ νενόμικεν ἐν τῷ Δευτερονομίῳ φησίν· « Ὥστε εἰδέναι σε ὅτι κύριος ὁ θεός σου, οὗτος εἷς ἐστι, καὶ οὐκ ἔστιν ἄλλος πλὴν αὐτοῦ. » Καὶ ἔτι πρὸς τούτῳ· « Καὶ ἐπιστραφήσῃ τῇ διανοίᾳ σου ὅτι κύριος ὁ θεός σου, οὗτος θεὸς ἐν τῷ οὐρανῷ ἄνω καὶ ἐπὶ τῆς γῆς κάτω καὶ οὐκ ἔστι πλὴν αὐτοῦ. » Καὶ πάλιν· « Ἄκουε, Ἰσραήλ, κύριος ὁ θεὸς ἡμῶν κύριος εἷς ἐστι. » Καὶ πάλιν· « Ἴδετε ὅτι ἐγώ εἰμι, καὶ οὐκ ἔστι θεὸς πλὴν ἐμοῦ. » Ταῦτα μὲν οὖν ὁ Μωσῆς ἕνα διατεινόμενος μόνον εἶναι θεόν. Ἀλλ' οὗτοι τυχὸν ἐροῦσιν· οὐδὲ ἡμεῖς δύο λέγομεν οὐδὲ τρεῖς. Ἐγὼ δὲ λέγοντας μὲν αὐτοὺς καὶ τοῦτο δείξω, μαρτυρόμενος Ἰωάννην λέγοντα· « Ἐν ἀρχῇ ἦν ὁ λόγος, καὶ ὁ λόγος ἦν πρὸς τὸν θεόν, καὶ θεὸς ἦν ὁ λόγος. » Ὁρᾷς ὅτι πρὸς τὸν θεὸν εἶναι λέγεται· εἴτε ὁ ἐκ Μαρίας γεννηθεὶς εἴτε ἄλλος τίς ἐστιν – ἵν' ὁμοῦ καὶ πρὸς Φωτεινὸν ἀποκρίνωμαι –, διαφέρει τοῦτο νῦν οὐδέν· ἀφίημι δῆτα τὴν μάχην ὑμῖν. Ὅτι μέντοι φησὶ « πρὸς θεὸν »

le « chef issu de Juda[1] », il ne s'ensuit pas qu'il soit « Dieu
né de Dieu[2] », selon votre expression, ni que « tout a été
fait par lui et <que> sans lui rien n'a été fait[3] ». – Mais il
est dit aussi dans les *Nombres* : « Un astre surgira de Jacob
et un homme d'Israël[4]. » – Que cela convienne à David et
à sa descendance, c'est évident, je pense ; car David était
fils de Jessé.

Si vous entreprenez de tirer des conclusions à partir
de ces écrits, extrayez-en une seule parole et montrez-
la-moi : j'en aurai un très grand nombre à lui opposer.
Moïse a reconnu comme seul dieu celui d'Israël, il le
dit dans le *Deutéronome* : « Pour que tu saches que le
seigneur ton dieu est le dieu unique, et qu'il n'y en a pas
d'autre en dehors de lui. » Et encore : « Tu considéreras
attentivement que le seigneur ton dieu est dieu là-haut
dans le ciel et ici-bas sur la terre, et qu'il n'y en a pas en
dehors de lui. » Et aussi : « Écoute, Israël, le seigneur notre
dieu est l'unique seigneur[5]. » Et de nouveau : « Voyez que
moi, je suis, et qu'il n'y a pas de dieu en dehors de moi[6]. »
Voilà les mots de Moïse soutenant fermement qu'il n'y
a qu'un seul dieu. Mais ils diront peut-être : nous ne
prétendons pas non plus qu'il y en ait deux ou qu'il y en
ait trois. Or, je montrerai qu'ils disent cela aussi, et j'en
prends à témoin Jean qui affirme : « Au commencement
était le Verbe, et le Verbe était avec le dieu, et le Verbe était

1. Cf. *supra*, fr. 62.
2. Formule issue du *Credo*.
3. *Évangile de Jean*, 1, 3.
4. *Nombres*, 24, 17.
5. Successivement : *Deutéronome*, 4, 35 ; 4, 39 ; 6, 4.
6. *Deutéronome*, 32, 39. « Moi, je suis » (ἐγώ εἰμι dans la Septante)
correspond à une expression hébraïque (mot à mot : « moi, moi, lui »)
intraduisible et évoquant le nom divin (selon la note de l'édition du
*Pentateuque* citée ci-dessus note 3, p. 149).

καὶ « ἐν ἀρχῇ », τοῦτο ἀπόχρη μαρτύρασθαι. Πῶς οὖν ὁμολογεῖ ταῦτα τοῖς Μωσέως;

Ἀλλὰ τοῖς Ἡσαΐου, φησίν, ὁμολογεῖ. Λέγει γὰρ Ἡσαΐας· « Ἰδοὺ ἡ παρθένος ἐν γαστρὶ ἕξει καὶ τέξεται υἱόν. » Ἔστω δὴ καὶ τοῦτο λεγόμενον ὑπὲρ Ἰησοῦ, καίτοι μηδαμῶς εἰρημένον· οὐ γὰρ ἦν παρθένος ἡ γεγαμημένη καὶ πρὶν ἀποκυῆσαι συγκατακλιθεῖσα τῷ γήμαντι. Δεδόσθω δὲ λέγεσθαι περὶ τούτου. Μή τι θεόν φησιν ἐκ τῆς παρθένου τεχθήσεσθαι; Θεοτόκον δὲ ὑμεῖς οὐ παύεσθε Μαρίαν καλοῦντες, εἰ μή πού φησι τὸν ἐκ τῆς παρθένου γεννώμενον « υἱὸν θεοῦ μονογενῆ » καὶ « πρωτότοκον πάσης κτίσεως »; Ἀλλὰ τὸ λεγόμενον ὑπὸ Ἰωάννου « πάντα δι' αὐτοῦ ἐγένετο καὶ χωρὶς αὐτοῦ ἐγένετο οὐδὲ ἕν » ἔχει τις ἐν ταῖς προφητικαῖς

dieu [1]. » Il est dit, on le voit, qu'il était avec le dieu. Qu'il
s'agisse du fils de Marie ou de quelqu'un d'autre – pour
répondre en même temps à Photin [2] – cela n'a pour le
moment aucune importance ; je vous laisse le soin d'en
débattre. Mais le fait qu'il dise « près de dieu » et « au
commencement » constitue un témoignage suffisant.
Comment cela s'accorde-t-il avec ce que dit Moïse ?

Mais, objecte-t-on, cela s'accorde avec les paroles
d'Isaïe. Car Isaïe annonce : « Voici que la vierge concevra
et enfantera un fils [3]. » Admettons même que ces paroles
se réfèrent à Jésus, bien que, à la lettre, elles ne le disent
pas, car elle n'était pas vierge, cette femme qui était
mariée et avait couché avec son mari avant d'enfanter.
Accordons pourtant que cette phrase se réfère à lui : est-
ce que pour autant elle affirme que c'est un dieu qui naîtra
de la vierge ? Vous ne cessez d'appeler Marie « mère de
dieu [4] », même si Isaïe n'appelle nulle part l'enfant né
de la vierge « fils unique de dieu [5] » ni « premier-né de
toute création [6] » ? Pour ce qui est de l'énoncé de Jean
selon lequel « tout a été fait par lui et sans lui rien n'a
été fait », quelqu'un peut-il montrer qu'il figure dans

1. *Évangile de Jean*, 1, 1.

2. Évêque de Sirmium, condamné pour hérésie dans plusieurs
conciles parce qu'il contestait la nature divine de Jésus ; voir Socrate,
*Histoire ecclésiastique*, II, 18, 7 ; II, 29. On a conservé une lettre que
Julien lui a adressée (*Lettre 90*).

3. *Isaïe*, 7, 14.

4. La qualité de Mère de Dieu (θεοτόκος) accordée à Marie, la
mère de Jésus, a été l'objet de controverses dès le IVe siècle. Ce n'est
qu'au concile œcuménique d'Éphèse, en 431, que cette qualité lui a été
définitivement reconnue. Cyrille d'Alexandrie, l'auteur de notre *Contre
Julien*, a été l'un des protagonistes de ce concile mouvementé.

5. *Évangile de Jean*, 3, 18.

6. Paul, *Épître aux Colossiens*, 1, 15.

δεῖξαι φωναῖς; Ἃ δὲ ἡμεῖς δείκνυμεν, ἐξ αὐτῶν
ἐκείνων ἑξῆς ἀκούετε· « Κύριε ὁ θεὸς ἡμῶν, κτῆσαι
ἡμᾶς, ἐκτὸς σοῦ ἄλλον οὐκ οἴδαμεν. » Πεποίηται
δὲ παρ' αὐτῶν καὶ Ἐζεκίας ὁ βασιλεὺς εὐχόμενος·
« Κύριε ὁ θεὸς Ἰσραήλ, ὁ καθήμενος ἐπὶ τῶν
Χερουβίμ, σὺ εἶ ὁ θεὸς μόνος. » Μή τι τῷ δευτέρῳ
καταλείπει χώραν;

Fr. 65
Cyrille, *Contre Julien*, VIII, 276 E

Ἀλλ' εἰ « θεός », φησὶν Ἰουλιανός, « ἐκ θεοῦ »
καθ' ὑμᾶς ὁ λόγος ἐστὶ καὶ « τῆς οὐσίας ἐξέφυ τοῦ
πατρός », θεοτόκον ὑμεῖς ἀνθ' ὅτου τὴν παρθένον
εἶναί φατε; Πῶς γὰρ ἂν τέκοι θεὸν ἄνθρωπος οὖσα
καθ' ὑμᾶς[1]; Καὶ πρός γε τούτῳ λέγοντος ἐναργῶς
θεοῦ « Ἐγώ εἰμι » καὶ « Οὐκ ἔστι πάρεξ ἐμοῦ σῴζων »,
ὑμεῖς σωτῆρα τὸν ἐξ αὐτῆς εἰπεῖν τετολμήκατε;

Fr. 66
Cyrille, *Contre Julien*, IX, 289 A

… σπουδῆς ἀξιοῖ τῆς προὐργιαιτάτης τὸ χρῆναι δὴ
πάντως ἄγονον μὲν τὴν τοῦ θεοῦ καὶ πατρὸς ἀποφῆναι φύσιν,
ἀνυπόστατον δὲ τὸν ἐξ αὐτοῦ πεφηνότα κατὰ ἀλήθειαν υἱόν…

---

1. ὑμᾶς est une conjecture de Neumann. Masaracchia imprime
ἡμᾶς (« nous ») en suivant le texte des manuscrits.

les paroles des prophètes ? Par contre, ce que je suis en train de montrer, cela vous pouvez l'écouter sans tarder de la bouche de ces mêmes prophètes : « Seigneur notre dieu, prends possession de nous, nous ne connaissons pas d'autre dieu que toi[1]. » Et quand le roi Ézéchias priait, ils lui ont fait dire : « Seigneur dieu d'Israël, toi qui sièges au-dessus des chérubins, tu es le seul dieu[2]. » Reste-t-il alors une place pour le deuxième dieu ?

### Fr. 65

Mais, dit Julien, si d'après vous le Verbe est « dieu né de dieu » et s'il « a procédé de la substance du père[3] », pourquoi dites-vous que la vierge est mère de dieu ? Comment en effet peut-elle enfanter un dieu, elle qui, selon vous, est un être humain ? En outre, alors que le dieu dit clairement « Moi, je suis[4] » et « Il n'est pas de sauveur en dehors de moi[5] », vous avez l'audace d'appeler sauveur le fils de cette femme ?

### Fr. 66

… il estime d'une extrême importance la nécessité d'affirmer que la nature du Dieu Père est totalement stérile et que le Fils, né de lui en vérité, n'existe pas…

---

1. *Isaïe*, 26, 13.
2. *Isaïe*, 37, 16.
3. Formules issues du *Credo*.
4. *Cf.* fragment précédent et note 6, p. 153.
5. *Osée*, 13, 4.

Fr. 67

Cyrille, *Contre Julien*, IX, 290 A

Ὅτι δὲ Μωσῆς ὀνομάζει θεοὺς τοὺς ἀγγέλους ἐκ τῶν ἐκείνου λόγων ἀκούσατε· «Ἰδόντες δὲ οἱ υἱοὶ τοῦ θεοῦ τὰς θυγατέρας τῶν ἀνθρώπων ὅτι καλαί εἰσιν, ἔλαβον ἑαυτοῖς γυναῖκας ἀπὸ πασῶν, ὧν ἐξελέξαντο.» Καὶ μικρὸν ὑποβάς· «Καὶ μετ' ἐκεῖνο, ὡς ἂν εἰσεπορεύοντο οἱ υἱοὶ τοῦ θεοῦ πρὸς τὰς θυγατέρας τῶν ἀνθρώπων, καὶ ἐγεννῶσαν ἑαυτοῖς· ἐκεῖνοι ἦσαν οἱ γίγαντες οἱ ἀπ' αἰῶνος οἱ ὀνομαστοί.» Ὅτι τοίνυν τοὺς ἀγγέλους φησὶν εὔδηλόν ἐστι καὶ ἔξωθεν οὐ προσπαρακείμενον, ἀλλὰ καὶ δῆλον ἐκ τοῦ φάναι οὐκ ἀνθρώπους, ἀλλὰ γίγαντας γεγονέναι παρ' ἐκείνων. Δῆλον γὰρ ὡς, εἴπερ ἀνθρώπους ἐνόμιζεν αὐτῶν εἶναι τοὺς πατέρας, ἀλλὰ μὴ κρείττονος καὶ ἰσχυροτέρας τινὸς φύσεως, οὐκ ἂν ἀπ' αὐτῶν εἶπε γεννηθῆναι τοὺς γίγαντας· ἐκ γὰρ θνητοῦ καὶ ἀθανάτου μίξεως ἀποφήνασθαί μοι δοκεῖ τὸ τῶν γιγάντων ὑποστῆναι γένος. Ὁ δὴ πολλοὺς υἱοὺς ὀνομάζων θεοῦ, καὶ τούτους οὐκ ἀνθρώπους, ἀγγέλους δέ, τὸν μονογενῆ λόγον θεὸν ἢ υἱὸν θεοῦ ἢ ὅπως ἂν αὐτὸν καλῆτε, εἴπερ ἐγίνωσκεν, οὐκ ἂν εἰς ἀνθρώπους ἐμήνυσεν; Ὅτι δὲ οὐ μέγα τοῦτο ἐνόμιζεν ὑπὲρ τοῦ Ἰσραήλ φησιν· «Υἱὸς πρωτότοκός μου Ἰσραήλ»; Τί οὐχὶ καὶ περὶ τοῦ Ἰησοῦ ταῦτ' ἔφη Μωσῆς; Ἕνα καὶ μόνον ἐδίδασκε θεόν, υἱοὺς δὲ αὐτοῦ πολλοὺς τοὺς κατανειμαμένους τὰ ἔθνη. Πρωτότοκον δὲ υἱὸν ἢ θεὸν λόγον ἤ τι τῶν ὑφ' ὑμῶν ὕστερον ψευδῶς

## Fr. 67

Apprenez, d'après les propres mots de Moïse, qu'il appelle les anges « dieux » : « Quand les fils du dieu virent que les filles des hommes étaient belles, ils prirent des femmes parmi toutes celles qu'ils avaient choisies[1]. » Et un peu plus loin : « Après quoi, quand les fils du dieu s'approchèrent des filles des hommes, ils engendrèrent des enfants pour eux-mêmes ; c'étaient là les géants, ces êtres fameux depuis les temps anciens[2]. » Il est manifeste qu'il parle des anges[3] et que ce n'est pas une addition étrangère, mais cela ressort clairement du fait qu'il dise qu'ils n'ont pas engendré des hommes mais des géants. Cela est clair en effet parce que, s'il avait pensé que leurs pères étaient des hommes et non des êtres d'une nature supérieure et plus puissante, il n'aurait pas dit qu'ils avaient engendré des géants. Moïse a bien indiqué, il me semble, que la race des géants est issue d'un mélange de mortel et d'immortel. Celui qui parle de nombreux fils de dieu et les appelle non pas hommes mais anges, n'aurait-il pas révélé aux hommes, s'il l'avait su, que le Verbe fils unique est dieu, ou fils de dieu, ou encore autre chose, quel que soit le nom que vous lui donnez ? Est-ce parce qu'il jugeait cela peu important qu'il dit d'Israël : « Mon fils premier-né, Israël[4] » ? Pourquoi Moïse ne l'a-t-il pas dit de Jésus également ? Il enseignait qu'il y a un seul et unique dieu, que d'autre part il a de nombreux fils qui se sont partagé les nations. Mais d'un fils premier-

1. *Genèse*, 6, 2.
2. *Genèse*, 6, 4.
3. Cette assimilation des fils du dieu à des anges, qui figure notamment dans *I Hénoch*, VI-VII, se retrouve chez la plupart des premiers écrivains ecclésiastiques.
4. *Exode*, 4, 22.

συντεθέντων οὔτε ᾔδει κατ' ἀρχὴν οὔτε ἐδίδασκε
φανερῶς.

Αὐτοῦ τε Μωσέως καὶ τῶν ἄλλων ἐπακούσατε
προφητῶν. Ὁ οὖν Μωσῆς πολλὰ τοιαῦτα καὶ
πανταχοῦ λέγει· « Κύριον τὸν θεόν σου φοβηθήσῃ
καὶ αὐτῷ μόνῳ λατρεύσεις.» Πῶς οὖν ὁ Ἰησοῦς
ἐν τοῖς εὐαγγελίοις παραδέδοται προστάττων·
« Πορευθέντες μαθητεύσατε πάντα τὰ ἔθνη,
βαπτίζοντες αὐτοὺς εἰς τὸ ὄνομα τοῦ πατρὸς καὶ
τοῦ υἱοῦ καὶ τοῦ ἁγίου πνεύματος », εἴπερ καὶ αὐτῷ
<μόνῳ> λατρεύειν ἔμελλον; Ἀκόλουθα δὲ τούτοις
καὶ ὑμεῖς διανοούμενοι μετὰ τοῦ πατρὸς θεολογεῖτε
τὸν υἱόν. Θηρᾶται μὲν οὖν καὶ ἐν σπουδῇ ποιεῖται πολλῇ τὸ
πολυμαθὴς εἶναι δοκεῖν καὶ τό γε τῶν παρ' ἡμῖν δογμάτων
ἀληθῆ καὶ ἐξητασμένην συνειλοχέναι τὴν γνῶσιν.

Fr. 68
Cyrille, *Contre Julien*, IX, 295 E

Ἐπειδὴ δὲ διαμέμνηται καὶ ἀγγέλων ὁ κράτιστος Ἰουλιανὸς
καὶ ἀκρασίας εἰς τοῦτο καθικέσθαι φησὶν αὐτούς, ὡς καὶ
γυναίων ὥραις, οὐκ οἶδ' ὅπως, ἐπιπηδᾶν καὶ ταῖς τῶν σωμάτων
ἐπιθυμίαις πρὸς τὰς παρὰ φύσιν αὐτοῖς ἡδονὰς σεσαγηνεῦσθαι
δεινῶς, ἔξω δὴ παντὸς ἰόντα σκοποῦ φέρε κἂν τούτῳ
δεικνύωμεν.

Fr. 69
Cyrille, *Contre Julien*, IX, 298 A

Οἴεταί γε μὴν κατ' οὐδένα τρόπον αὐτῷ (scil. τῷ Μωσῇ)
συνενηνεγμένους (scil. τοὺς Χριστιανούς) ἤγουν τὰ ἴσα φρονεῖν
ἐθέλοντας διελέγξαι δύνασθαι, καίτοι πεφλυαρηκὼς εἰκῇ

né, ou du Verbe dieu, ou d'une des inventions que vous avez mensongèrement ajoutées après coup, il ne savait absolument rien, et il est manifeste qu'il n'a rien enseigné de tel.

Écoutez Moïse lui-même et les autres prophètes. Or Moïse s'exprime abondamment et partout de la manière suivante : « Tu craindras le seigneur ton dieu et lui seul tu serviras[1]. » Comment alors les Évangiles peuvent-ils nous présenter Jésus donnant ce commandement : « Allez et enseignez tous les peuples, baptisez-les au nom du père, du fils et du saint-esprit[2] », s'ils doivent servir le dieu et lui seul ? C'est parce que vos pensées se fondent sur ces commandements que vous associez le fils à la divinité du père. Il cherche avec beaucoup de zèle à passer pour érudit, et à amasser sur nos dogmes une somme de connaissances vraies et approfondies.

## Fr. 68

Puisque l'excellent Julien mentionne aussi les anges et que, d'après lui, ils en sont venus à un tel degré d'intempérance qu'ils se sont jetés, je ne sais comment, sur des beautés féminines et que leurs désirs physiques les ont cruellement emprisonnés dans les filets des plaisirs contraires à leur nature, eh bien, montrons que sur ce point aussi il manque totalement son but.

## Fr. 69

Julien pense pouvoir montrer qu'en aucune manière les Chrétiens ne s'accordent avec Moïse ni ne consentent à penser comme lui ; mais il ne fait en réalité que se livrer à des bavardages

---

1. *Deutéronome*, 6, 13 ; 10, 20.
2. *Évangile de Matthieu*, 28, 19.

πλείστους τε ὅσους ἡμῶν καταχέας λόγους· οὐ γάρ τοι, φησί, τοῖς Μωσέως νόμοις ὁμολογεῖν τὰ Χριστιανῶν οὔτε μὴν τοῖς Ἰουδαίων ἔθεσι διαζῆν ἀξιοῦν, καίτοι τῶν παρ' Ἕλλησιν αὐτοῖς συμπεφωνηκότων. Ἔθεσι γὰρ καὶ νόμοις οὐχ ἑτέροις μᾶλλον, ἀλλὰ τοῖς αὐτοῖς κεχρῆσθαί φησι τούτους τε κἀκείνους, πλὴν δύο που μόλις ἢ τριῶν, τοῦ μὴ εἰδέναι θεοὺς ἑτέρους καὶ τῆς παρ' αὐτοῖς ἡπατοσκοπικῆς ὠνομασμένης θυσίας τὸ χρῆμα, ἐπεὶ τά γε ἕτερα κοινὰ καὶ ἀπαραλλάκτως ἔχειν ἀμφοῖν διατείνεται· παρὰ μὲν γὰρ τοῖς Ἰουδαίοις ἄριστον ἡ περιτομή· Αἰγυπτίων δὲ τοὺς ἱερωτέρους τῶν τεμενιτῶν καὶ πρός γε τούτοις Χαλδαίους καὶ Σαρακηνοὺς οὐκ ἀπαράδεκτον ποιεῖσθαί φησιν αὐτήν. Τετιμῆσθαι δὲ καὶ τῶν θυσιῶν τοὺς τρόπους ἐν ἴσῳ φησίν, οἷον ἀπαρχάς, ὁλοκαυτισμούς, ὁμολογίας, χαριστήρια καί, κατά γε τὸ αὐτῷ δοκοῦν, τιμητήρια, καθαρισμοὺς καὶ ὑπὲρ ἁγνείας. Ἀπολεξάμενος γὰρ τῶν Μωσέως γραμμάτων τὰ τῶν θυσιῶν ὀνόματα, τοῖς ἰδίοις ἐνίησι λόγοις, ὑπέρ γε τοῦ δοκεῖν ἴσως ἀπολυπραγμόνητον αὐτῷ τῶν καθ' ἡμᾶς μὴ μεῖναι μηδέν.

## Fr. 70
### Cyrille, *Contre Julien*, IX, 298 D

Οὐκοῦν κἂν εἰ πλείστας ἡμῖν τὰς χρήσεις ἐκ τῆς θεοπνεύστου γραφῆς παρατίθησιν, ἀλλ' οὖν ἴστω συνιεὶς οὐδέν. Καὶ γοῦν τὸν ἱεροφάντην ᾠήθη Μωσέα μιαροῖς καὶ ἀποτροπαίοις δαίμοσι θυσίας ἐπιτελεῖν, καὶ τὸ ἔτι τούτου ἀφορητότερον, αὐτὸν ἔφη τὸν νομοθέτην ἐφεῖναί οἱ τοῦτο δρᾶν, ἵν' αὐτὸς ἑαυτῷ τἀναντία θεσμοθετῶν ἁλίσκηται πρὸς ἡμῶν. Ἔφη μὲν γάρ· « Ὁ θυσιάζων θεοῖς ἑτέροις ἐξολοθρευθήσεται, πλὴν κυρίῳ μόνῳ. » Εἰ δέ, καθά φησιν αὐτός, ὁρᾶται προστεταχὼς καὶ ἀποτροπαίοις δαίμοσι καθιεροῦν τὰ νενομισμένα, τίνα τρόπον ἡμᾶς ἐξίστησι τοῦ

sans suite et déverser en abondance des formules empruntées à notre doctrine. La conduite des Chrétiens, dit-il, ne se conforme assurément pas aux lois de Moïse et ils ne croient pas juste de régler leur vie selon les coutumes des Juifs, même si ces dernières se rencontrent avec celles des Grecs. En effet, selon lui, les coutumes et les lois en usage chez les uns et chez les autres ne sont pas différentes, ce sont les mêmes, excepté à peine deux ou trois points : par exemple, les premiers ne reconnaissent pas d'autres dieux et les seconds pratiquent le sacrifice appelé inspection du foie ; mais le reste, il maintient qu'il est rigoureusement commun aux deux. Ainsi chez les Juifs la circoncision est une pratique hautement honorée. Les plus sacrés des prêtres égyptiens, et avec eux les Chaldéens et les Sarrasins, dit-il, l'admettent eux aussi. Il affirme encore que les uns et les autres respectent également les diverses formes de sacrifice, telles que l'offrande des prémices, les holocaustes, ainsi que les sacrifices liés à des vœux et à des actions de grâce et, du moins selon son opinion, les sacrifices d'honneur [1], les purifications et les rites d'expiation. Ayant collecté les noms des sacrifices tels qu'ils figurent dans les écrits de Moïse, il les a introduits dans son propre exposé, pour ne pas donner l'impression, sans doute, de négliger quoi que ce soit de ce qui nous concerne.

## Fr. 70

Julien a beau citer un grand nombre de nos oracles tirés de l'Écriture inspirée par Dieu, qu'il sache bien qu'il ne comprend rien. Il a cru que l'hiérophante [2] Moïse accomplissait des sacrifices aux divinités impures et apotropaïques [3] et, chose encore plus intolérable, il prétend que le législateur s'est lui-même donné cette

---

1. Le terme τιμητήρια, employé ici par Julien, apparaît en *Mère des dieux*, 176d et 177a mais ne se retrouve nulle part ailleurs.

2. Voir ci-dessus note 1, p. 107.

3. Qui détourne les mauvaises influences.

κακοῦ καὶ οὐχὶ δὲ μᾶλλον αὐτὸς ταῖς εἰς τοῦτο σαφῶς ἐφίστησι
τρίβοις; Ὁποῖος δὲ πάλιν αὐτῷ τῆς κατὰ θεοῦ συκοφαντίας
πεποίηται λόγος ἰδεῖν ἀναγκαῖον. Ἔφη γὰρ τοὺς τῶν θυσιῶν
ἀναμετρῆσαι τρόπους.

Ὑπὲρ δὲ ἀποτροπαίων ἐπάκουσον πάλιν ὅσα
λέγει· « Καὶ λήψεται δύο τράγους ἐξ αἰγῶν περὶ
ἁμαρτίας καὶ κριὸν ἕνα εἰς ὁλοκαύτωμα. Καὶ
προσάξει ὁ Ἀαρὼν τὸν μόσχον τὸν περὶ τῆς
ἁμαρτίας τὸν περὶ ἑαυτοῦ καὶ ἐξιλάσεται περὶ αὐτοῦ
καὶ τοῦ οἴκου αὐτοῦ. Καὶ λήψεται τοὺς δύο τράγους
καὶ στήσει αὐτοὺς ἔναντι κυρίου παρὰ τὴν θύραν
τῆς σκηνῆς τοῦ μαρτυρίου. Καὶ ἐπιθήσει Ἀαρὼν ἐπὶ
τοὺς δύο τράγους κλῆρον ἕνα τῷ κυρίῳ καὶ κλῆρον
ἕνα τῷ ἀποπομπαίῳ », ὥστε ἐκπέμψαι αὐτὸν, φησίν,
ἀποπομπὴν ἀφεῖναι αὐτὸν εἰς τὴν ἔρημον. Ὁ μὲν οὖν
τῷ ἀποπομπαίῳ πεμπόμενος οὕτως ἐκπέμπεται, τὸν
δέ γε ἕτερον τράγον φησί· « Καὶ σφάξει τὸν τράγον
τὸν περὶ τῆς ἁμαρτίας τοῦ λαοῦ ἔναντι κυρίου,
καὶ εἰσοίσει τοῦ αἵματος αὐτοῦ ἐσώτερον τοῦ
καταπετάσματος, καὶ ῥανεῖ τὸ αἷμα ἐπὶ τὴν βάσιν
τοῦ θυσιαστηρίου, καὶ ἐξιλάσεται ἐπὶ τῶν ἁγίων
ἀπὸ τῶν ἀκαθαρσιῶν τῶν υἱῶν Ἰσραὴλ καὶ ἀπὸ
τῶν ἀδικημάτων αὐτῶν περὶ πασῶν τῶν ἁμαρτιῶν
αὐτῶν. » Ἀποτρόπαιον μὲν οὖν τὸν ἀποπομπαῖον ἀποκαλεῖ
καινοτομήσας ὄνομα τοῖς μὲν ἱεροῖς νόμοις οὐκ ἐγνωσμένον,
ἐντριβὲς δὲ ἴσως ἑαυτῷ.

permission ; et Julien affirme cela pour que nous puissions prendre Moïse sur le fait en train de se contredire dans sa législation. Car ce dernier a bien déclaré : « Celui qui offre des sacrifices à d'autres dieux sera anéanti, mais non celui qui en offre au seul Seigneur [1]. » Mais, demande Julien, si on s'aperçoit que Moïse a ordonné d'offrir aussi des sacrifices rituels aux divinités apotropaïques, comment peut-il nous arracher au mal ? Ne nous invite-t-il pas plutôt lui-même clairement à emprunter la voie qui y conduit ? Il est donc nécessaire d'examiner quelle nouvelle espèce de calomnies contre Dieu Julien a rédigées. Il a dit en effet que Moïse a passé en revue les différents modes de sacrifice.

Pour ce qui est des divinités apotropaïques, écoute encore une fois ce que Moïse dit à leur sujet : « Il prendra deux boucs parmi les caprins pour expier la faute et un bélier pour un holocauste. Aaron offrira le veau prévu pour lui-même en sacrifice pour sa faute, et il fera le rite d'apaisement pour lui et pour sa maison. Il prendra les deux boucs et les placera devant le seigneur à la porte de la tente du témoignage. Et Aaron tirera au sort les deux boucs, l'un pour le seigneur, l'autre pour la divinité qui éloigne les maux [2]. » Ainsi, ajoute-t-il, on chasse ce dernier comme moyen pour éloigner les maux [3] et on le laisse partir dans le désert. Voilà donc comment on chasse au dehors le bouc envoyé à celui qui éloigne les maux ; et pour l'autre bouc, voici ce qu'il dit : « Il égorgera le bouc destiné au sacrifice pour la faute du peuple devant le seigneur, et il portera de son sang derrière le voile, et il en aspergera le pied de l'autel, et il fera le rite d'apaisement

---

1. *Exode*, 22, 19.
2. *Lévitique*, 16, 5-9. La phrase suivante, hors guillemets, relève du même passage mais avec des différences importantes.
3. Traduction conjecturale d'un texte syntaxiquement peu clair.

Fr. 71
Cyrille, *Contre Julien*, IX, 305 A

Ὡς μὲν οὖν, φησί, τοὺς τῶν θυσιῶν ἠπίστατο
τρόπους Μωσῆς εὔδηλόν ἐστί που διὰ τῶν ῥηθέντων.
Ὅτι δὲ οὐχ ὡς ὑμεῖς ἀκάθαρτα αὐτὰ ἐνόμισεν εἶναι
πάλιν ἐκ τῶν ἐκείνου ῥημάτων ἐπακούσατε· « Ἡ δὲ
ψυχή, ἥτις ἐὰν φάγῃ ἀπὸ τῶν κρεῶν τῆς θυσίας τοῦ
σωτηρίου, ὅ ἐστι κυρίου, καὶ ἡ ἀκαθαρσία αὐτοῦ ἐπ᾽
αὐτῷ, ἀπολεῖται ἡ ψυχὴ ἐκείνη ἐκ τοῦ λαοῦ αὐτῆς. »
Αὐτὸς οὕτως εὐλαβὴς ὁ Μωσῆς περὶ τὴν τῶν ἱερῶν
ἐδωδήν.

Fr. 72
Cyrille, *Contre Julien*, IX, 305 D

Προσήκει δὴ λοιπὸν ἀναμνησθῆναι τῶν
ἔμπροσθεν, ὧν ἕνεκεν ἐρρήθη καὶ ταῦτα. Διὰ τί γὰρ
ἀποστάντες ἡμῶν οὐχὶ τὸν τῶν Ἰουδαίων ἀγαπᾶτε
νόμον οὐδὲ ἐμμένετε τοῖς ὑπ᾽ ἐκείνου λεγομένοις;
Ἐρεῖ πάντως τις ὀξὺ βλέπων· οὐδὲ γὰρ Ἰουδαῖοι
θύουσιν. Ἀλλ᾽ ἔγωγε αὐτὸν ἀμβλυώττοντα δεινῶς
ἀπελέγξω, πρῶτον μὲν ὅτι μηδὲ τῶν ἄλλων τι τῶν
παρὰ τοῖς Ἰουδαίοις νενομισμένων ἐστὶ καὶ ὑμῖν ἐν
φυλακῇ· δεύτερον δὲ ὅτι θύουσι μὲν ἐν ἀδράκτοις
Ἰουδαῖοι καὶ νῦν ἔτι πάντα ἐσθίουσιν ἱερὰ καὶ
κατεύχονται πρὸ τοῦ θῦσαι καὶ τὸν δεξιὸν ὦμον
διδόασιν ἀπαρχὰς τοῖς ἱερεῦσιν, ἀπεστερημένοι
δὲ τοῦ ναοῦ καὶ τοῦ θυσιαστηρίου ἤ, ὡς αὐτοῖς
ἔθος λέγειν, τοῦ ἁγιάσματος, ἀπαρχὰς τῷ θεῷ
τῶν ἱερείων εἴργονται προσφέρειν. Ὑμεῖς δὲ οἱ τὴν

sur le sanctuaire pour les impuretés des fils d'Israël et les injustices commises dans toutes leurs fautes[1]. » Julien appelle « apotropaïque » (*apotropaios*) celui qui éloigne les maux (*apopompaios*), introduisant un terme ignoré par les saintes Lois, mais qui sans doute lui est familier.

### Fr. 71

Moïse, dit Julien, connaissait donc les différents types de sacrifices, cela ressort clairement, je pense, de ce qui vient d'être dit. Pour autant, comme ses propres paroles le montrent, il ne pensait pas comme vous que c'étaient là des choses impures ; écoutez encore : « Si quelqu'un mange de la viande du sacrifice du salut, qui appartient au seigneur, et qu'il soit en état d'impureté, celui-là périra et sera rejeté de son peuple[2]. » C'est dire à quel point Moïse en personne était attentif à la question de la consommation des viandes sacrées.

### Fr. 72

Il convient maintenant de rappeler ce qui a été mentionné précédemment et qui a motivé ce que je viens de dire. Pourquoi en effet, après nous avoir abandonnés, n'êtes-vous pas satisfaits de la loi des Juifs et ne restez-vous pas fidèles aux paroles de Moïse ? Quelqu'un dira sûrement, fort de sa clairvoyance : les Juifs eux non plus n'offrent pas de sacrifices. Mais je prouverai, moi, que ce quelqu'un est terriblement myope et qu'il se trompe. Je vous ferai remarquer d'abord que vous n'observez non plus aucune autre coutume juive ; en second lieu, que

1. D'après *Lévitique*, 16, 15-16.
2. *Lévitique*, 7, 20.

καινὴν θυσίαν εὑρόντες, οὐδέν, οἶμαι, δεόμενοι
τῆς Ἰερουσαλήμ, ἀντὶ τίνος οὐ θύετε; Καίτοι τοῦτο
μὲν ἐγὼ πρὸς ὑμᾶς ἐκ περιουσίας εἶπον, ἐπεί μοι
τὴν ἀρχὴν ἐρρήθη βουλομένῳ δεῖξαι τοῖς ἔθνεσιν
ὁμολογοῦντας Ἰουδαίους ἔξω τοῦ νομίζειν ἕνα
θεὸν μόνον. Ἐκεῖνο γὰρ αὐτῶν μὲν ἴδιον, ἡμῶν δὲ
ἀλλότριον, ἐπεὶ τά γε ἄλλα κοινά πως ἡμῖν ἐστι, ναοί,
τεμένη, θυσιαστήρια, ἁγνεῖαι, φυλάγματά τινα, περὶ
ὧν ἢ τὸ παράπαν οὐδαμῶς ἢ μικρὰ διαφερόμεθα
πρὸς ἀλλήλους.

Fr. 73
Cyrille, *Contre Julien*, IX, 314 A

Οἱ μὲν γάρ, φησίν, ἑνὶ μόνῳ λατρεύουσι θεῷ, οἱ δὲ
καὶ πλείους εἶναί φασιν. Τῆς ἐν ἀμφοῖν δόξης ἡμαρτηκέναι
νομίζει τὰ καθ' ἡμᾶς διά τοι μήτε θεοὺς προσίεσθαι πολλούς,
μήτε μὴν ἕνα κατὰ τὸν νόμον, τρεῖς δέ γε μὴν ἀνθ' ἑνὸς
ὁμολογεῖν. Ὠιήθη γὰρ ἴσως τὴν ἁγίαν τε καὶ ὁμοούσιον
τριάδα, ἤτοι τὴν τῆς μιᾶς θεότητος φύσιν, εἰς τρεῖς πρὸς ἡμῶν
διατέμνεσθαι θεούς.

les Juifs offrent des sacrifices chez eux, qu'aujourd'hui encore ils mangent de tous les aliments consacrés, prient avant les sacrifices, donnent aux prêtres l'épaule droite en guise de prémices, mais que, privés qu'ils sont du temple et de l'autel du sacrifice ou, comme ils ont coutume de dire, de leur sanctuaire, ils sont dans l'impossibilité d'apporter les prémices des offrandes au dieu.

Mais vous qui avez inventé un nouveau genre de sacrifice et n'avez pas besoin, il me semble, de Jérusalem, pourquoi ne sacrifiez-vous pas? À vrai dire, c'est une question superflue puisque j'y ai répondu au début, quand je cherchais à montrer que les Juifs s'accordent avec les nations, sauf qu'ils ne reconnaissent qu'un seul dieu. Cette croyance en effet leur appartient en propre et nous est étrangère, alors que le reste nous est d'une certaine manière commun : temples, enceintes sacrées, autels, purifications, ainsi que divers préceptes sur lesquels nous ne différons en rien les uns des autres, ou alors faiblement.

## Fr. 73

Car les uns, dit-il, rendent un culte à un seul dieu, alors que les autres affirment qu'il y a plusieurs dieux. Il juge que nos croyances s'écartent de l'opinion des uns et des autres, puisque nous n'accepterions ni la multiplicité des dieux ni, conformément à la Loi, l'existence d'un seul dieu, mais que nous en reconnaitrions trois au lieu d'un. C'est qu'il croyait probablement que la Trinité sainte et consubstantielle, c'est-à-dire la vraie nature de l'unique divinité, nous la divisons en trois dieux.

Fr. 74
Cyrille, *Contre Julien*, IX, 314 B

Ἀνθ' ὅτου περὶ τὴν δίαιταν οὐχὶ τοῖς Ἰουδαίοις ὁμοίως ἐστὲ καθαροί, πάντα δὲ ἐσθίειν ὡς λάχανα χόρτου δεῖν φατε Πέτρῳ πιστεύσαντες ὅτι, φησίν, εἶπεν ἐκεῖνος· « Ἃ ὁ θεὸς ἐκαθάρισε, σὺ μὴ κοίνου »; Τί τούτου τεκμήριον ὅτι πάλαι μὲν ἄττα ἐνόμιζεν ὁ θεὸς μιαρά, νυνὶ δὲ καθαρὰ πεποίηκεν αὐτά; Μωσῆς μὲν γὰρ ἐπὶ τῶν τετραπόδων ἐπισημαινόμενος πᾶν τὸ διχηλοῦν φησιν ὁπλὴν καὶ ἀναμαρυκίζον μαρυκισμὸν καθαρὸν εἶναι, τὸ δὲ μὴ τοιοῦτον ἀκάθαρτον εἶναι. Εἰ μὲν οὖν ὁ χοῖρος ἀπὸ τῆς φαντασίας Πέτρου νῦν προσέλαβε τὸ μαρυκᾶσθαι, πεισθῶμεν αὐτῷ· τεράστιον γὰρ ὡς ἀληθῶς, εἰ μετὰ τὴν φαντασίαν Πέτρου προσέλαβεν αὐτό. Εἰ δὲ ἐκεῖνος ἐψεύσατο ταύτην ἑωρακέναι, ἵν' εἴπω καθ' ὑμᾶς, τὴν ἀποκάλυψιν ἐπὶ τοῦ βυρσοδεψίου, τί ἐπὶ τηλικούτων οὕτω ταχέως πιστεύσομεν; Τί γὰρ ὑμῖν ἐπέταξε τῶν χαλεπῶν, εἰ ἀπηγόρευσεν ἐσθίειν πρὸς τοῖς ὑείοις τά τε πτηνὰ καὶ τὰ θαλάττια, ἀποφηνάμενος ὑπὸ τοῦ θεοῦ καὶ ταῦτα πρὸς ἐκείνοις ἐκβεβλῆσθαι καὶ ἀκάθαρτα πεφηνέναι;

## Fr. 74

Dans votre régime alimentaire, pourquoi ne vous conformez-vous pas aux critères de pureté des Juifs et dites-vous qu'on doit se nourrir de tout « comme de légumes du jardin[1] », en vous fiant à Pierre parce que, est-il dit, ce dernier a affirmé : « Ce que le dieu a purifié, toi ne le regarde pas comme impur[2] » ? Quelle preuve y a-t-il que les choses tenues autrefois par le dieu pour impures, il les ait rendues pures aujourd'hui ? Car quand Moïse signifie sa volonté sur les quadrupèdes, il déclare purs tous ceux qui ont le sabot fendu et ruminent, et impurs les autres. Si maintenant le porc, d'après la vision de Pierre, s'est mis à ruminer, obéissons à Pierre ; car c'est un vrai miracle s'il a acquis ce caractère après la vision de Pierre. Mais si ce dernier a menti en affirmant avoir eu cette « révélation » – pour reprendre votre terme – dans la tannerie, pourquoi en des matières aussi graves sommes-nous si pressés de le croire ? Qu'a donc de pénible le commandement de Moïse quand il vous a interdit de manger, en plus des porcs, les bêtes ailées et les animaux marins, déclarant que le dieu les avait rejetés eux aussi et réputés impurs ?

---

1. *Cf.* fragment 58.
2. *Actes des Apôtres*, 10, 15. Julien se réfère à la vision que Pierre a eue alors qu'il logeait chez le tanneur Simon et attendait le repas. En extase, il voit des aliments réputés impurs qu'une voix lui demande de manger. Devant le refus de Pierre, la voix prononce la phrase citée par Julien.

Fr. 75

Cyrille, *Contre Julien*, IX, 319 C

Ἀλλὰ τί ταῦτα ἐγὼ μακρολογῶ λεγόμενα παρ' αὐτῶν, ἐξὸν ἰδεῖν εἴ τινα ἰσχὺν ἔχει; Λέγουσι γὰρ τὸν θεὸν ἐπὶ τῷ προτέρῳ νόμῳ θεῖναι τὸν δεύτερον. Ἐκεῖνον μὲν γὰρ γενέσθαι πρὸς καιρὸν περιγεγραμμένον χρόνοις ὡρισμένοις, ὕστερον δὲ τοῦτον ἀναφανῆναι διὰ τὸ τὸν Μωσέως χρόνῳ τε καὶ τόπῳ περιγεγράφθαι. Τοῦτο ὅτι ψευδῶς λέγουσιν ἀποδείξω σαφῶς, ἐκ μὲν τῶν Μωσέως οὐ δέκα μόνας, ἀλλὰ μυρίας παρεχόμενος μαρτυρίας, ὅπου τὸν νόμον αἰώνιόν φησι. Ἀκούετε δὲ νῦν ἀπὸ τῆς Ἐξόδου· « Καὶ ἔσται ἡ ἡμέρα αὕτη ὑμῖν μνημόσυνον. Καὶ ἑορτάσατε αὐτὴν ἑορτὴν κυρίῳ εἰς τὰς γενεὰς ὑμῶν. Νόμιμον αἰώνιον ἑορτάσατε αὐτήν. Ἑπτὰ ἡμέρας ἄζυμα ἔδεσθε. Ἀπὸ δὲ τῆς ἡμέρας τῆς πρώτης ἀφανιεῖτε ζύμην ἐκ τῶν οἰκιῶν ὑμῶν. »

Χρήσεις δὲ τούτοις ἐπισωρεύσας ἑτέρας αἰώνιόν τε τὸν νόμον διὰ πασῶν ἐπιδείξας ὠνομασμένον – χρῆναι γὰρ οἶμαι μακροτέρας τὸν λόγον ἀπαλλάξαι περιόδου – ἐπιφέρει πάλιν· Πολλῶν ἔτι τοιούτων παραλελειμμένων, ἀφ' ὧν τὸν νόμον τοῦ Μωσέως αἰώνιον ἐγὼ μὲν εἰπεῖν διὰ τὸ πλῆθος παρῃτησάμην, ὑμεῖς δὲ ἐπιδείξατε ποῦ εἴρηται τὸ παρὰ τοῦ Παύλου μετὰ τοῦτο τολμηθέν, ὅτι δὴ « τέλος νόμου Χριστός », ποῦ τοῖς Ἑβραίοις ὁ θεὸς ἐπηγγείλατο νόμον ἕτερον παρὰ τὸν κείμενον – οὐκ ἔστιν οὐδαμοῦ –, οὐδὲ τοῦ κειμένου διόρθωσιν. Ἄκουε γὰρ τοῦ Μωσέως πάλιν · « Οὐ προσθήσετε ἐπὶ τὸ ῥῆμα, ὃ ἐγὼ ἐντέλλομαι ὑμῖν, καὶ οὐκ ἀφελεῖτε ἀπ' αὐτοῦ. Φυλάξεσθε τὰς ἐντολὰς

## Fr. 75

Mais pourquoi commenter longuement ce qu'ils disent, puisqu'il est possible de voir directement si leurs propos ont la moindre force? Ils affirment en effet qu'après la première loi, le dieu en a donné une seconde. La première, d'après eux, est née en vue d'une situation déterminée et pour une période limitée, la seconde a été révélée parce que celle de Moïse était circonscrite dans le temps et dans l'espace. Je montrerai clairement que cette assertion est fausse, avec pour preuve non seulement dix mais des milliers de passages de Moïse dans lesquels il affirme l'éternité de la Loi. Écoutez par exemple cet extrait de l'*Exode* : « Ce jour sera pour vous un mémorial; vous le fêterez comme fête pour le seigneur, de génération en génération. Comme une règle éternelle fêtez-le. Durant sept jours mangez des azymes. Dès le premier jour, vous ferez disparaître le levain de vos maisons [1]. »

Julien entasse d'autres citations sur celles-ci et montre que, dans toutes, la Loi est qualifiée d'éternelle – j'abrège car il faut éviter, je pense, que mon propos prenne trop d'ampleur – puis il ajoute : J'ai omis beaucoup d'autres passages du même genre établissant que la loi de Moïse est éternelle; j'ai refusé de les citer en raison de leur grand nombre, mais vous, montrez-moi où <chez Moïse> on trouve ce mot que Paul a osé proférer par la suite : « Le Christ est la fin de la Loi [2] »; montrez-moi où le dieu a annoncé aux Hébreux une seconde loi en plus de celle qui était établie : on n'en trouve nulle part la trace, pas plus que celle d'une correction de la loi établie. Écoute encore Moïse : « Vous n'ajouterez rien au commandement

1. *Exode*, 12, 14-15.
2. Paul, *Épître aux Romains*, 10, 4.

κυρίου τοῦ θεοῦ ὑμῶν, ὅσα ἐγὼ ἐντέλλομαι ὑμῖν
σήμερον » καὶ « ἐπικατάρατος πᾶς ὃς οὐκ ἐμμένει
πᾶσιν. » Ὑμεῖς δὲ τὸ μὲν ἀφελεῖν καὶ προσθεῖναι
τοῖς γεγραμμένοις ἐν τῷ νόμῳ μικρὸν ἐνομίσατε,
τὸ δὲ παραβῆναι τελείως αὐτὸν ἀνδρειότερον τῷ
παντὶ καὶ μεγαλοψυχότερον, οὐ πρὸς ἀλήθειαν,
ἀλλ' εἰς τὸ πᾶσι πιθανὸν βλέποντες. Ὠιήθη μὲν οὖν,
ὡς ἔφην, ἡμᾶς, καίτοι πρεσβεύοντας τἀληθῆ, βατταρίζειν εἰκῇ
ἢ τάχα που πανούργοις κεχρῆσθαι κομψοεπείαις οὐκ ὄντος
πνευματικοῦ τοῦ νόμου· πειρᾶσθαι δὲ μεθιστᾶν ἐφ' ἕτερα τῶν
ἐν αὐτῷ γεγραμμένων τὸν νοῦν, ἵνα τὴν ἐπὶ ταῖς παραβάσεσιν
ἀποσκευασώμεθα γραφήν.

## Fr. 76
### Cyrille, *Contre Julien*, IX, 324 C

Ὁ δὲ οὐκ οἶδ' ὅ τι παθών, ἀποδέχεται τὰ Ἰουδαίων,
καταψέγει δὲ πάλιν αὐτούς ὡς τῶν μὲν ἄλλων ἁπάντων
ἀπηρτημένους, ἀλογώτατα δὲ τὸ θύειν ὀκνοῦντας, καίτοι,
φησίν, Ἡλίου τεθυκότος ἐν τῷ Καρμηλίῳ καὶ οὐκ ἐν τῇ ἁγίᾳ
πόλει, φημὶ δὴ τῇ Ἰερουσαλήμ.

## Fr. 77
### Cyrille, *Contre Julien*, IX, 324 E

Διαμέμνηται δὲ καὶ τῆς τῶν ἁγίων ἀποστόλων ἐπιστολῆς, ἣν
γεγράφασιν οἰκονομικῶς μονονουχὶ καὶ ἀρτιθαλῆ τὴν διάνοιαν
ἔχουσι τοῖς ἐξ ἐθνῶν κεκλημένοις. « Ἔδοξε γάρ », ἔφασκον, « τῷ
ἁγίῳ πνεύματι καὶ ἡμῖν μηδὲν πλέον ἐπιτίθεσθαι ὑμῖν βάρος
πλὴν <τούτων> τῶν ἐπάναγκες, ἀποσχέσθαι ὑμᾶς εἰδωλοθύτου
καὶ πορνείας καὶ πνικτοῦ καὶ αἵματος. » Ἐπισημαίνεται δὲ καί

que je vous donne et vous n'en retrancherez rien. Vous observerez les commandements du seigneur votre dieu, tous ceux que je vous donne aujourd'hui[1] » ; et aussi : « Maudit soit tout homme qui ne reste pas fidèle à tous ces commandements[2]. » Mais vous, vous avez pensé que retrancher et ajouter à ce qui est écrit dans la Loi n'avait pas grande importance, et que la transgression complète de la Loi est de toute manière plus courageuse et plus noble, parce que vous ne regardez pas à la vérité mais à ce que tout le monde est prêt à croire. Julien pense donc, comme je l'ai dit, que, malgré notre respect pour la vérité, nous papotons à tort et à travers ; ou peut-être que nous nous sommes adroitement servis de jolies formules parce que la Loi ne serait pas inspirée par Dieu, et que nous nous efforçons de donner un autre sens à ce qui est écrit dans la Loi pour échapper à l'accusation de la violer.

### Fr. 76

Sous l'effet de je ne sais quelle maladie, Julien accueille favorablement les enseignements des Juifs, mais il renouvelle ses blâmes contre eux en affirmant que, à la différence de tous les autres, ils hésitent de façon tout à fait illogique à offrir des sacrifices, bien que, dit-il, Élie ait pratiqué des sacrifices sur le mont Carmel[3] et non dans la ville sainte, je veux dire à Jérusalem.

### Fr. 77

Julien mentionne aussi la lettre que les saints Apôtres ont écrite, de manière en quelque sorte providentielle, à ceux des Gentils qui ont reçu l'appel et dont l'intelligence venait d'éclore : « Il nous a

1. *Deutéronome*, 4, 2.
2. *Deutéronome*, 27, 26.
3. *I<sup>er</sup> Livre des Rois*, 18, 19 *sq.*

φησιν ὡς οὐκ ἔδοξεν ἐν τούτοις τῷ ἁγίῳ πνεύματι τὸν Μωσέως χρῆναι παραλύεσθαι νόμον. Ἔδοξε γάρ, εἰπέ μοι, τὸ χρῆναι τηρεῖν, καὶ τοῦτο προστέταχε;

Fr. 78
Cyrille, *Contre Julien*, IX, 325 C

Κατασκώπτει δὲ πρὸς τούτοις τὸν τῶν ἁγίων ἀποστόλων ἔκκριτον Πέτρον ὁ γεννάδας καὶ ὑποκριτὴν εἶναί φησι καὶ ἐληλέγχθαι διὰ τοῦ Παύλου, ὥς ποτε μὲν τοῖς Ἑλλήνων ἔθεσι διαζῆν σπουδάζοντα, ποτὲ δὲ τοῖς Ἰουδαίων...

Fr. 79
Cyrille, *Contre Julien*, X, 326 A

Οὕτω δέ ἐστε δυστυχεῖς, ὥστε οὐδὲ τοῖς ὑπὸ τῶν ἀποστόλων ὑμῖν παραδεδομένοις ἐμμεμενήκατε· καὶ ταῦτα δὲ ἐπὶ τὸ χεῖρον καὶ δυσσεβέστερον ὑπὸ τῶν ἐπιγινομένων ἐξειργάσθη. Τὸν γοῦν Ἰησοῦν οὔτε Παῦλος ἐτόλμησεν εἰπεῖν θεὸν οὔτε Ματθαῖος οὔτε Λουκᾶς οὔτε Μάρκος. Ἀλλ' ὁ χρηστὸς Ἰωάννης, αἰσθόμενος ἤδη πολὺ πλῆθος ἑαλωκὸς ἐν πολλαῖς τῶν Ἑλληνίδων καὶ Ἰταλιωτίδων πόλεων ὑπὸ ταύτης τῆς νόσου, ἀκούων δέ, οἶμαι, καὶ τὰ μνήματα Πέτρου καὶ Παύλου λάθρα μέν, ἀκούων δὲ ὅμως αὐτὰ θεραπευόμενα, πρῶτος ἐτόλμησεν εἰπεῖν. Μικρὰ δὲ εἰπὼν περὶ Ἰωάννου τοῦ βαπτιστοῦ, πάλιν ἐπανάγων ἐπὶ τὸν ὑπ' αὐτοῦ κηρυττόμενον λόγον· « Καὶ ὁ λόγος », φησί, « σὰρξ ἐγένετο καὶ ἐσκήνωσεν ἐν ἡμῖν », τὸ δὲ ὅπως λέγειν αἰσχυνόμενος. Οὐδαμοῦ δὲ αὐτὸν οὔτε Ἰησοῦν οὔτε Χριστόν,

paru bon », disaient-ils, « à l'Esprit Saint et à nous, de ne pas vous imposer de charges plus lourdes que celles-ci, qui sont nécessaires : vous abstenir des viandes immolées aux idoles, de la fornication, des animaux morts par étouffement, et du sang[1]. » Interprétant ce passage, Julien nie que l'Esprit Saint, par ces mots, jugeait nécessaire que la loi de Moïse fût abolie. Mais, dis-moi, voulait-il qu'il fût nécessaire de la préserver, et que c'est cela qu'il a commandé ?

## Fr. 78

Le noble Julien se moque en outre de Pierre, qui est loin d'être le moindre des saints Apôtres, et l'accuse d'être hypocrite et d'avoir été convaincu d'erreur par Paul, parce qu'il s'appliquait à vivre tantôt selon les coutumes des Grecs, tantôt selon celles des Juifs…

## Fr. 79

Vous êtes à ce point misérables que vous n'êtes pas même restés fidèles aux enseignements que les Apôtres vous ont légués ; ceux qui sont venus après eux ont détérioré ces enseignements en accentuant leur impiété. En tout cas, pour ce qui est de Jésus, ni Paul ni Matthieu ni Luc ni Marc n'ont osé l'appeler dieu. Mais c'est ce brave Jean, qui s'était rendu compte qu'un grand nombre de gens, dans beaucoup de villes grecques et italiennes, avaient contracté cette maladie, et qui par ailleurs entendait, je pense, que les tombeaux de Pierre et de Paul étaient l'objet d'un culte – d'un culte secret, mais il en entendait parler malgré tout – c'est Jean, dis-je, qui a été le premier à oser l'appeler dieu. Et après avoir brièvement parlé de Jean-Baptiste, il revient au Verbe dont il se fait le

1. *Actes des Apôtres*, 15, 28-29.

ἄχρις οὗ θεὸν καὶ λόγον ἀποκαλεῖ, κλέπτων δὲ
ὥσπερ ἠρέμα καὶ λάθρᾳ τὰς ἀκοὰς ἡμῶν, Ἰωάννην
φησὶ τὸν βαπτιστὴν ὑπὲρ Χριστοῦ Ἰησοῦ ταύτην
ἐκθέσθαι τὴν μαρτυρίαν, ὅτι ἄρα οὗτός ἐστιν ὃν χρὴ
πεπιστευκέναι θεὸν εἶναι λόγον.

Fr. 80
Cyrille, *Contre Julien*, X, 333 B

Ἀλλ᾽ ὅτι μὲν τοῦτο περὶ Ἰησοῦ Χριστοῦ φησιν
Ἰωάννης οὐδὲ αὐτὸς ἀντιλέγω, καίτοι δοκεῖ τισι
τῶν δυσσεβῶν ἄλλον μὲν Ἰησοῦν εἶναι Χριστόν,
ἄλλον δὲ τὸν ὑπὸ Ἰωάννου κηρυττόμενον λόγον.
Οὐ μὴν οὕτως ἔχει. Ὃν γὰρ αὐτὸς εἶναί φησι θεὸν
λόγον, τοῦτον ὑπὸ Ἰωάννου φησὶν ἐπιγνωσθῆναι
τοῦ βαπτιστοῦ Χριστὸν Ἰησοῦν ὄντα. Σκοπεῖτε οὖν
ὅπως εὐλαβῶς, ἠρέμα καὶ λεληθότως ἐπεισάγει τῷ
δράματι τὸν κολοφῶνα τῆς ἀσεβείας οὕτω τέ ἐστι
πανοῦργος καὶ ἀπατεών, ὥστε αὖθις ἀναδύεται
προστιθείς· « Θεὸν οὐδεὶς ἑώρακε πώποτε· ὁ
μονογενὴς υἱός, ὁ ὢν ἐν τοῖς κόλποις τοῦ πατρός,
ἐκεῖνος ἐξηγήσατο. » Πότερον οὖν οὗτός ἐστιν ὁ
θεὸς λόγος σὰρξ γενόμενος, ὁ μονογενὴς υἱός, ὁ
ὢν ἐν τοῖς κόλποις τοῦ πατρός; Καὶ εἰ μὲν αὐτός,
ὅνπερ οἶμαι, ἐθεάσασθε δήπουθεν καὶ ὑμεῖς θεόν.
« Ἐσκήνωσε γὰρ ἐν ὑμῖν καὶ ἐθεάσασθε τὴν δόξαν
αὐτοῦ. » Τί οὖν ἐπιλέγεις ὅτι θεὸν οὐδεὶς ἑώρακε
πώποτε; Ἐθεάσασθε γὰρ ὑμεῖς εἰ καὶ μὴ τὸν πατέρα
θεόν, ἀλλὰ τὸν θεὸν λόγον. Εἰ δὲ ἄλλος ἐστὶν ὁ
μονογενὴς θεός, ἕτερος δὲ ὁ θεὸς λόγος, ὡς ἐγώ

héraut : « Et le Verbe, dit-il, s'est fait chair et il a résidé parmi nous [1] » ; mais il n'a pas l'impudence de préciser de quelle manière. Nulle part cependant il ne lui donne le nom de Jésus ni de Christ aussi longtemps qu'il l'appelle Dieu et Verbe, mais s'emparant par surprise de nos oreilles, tout tranquillement, dirais-je, et de manière sournoise, il affirme que Jean-Baptiste a apporté sur le Christ Jésus le témoignage suivant : c'est bien cet homme dont il faut croire qu'il est le Dieu Verbe [2].

## Fr. 80

Que Jean ait affirmé cela de Jésus-Christ, je ne le conteste pas pour ma part, bien que certains mécréants pensent que Jésus-Christ et le Verbe annoncé par Jean soient deux êtres distincts. Mais il n'en est pas ainsi, car celui que lui affirme être le dieu Verbe, il déclare que Jean-Baptiste l'a reconnu en Jésus-Christ. Voyez donc avec quel soin, quelle tranquillité d'esprit et quelle dissimulation il introduit dans le drame le couronnement de l'impiété ; et combien il est pervers et fourbe pour aussitôt se dérober en ajoutant : « Dieu, personne ne l'a jamais vu ; c'est le fils unique, lui qui est dans le sein du père, qui l'a fait connaître [3] ». Est-ce donc celui-ci, le fils unique qui est dans le sein du père, qui est le dieu Verbe devenu chair ? Et s'il l'est, comme je le pense, vous avez sans doute contemplé le dieu vous aussi ; car « il a résidé parmi vous et vous avez contemplé sa gloire [4]. » Pourquoi

---

1. *Évangile de Jean*, 1, 14.
2. Julien fait allusion à la suite de l'*Évangile de Jean* (1, 15 et 34 ; 3, 27 *sq.*) où la divinité de Jésus est indirectement affirmée.
3. *Évangile de Jean*, 1, 18.
4. *Évangile de Jean*, 1, 14, avec substitution de « vous » à « nous ».

τινων ἀκήκοα τῆς ὑμετέρας αἱρέσεως, ἔοικεν οὐδὲ ὁ Ἰωάννης αὐτὸ τολμᾶν ἔτι.

Fr. 81
Cyrille, *Contre Julien*, X, 335 A

Ἀλλὰ τοῦτο μὲν τὸ κακὸν ἔλαβε παρὰ Ἰωάννου τὴν ἀρχήν· ὅσα δὲ ὑμεῖς ἑξῆς προσευρήκατε, πολλοὺς ἐπεισάγοντες τῷ πάλαι νεκρῷ τοὺς προσφάτους νεκρούς, τίς ἂν πρὸς ἀξίαν βδελύξηται; Πάντα ἐπληρώσατε τάφων καὶ μνημάτων, καίτοι οὐκ εἴρηται παρ' ὑμῖν οὐδαμοῦ τοῖς τάφοις προσκαλινδεῖσθαι καὶ περιέπειν αὐτούς. Εἰς τοῦτο δὲ προεληλύθατε μοχθηρίας, ὥστε οἴεσθαι δεῖν ὑπὲρ τούτου μηδὲ τῶν γε Ἰησοῦ τοῦ Ναζωραίου ῥημάτων ἀκούειν. Ἀκούετε οὖν ἃ φησιν ἐκεῖνος περὶ τῶν μνημάτων· « Οὐαὶ ὑμῖν, γραμματεῖς καὶ Φαρισαῖοι ὑποκριταί, ὅτι παρομοιάζετε τάφοις κεκονιαμένοις· ἔξωθεν ὁ τάφος φαίνεται ὡραῖος, ἔσωθεν δὲ γέμει ὀστέων νεκρῶν καὶ πάσης ἀκαθαρσίας. » Εἰ τοίνυν ἀκαθαρσίας ἔφη Ἰησοῦς εἶναι πλήρεις τοὺς τάφους, πῶς ὑμεῖς ἐπ' αὐτῶν ἐπικαλεῖσθε τὸν θεόν; Προσεπάγει δὲ τούτοις ὅτι μαθητοῦ τινος λέγοντος· « Κύριε, ἐπίτρεψόν μοι πρῶτον ἀπελθεῖν καὶ θάψαι τὸν πατέρα μοῦ », αὐτὸς ἔφη· « Ἀκολούθει μοι καὶ ἄφες τοὺς νεκροὺς θάπτειν τοὺς ἑαυτῶν νεκρούς. »

alors ajoutes-tu que personne n'a jamais vu dieu? À défaut de dieu le père, vous avez en effet vu le dieu Verbe. Mais l'hypothèse que le dieu fils unique ne soit pas le même que le dieu Verbe, comme je l'ai entendu dire à certains membres de votre secte, il ne semble pas que Jean ait l'audace de l'entériner.

### Fr. 81

Ce mal a trouvé son origine chez Jean; quant à tout ce que vous avez inventé par la suite, en ajoutant au cadavre de jadis une multitude de cadavres récents[1], à qui cela inspirera-t-il l'horreur que la chose mérite? Vous avez rempli la terre entière de sépultures et de tombeaux, alors que nulle part dans votre doctrine il n'est prescrit de hanter les sépultures et de les traiter avec honneur. Vous en êtes arrivés à ce degré de perversion que sur ce point, d'après vous, il ne faut pas même écouter les paroles de Jésus le Nazôréen. Écoutez donc ce qu'il dit, lui, à propos des tombeaux : « Malheur à vous, scribes et pharisiens hypocrites, car vous êtes semblables à des sépulcres blanchis : au dehors le sépulcre a belle apparence, mais à l'intérieur il est rempli d'ossements de cadavres et de pourriture de toute sorte[2]. » Si donc Jésus disait que les sépulcres sont pleins de pourriture, comment pouvez-vous invoquer le dieu sur eux? Julien ajoute après cela que, lorsqu'un disciple lui dit : « Seigneur, permets-moi d'aller d'abord ensevelir mon père », Jésus lui répondit : « Suis-moi, et laisse les cadavres ensevelir leurs cadavres[3]. »

---

1. Voir fr. 43 *in fine* et note 1, p. 121, ainsi que fr. 47 et note 1, p. 125. Les « cadavres récents » sont ceux des martyrs.

2. *Évangile de Matthieu*, 23, 27.

3. *Évangile de Matthieu*, 8, 21.

Fr. 82
Cyrille, *Contre Julien*, X, 339 E

Τούτων οὖν οὕτως ἐχόντων, ὑμεῖς ὑπὲρ τίνος
προσκαλινδεῖσθε τοῖς μνήμασι; Ἀκοῦσαι βούλεσθε
τὴν αἰτίαν; Οὐκ ἐγὼ φαίην ἄν, ἀλλ᾽ Ἡσαΐας ὁ
προφήτης· «Ἐν τοῖς μνήμασι καὶ ἐν τοῖς σπηλαίοις
κοιμῶνται δι᾽ ἐνύπνια.» Σκοπεῖτε οὖν ὅπως
παλαιὸν ἦν τοῦτο τοῖς Ἰουδαίοις τῆς μαγγανείας τὸ
ἔργον, ἐγκαθεύδειν τοῖς μνήμασιν ἐνυπνίων χάριν.
Ὁ δὴ καὶ τοὺς ἀποστόλους ὑμῶν εἰκός ἐστι μετὰ τὴν
τοῦ διδασκάλου τελευτὴν ἐπιτηδεύσαντας ὑμῖν τε
ἐξ ἀρχῆς παραδοῦναι τοῖς πρώτοις πεπιστευκόσι
καὶ τεχνικώτερον ὑμῶν αὐτοὺς μαγγανεῦσαι, τοῖς
δὲ μεθ᾽ ἑαυτοὺς ἀποδεῖξαι δημοσίᾳ τῆς μαγγανείας
ταύτης καὶ βδελυρίας τὰ ἐργαστήρια.

Fr. 83
Cyrille, *Contre Julien*, X, 343 C

Ὑμεῖς δέ, ἃ μὲν ὁ θεὸς ἐξ ἀρχῆς ἐβδελύξατο
καὶ διὰ Μωσέως καὶ τῶν προφητῶν, ἐπιτηδεύετε,
προσάγειν δὲ ἱερεῖα βωμῷ καὶ θύειν παρῃτήσασθε.
Πῦρ γάρ φησιν οὐ κάτεισιν ὥσπερ ἐπὶ Μωσέως ἐξ
οὐρανοῦ τὰς θυσίας ἀναλίσκον. Ἅπαξ τοῦτο ἐπὶ
Μωσέως ἐγένετο καὶ ἐπὶ Ἠλίου τοῦ Θεσβίτου πάλιν
μετὰ πολλοὺς χρόνους. Ἐπεί, ὅτι γε πῦρ ἐπείσακτον
αὐτὸς ὁ Μωσῆς εἰσφέρειν οἴεται χρῆναι καὶ Ἀβραὰμ
ὁ πατριάρχης ἔτι πρὸ τούτου δηλώσω διὰ βραχέων.
Ἀπομνημονεύσας δὲ τῆς ἐπί γε τῷ Ἰσαὰκ ἱστορίας, δέχεται
πάλιν εἰς παράδειγμα τοὺς ἀμφὶ τὸν Ἄβελ καὶ δὴ καί φησιν ὡς

## Fr. 82

Puisqu'il en est ainsi, pourquoi donc hantez-vous les tombeaux? Voulez-vous en entendre la raison? Ce n'est pas moi qui vais vous le dire mais le prophète Isaïe : « Ils couchent parmi les tombeaux et dans les grottes en attente de visions nocturnes [1]. » Vous voyez ainsi combien ancienne était chez les Juifs cette pratique magique consistant à dormir parmi les tombeaux pour avoir des visions nocturnes. On peut penser que, par suite, vos apôtres se sont livrés à cette activité après la mort du maître et qu'ils l'ont transmise à votre secte dès l'origine (c'est-à-dire aux premiers croyants); il est vraisemblable qu'ils ont usé de cette magie plus habilement que vous et ont fait connaître publiquement à ceux qui venaient après eux les officines où se pratique cette magie infâme.

## Fr. 83

Vous, vous adoptez ces pratiques que le dieu avait en horreur dès l'origine, d'après ce que disent à la fois Moïse et les prophètes; cependant vous avez refusé de mener les victimes à l'autel et de sacrifier. – Parce que, objecte-t-on, le feu ne descend pas du ciel pour dévorer les offrandes, comme du temps de Moïse. – Cela s'est produit une seule fois au temps de Moïse, et de nouveau longtemps plus tard, à l'époque d'Élie le Thesbite [2]. De plus, je vais montrer brièvement que Moïse lui-même pensait qu'il fallait apporter le feu de l'extérieur, et pareillement avant lui le patriarche Abraham. Après avoir rapporté l'histoire d'Isaac, Julien prend encore comme exemple

1. *Isaïe*, 65, 4.
2. *I er Livre des Rois*, 18, 38.

κἀκεῖνοι θύοντες οὐκ ἐξ οὐρανοῦ μᾶλλον ἐσχήκασι πῦρ, ἀλλ᾽ ἔξωθεν αὐτοὶ προσεκομίζοντο τοῖς βωμοῖς. Πολυπραγμονεῖ δὲ πρὸς τούτῳ τίς ὁ ἐπ᾽ ἀμφοῖν ἐστι λόγος. Τὴν μὲν γὰρ τοῦ Ἄβελ θυσίαν ἐπαινεῖ θεός, ἀπαράδεκτον δὲ τὴν τοῦ Κάϊν ἐποιήσατο· καὶ ὅτι ἂν ἕλοιτο δηλοῦν τὸ «οὐκ ἂν ὀρθῶς προσενέγκῃς, ὀρθῶς δὲ μὴ διέλῃς, ἥμαρτες; Ἡσύχασον.» Πειρᾶται δὲ λόγον ἐφαρμόττειν τοιόνδε τινὰ τοῖς θεωρήμασιν. Ζῶντι γάρ φησι τῷ θεῷ θυμηρεστέρα πάντως ἡ διὰ ζῴων ἐστὶ θυσία τῆς ἐξ ὡρίμων καὶ ἀπὸ γῆς.

## Fr. 84
### Cyrille, *Contre Julien*, X, 346 E

Καὶ οὐ τοῦτο μόνον, ἀλλὰ καὶ τῶν υἱῶν Ἀδὰμ ἀπαρχὰς τῷ θεῷ διδόντων, «Ἐπεῖδεν ὁ θεός», φησίν, «ἐπὶ Ἄβελ καὶ ἐπὶ τοῖς δώροις αὐτοῦ, ἐπὶ δὲ Κάϊν καὶ ἐπὶ ταῖς θυσίαις αὐτοῦ οὐ προσέσχε. Καὶ ἐλύπησε τὸν Κάϊν λίαν, καὶ συνέπεσε τὸ πρόσωπον αὐτοῦ. Καὶ εἶπε κύριος ὁ θεὸς τῷ Κάϊν· ἵνα τί περίλυπος ἐγένου, καὶ ἵνα τί συνέπεσε τὸ πρόσωπόν σου; οὐκ ἐὰν ὀρθῶς προσενέγκῃς, ὀρθῶς δὲ μὴ διέλῃς, ἥμαρτες;» Ἀκοῦσαι οὖν ἐπιποθεῖτε τίνες ἦσαν αὐτῶν αἱ προσφοραί; «Καὶ ἐγένετο μεθ᾽ ἡμέρας ἀνήνεγκε Κάϊν ἀπὸ τῶν καρπῶν τῆς γῆς θυσίαν τῷ κυρίῳ. Καὶ Ἄβελ ἤνεγκε καὶ αὐτὸς ἀπὸ τῶν πρωτοτόκων τῶν προβάτων καὶ ἀπὸ τῶν στεάτων αὐτῶν.» Ναί, φησίν, οὐ τὴν θυσίαν, ἀλλὰ τὴν διαίρεσιν ἐμέμψατο πρὸς Κάϊν εἰπών· «Οὐκ, ἐὰν ὀρθῶς προσενέγκῃς, ὀρθῶς δὲ μὴ διέλῃς, ἥμαρτες;»

celle d'Abel <et de Caïn> ; il affirme que, quand ils offraient des sacrifices, ils ne recevaient pas non plus le feu du ciel mais qu'ils l'apportaient eux-mêmes de l'extérieur aux autels. Après quoi, il se donne beaucoup de mal pour chercher la raison de la différence faite entre les deux cas : Dieu, en effet, agrée le sacrifice d'Abel, mais il a regardé comme inacceptable celui de Caïn ; et le motif de la préférence de Dieu peut se lire dans la phrase suivante : « Si tu as présenté correctement mais n'as pas divisé correctement, n'as-tu pas commis une faute ? Sois tranquille [1]. » Julien s'efforce de ramener ce genre d'argument à des principes théoriques : car, dit-il, le dieu qui est un vivant trouve dans tous les cas plus agréable le sacrifice utilisant des êtres vivants que celui des fruits de saison produits par la terre.

## Fr. 84

Ce n'est pas le seul cas, mais quand les fils d'Adam offrirent au dieu les prémices de leur production, il est dit : « Le dieu jeta un regard favorable sur Abel et ses présents, mais à Caïn et à ses offrandes, il ne prêta pas attention. Et cela affligea profondément Caïn et son visage se creusa. Et le seigneur dieu dit à Caïn : "Pourquoi t'es-tu affligé et pourquoi ton visage s'est-il creusé ? Si tu as présenté correctement mais n'as pas divisé correctement, n'as-tu pas commis une faute [2] ?" » Désirez-vous donc entendre

---

1. *Genèse*, 4, 7. Les mots « présenté » et « divisé » s'appliquent à l'offrande de Caïn, en l'occurrence des fruits de la terre. Cette phrase qui doit justifier le choix de Dieu n'existe que dans la Septante. Elle se prête à diverses interprétations, dont celle que Julien donne dans la suite de ce fragment et dans le suivant ; Philon d'Alexandrie (*Questions sur la Genèse*, I, fr. 60-64) suppose que la « division » en question concerne le partage des récoltes entre les prémices et le reste de la production, et que Caïn s'est réservé les prémices pour lui.

2. *Genèse*, 4, 4-7.

Τοῦτο ἔφη τις πρὸς ἐμὲ τῶν πάνυ σοφῶν ἐπισκόπων· ὁ δὲ ἠπάτα μὲν ἑαυτὸν πρῶτον, εἶτα καὶ τοὺς ἄλλους. Ἡ γὰρ διαίρεσις μεμπτὴ κατὰ τίνα τρόπον ἦν ἀπαιτούμενος οὐκ εἶχεν ὅπως διεξέλθῃ, οὐδὲ ὅπως πρὸς ἐμὲ ψυχρολογήσει. Βλέπων δὲ αὐτὸν ἐξαπορούμενον, αὐτὸ τοῦτο, εἶπον, ὃ σὺ λέγεις ὁ θεὸς ὀρθῶς ἐμέμψατο. Τὸ μὲν γὰρ τῆς προθυμίας ἴσον ἦν ἀπ' ἀμφοτέρων, ὅτι δῶρα ὑπέλαβον χρῆναι καὶ θυσίας ἀναφέρειν ἀμφότεροι τῷ θεῷ. Περὶ δὲ τὴν διαίρεσιν ὁ μὲν ἔτυχεν, ὁ δὲ ἥμαρτε τοῦ σκοποῦ. Πῶς καὶ τίνα τρόπον; Ἐπειδὴ γὰρ τῶν ἐπὶ γῆς ὄντων τὰ μέν ἐστιν ἔμψυχα, τὰ δὲ ἄψυχα, τιμιώτερα δὲ τῶν ἀψύχων ἐστὶ τὰ ἔμψυχα τῷ ζῶντι καὶ ζωῆς αἰτίῳ θεῷ, καθὸ καὶ ζωῆς μετείληφε καὶ ψυχῆς οἰκειότερα· διὰ τοῦτο τῷ τελείαν προσάγοντι θυσίαν ὁ θεὸς ἐπηυφράνθη. Ὠιήθη μὲν οὖν ἀποχρήσειν αὐτῷ πρὸς ἐπικουρίαν ἧς πεποίηται καθ' ἡμῶν διαβολῆς ὅτι θύειν ἡμῖν Ἰουδαϊκῶς ἀπεσπούδασται τὸ ἀποφῆναι μὲν θύοντα τὸν Ἀβραάμ, οὐ μὴν καὶ ἐξ οὐρανοῦ καθιγμένον τοῖς θύμασιν ἐπιπτῆναι τὸ πῦρ, ἔξωθεν δὲ μᾶλλον εἰσκεκρίσθαι τε καὶ εἶναι κοινόν.

quelles étaient leurs offrandes ? « Et il arriva, quelques jours plus tard, que Caïn apporta en sacrifice au seigneur une part des fruits de la terre. Et Abel, de son côté, apporta une part des premiers-nés de son petit bétail et une part de leur graisse[1]. » Oui, est-il dit, ce n'est pas le sacrifice que le dieu a reproché à Caïn, mais la division quand il dit : « Si tu as présenté correctement mais n'as pas divisé correctement, n'as-tu pas commis une faute ? »

Voilà ce que me disait l'un de vos très savants évêques ; mais il s'est trompé lui-même d'abord, et a ensuite trompé les autres. Car lorsque je lui ai demandé en quoi la division était blâmable, il n'a pu me l'expliquer avec précision ni même me fournir un éclaircissement quelconque. Le voyant bien embarrassé, je lui déclarais : « Cela même que tu dis, le dieu l'a justement blâmé. Car la bonne volonté était égale des deux côtés, en ce que l'un et l'autre pensaient qu'il fallait apporter au dieu des présents et des offrandes. Mais pour ce qui est de la division, l'un a atteint le but, l'autre l'a manqué. Comment et en quoi ? Parce que parmi les êtres qui existent sur la terre les uns sont animés et les autres inanimés, et que les animés ont plus de prix que les inanimés aux yeux du dieu qui est vivant et cause de la vie, dans la mesure où ils participent à la vie et sont davantage apparentés à l'âme. Voilà pourquoi le dieu s'est complu en celui qui a apporté l'offrande parfaite. »

Julien pensait donc que, pour voler au secours de la calomnie portée contre nous – à savoir que sacrifier à la manière des Juifs nous était devenu indifférent – il lui suffirait de montrer Abraham en train de sacrifier et d'indiquer que le feu n'est pas venu du ciel sur les victimes, mais qu'il a été introduit de l'extérieur et que c'était un feu ordinaire.

---

1. *Genèse*, 4, 3-4.

Fr. 85

Cyrille, *Contre Julien*, X, 350 E

Νυνὶ δὲ ἐπαναληπτέον ἐστί μοι πρὸς αὐτούς·
διὰ τί γὰρ οὐχὶ περιτέμνεσθε; Παῦλος, φησίν, εἶπε
περιτομὴν καρδίας, ἀλλ᾽ οὐχὶ τῆς σαρκὸς δεδόσθαι,
καὶ τοῦτο [εἶναι] τῷ Ἀβραάμ. Οὐ μὴν ἔτι τὰ κατὰ
σάρκα ἔφη καὶ πιστεῦσαι τοῖς ὑπ᾽ αὐτοῦ καὶ Πέτρου
κηρυττομένοις λόγοις οὐκ εὐσεβέσιν. Ἄκουε δὲ
πάλιν ὅτι τὴν κατὰ σάρκα περιτομὴν ὁ θεὸς λέγεται
δοῦναι εἰς διαθήκην καὶ εἰς σημεῖον τῷ Ἀβραάμ·
«Καὶ αὕτη ἡ διαθήκη, ἣν διατηρήσεις, ἀνὰ μέσον
ἐμοῦ καὶ ὑμῶν καὶ ἀνὰ μέσον τοῦ σπέρματός σου εἰς
τὰς γενεὰς ὑμῶν· καὶ περιτμηθήσεσθε τὴν σάρκα τῆς
ἀκροβυστίας ὑμῶν, καὶ ἔσται ἐν σημείῳ διαθήκης
ἀνὰ μέσον ἐμοῦ καὶ τοῦ σπέρματός σου. »

Ἐπιφέρει δὲ τούτοις ὅτι καὶ αὐτὸς ὁ Χριστὸς τηρεῖσθαι
δεῖν ἔφη τὸν νόμον, ποτὲ μὲν λέγων· «Οὐκ ἦλθον
καταλῦσαι τὸν νόμον ἢ τοὺς προφήτας, ἀλλὰ
πληρῶσαι», ποτὲ δὲ αὖ· «Ὃς ἐὰν λύσῃ μίαν τῶν
ἐντολῶν τούτων τῶν ἐλαχίστων καὶ διδάξῃ οὕτως
τοὺς ἀνθρώπους, ἐλάχιστος κληθήσεται ἐν τῇ
βασιλείᾳ τῶν οὐρανῶν.» Ὅτε τοίνυν ὅτι προσήκει
τηρεῖν τὸν νόμον ἀναμφισβητήτως προστέταχε
καὶ τοῖς μίαν παραβαίνουσιν ἐντολὴν ἐπήρτησε
δίκας, ὑμεῖς, οἱ συλλήβδην ἁπάσας παραβεβηκότες,
ὁποῖον εὑρήσετε τῆς ἀπολογίας τὸν τρόπον; Ἢ
γὰρ ψευδοεπήσει ὁ Ἰησοῦς ἤγουν ὑμεῖς πάντῃ καὶ
πάντως οὐ νομοφύλακες. Αἰτιᾶται δὲ πρὸς τούτοις
ὡς μήτε σαββατίζοντας μήτε μὴν Ἰουδαϊκῶς καταθύοντας

## Fr. 85

Il faut à présent que je reprenne la discussion avec eux et demande : pourquoi n'êtes-vous pas circoncis ? Paul, est-il dit, a affirmé que c'est la circoncision du cœur qui a été donnée, non celle de la chair, et que c'est elle qu'a reçue Abraham[1]. Il ne faut plus, disait-il, se soucier de la chair, il faut adhérer aux paroles proclamées par lui-même et par Pierre – paroles <manifestement> impies[2]. Écoute encore une fois ce qu'il en est. Il est dit que le dieu a donné à Abraham la circoncision selon la chair comme signe du pacte : « C'est là le pacte que tu observeras, pacte conclu entre moi et vous ainsi qu'avec ta descendance pour la suite de vos générations ; et vous serez circoncis de la chair de votre prépuce : cela sera le signe du pacte entre moi et ta descendance[3]. »

Julien ajoute : Le Christ lui-même a dit qu'il fallait observer la Loi ; une fois il affirme : « Je ne suis pas venu pour abolir la Loi ou les prophètes, mais pour les accomplir », et une autre fois : « Celui qui violera le moindre de ces commandements et enseignera aux hommes à le faire, il sera déclaré le moindre dans le royaume des cieux[4]. » Par conséquent, étant donné qu'il a prescrit sans ambiguïté qu'il convient d'observer la Loi et a suspendu des peines sur la tête de ceux qui transgressent un seul des commandements, vous qui les avez en somme transgressés tous sans exception, quel genre de défense

---

1. Voir Paul, *Épître aux Romains*, 4, 11-12 et 2, 28-29.
2. « Impies » aux yeux de Julien. Cette phrase traduit un texte qui semble corrompu et qui a suscité diverses corrections. Pour la position de Pierre, voir *Actes des Apôtres*, 15, 5-11.
3. *Genèse*, 17, 10.
4. *Évangile de Matthieu*, 5, 17 et 19.

τὸν ἀμνὸν μήτε μὴν ἄρτους ἀζύμους ἐσθίοντας ἐπ᾽ αὐτῷ καί
φησιν ὅτι πρόφασις ὑμῖν τῆς ἔν γε τούτῳ ῥαστώνης
περιλέλειπται μία τὸ μὴ ἐξεῖναι θύειν ἔξω γεγονόσι
τῶν Ἱεροσολύμων. Καὶ ταυτὶ μὲν ἅπαντα διὰ μακρῶν εἴρηται
λόγων. Συνενεγκόντες δὲ ἡμεῖς τὰς τῶν εἰρημένων ἐννοίας,
περιττῆς καὶ ἀνονήτου στενολεσχίας τὸν λόγον ἀπηλλάξαμεν.

Fr. 86
Cyrille, *Contre Julien*, X, 353 E

Ἐπειδὴ δὲ ἀεί πώς ἐστιν ἐντριβὲς αὐτῷ τὸ κακηγορεῖν
καὶ τοῖς ὀρθὰ φρονεῖν ᾑρημένοις τὸ κακόηθες ἐπιπλέκειν,
ἐπιλαμβάνεται καί φησιν· « Ἡ περιτομὴ ἔσται περὶ τὴν
σάρκα σου », φησί. Παρακούσαντες τούτου τὰς
καρδίας, φησί, περιτεμνόμεθα. Πάνυ γε· οὐδεὶς
γὰρ παρ᾽ ὑμῖν κακοῦργος, οὐδεὶς μοχθηρός, οὕτω
περιτέμνεσθε τὰς καρδίας. Καλῶς. Τηρεῖν ἄζυμα καὶ
ποιεῖν τὸ πάσχα οὐ δυνάμεθα, φησίν, ὑπὲρ ἡμῶν γὰρ
ἅπαξ ἐτύθη Χριστός. Εἶτα ἐκώλυσεν ἐσθίειν ἄζυμα;
Καίτοι, μὰ τοὺς θεούς, εἷς εἰμι τῶν ἐκτρεπομένων
συνεορτάζειν Ἰουδαίοις, ἀεὶ προσκυνῶν τὸν
θεὸν Ἀβραὰμ καὶ Ἰσαὰκ καὶ Ἰακώβ, οἳ ὄντες οὗτοι
Χαλδαῖοι, γένους ἱεροῦ καὶ θεουργικοῦ, τὴν μὲν
περιτομὴν ἔμαθον Αἰγυπτίοις ἐπιξενωθέντες,
ἐσεβάσθησαν δὲ θεόν, ὃς ἐμοὶ καὶ τοῖς αὐτόν, ὥσπερ

allez-vous inventer? Ou bien Jésus se révèlera menteur ou bien c'est vous qui, sur aucun point ni en aucune manière, n'observez la Loi. Julien nous accuse en outre de ne pas respecter le sabbat, de ne pas sacrifier l'agneau à la manière des Juifs et de ne pas manger de pains azymes avec l'agneau, et il poursuit : Le seul prétexte qui vous reste pour justifier votre paresse, c'est de dire qu'il vous est impossible de sacrifier parce que vous n'êtes pas à Jérusalem. Tout cela Julien l'a exprimé avec prolixité, mais nous avons condensé le sens de ce qu'il a dit et avons ainsi débarrassé son raisonnement de son bavardage superflu et vain.

### Fr. 86

Puisqu'en toute occasion Julien est une sorte d'expert dans l'art de dire du mal et de contaminer ceux qui ont choisi d'avoir des pensées justes, il reprend ses attaques et dit : « La circoncision sera sur ta chair », est-il dit [1]. Faisant semblant de ne pas entendre, ils disent : « Nous pratiquons la circoncision du cœur. » Parfait! Car chez vous il n'y a ni malfaisant ni pervers, tellement vos cœurs sont circoncis. Bien. Nous ne pouvons pas conserver le rite du pain azyme ni faire la Pâque, ajoutent-ils, car le Christ a été sacrifié pour nous une fois pour toutes. S'ensuit-il qu'il vous a défendu de manger du pain azyme? Pourtant, j'en atteste les dieux, je suis l'un de ceux qui évitent de participer aux fêtes des Juifs tout en adorant le dieu d'Abraham, d'Isaac et de Jacob; ces derniers, qui étaient Chaldéens, membres d'une race sacrée et pratiquant la théurgie, ont appris la circoncision quand ils étaient les hôtes des Égyptiens; ils vénéraient un dieu qui s'est montré bienveillant envers moi comme envers ceux qui le vénéraient à la manière

1. D'après *Genèse*, 17, 13.

Ἀβραὰμ ἔσεβε, σεβομένοις εὐμενὴς ἦν, μέγας τε ὢν πάνυ καὶ δυνατός, ὑμῖν δὲ οὐδὲν προσήκων. Οὐδὲ γὰρ τὸν Ἀβραὰμ μιμεῖσθε βωμούς τε ἐγείροντες αὐτῷ καὶ οἰκοδομοῦντες θυσιαστήρια καὶ θεραπεύοντες ὥσπερ ἐκεῖνος ταῖς ἱερουργίαις.

## Fr. 87
### Cyrille, *Contre Julien*, X, 356 B

Ἔθυε μὲν γὰρ Ἀβραάμ, ὥσπερ καὶ ἡμεῖς, ἀεὶ καὶ συνεχῶς, ἐχρῆτο δὲ μαντικῇ τῇ τῶν διαττόντων ἄστρων· Ἑλληνικὸν ἴσως καὶ τοῦτο. Οἰωνίζετο δὲ μειζόνως, ἀλλὰ καὶ τὸν ἐπίτροπον τῆς οἰκίας εἶχε συμβολικόν. Εἰ δὲ ἀπιστεῖ τις ὑμῶν, αὐτὰ δείξει σαφῶς τὰ ὑπὲρ τούτων εἰρημένα Μωσῇ· « Μετὰ δὲ τὰ ῥήματα ταῦτα ἐγενήθη κυρίου λόγος πρὸς Ἀβραὰμ λέγων ἐν ὁράματι τῆς νυκτός· μὴ φοβοῦ, Ἀβραάμ, ἐγὼ ὑπερασπίζω σου. Ὁ μισθός σου πολὺς ἔσται σφόδρα. Λέγει δὲ Ἀβραάμ· Δέσποτα, τί μοι δώσεις; Ἐγὼ δὲ ἀπολύομαι ἄτεκνος, ὁ δὲ υἱὸς Μασὲκ τῆς οἰκογενοῦς μου κληρονομήσει με. Καὶ εὐθὺς φωνὴ τοῦ θεοῦ ἐγένετο πρὸς αὐτὸν λέγοντος· οὐ κληρονομήσει σε οὗτος, ἀλλ᾽ ὃς ἐξελεύσεται ἐκ σοῦ, οὗτος κληρονομήσει σε. Ἐξήγαγε δὲ αὐτὸν καὶ εἶπεν αὐτῷ· ἀνάβλεψον εἰς τὸν οὐρανὸν καὶ ἀρίθμησον τοὺς ἀστέρας, εἰ δυνήσῃ ἐξαριθμῆσαι αὐτούς. Καὶ εἶπεν· οὕτως ἔσται τὸ σπέρμα σου. Καὶ ἐπίστευσεν Ἀβραὰμ τῷ θεῷ καὶ ἐλογίσθη αὐτῷ εἰς δικαιοσύνην. » Εἴπατέ μοι ἐνταῦθα τοῦ χάριν ἐξήγαγεν αὐτὸν καὶ τοὺς ἀστέρας ἐδείκνυεν

d'Abraham, un dieu très grand et très puissant, mais qui n'a aucun rapport avec vous. Car vous n'imitez pas Abraham puisque vous n'élevez pas d'estrades sacrées à ce dieu, ne construisez pas d'autels et ne l'honorez pas par des sacrifices comme lui.

## Fr. 87

Comme nous en effet, Abraham offrait des sacrifices, en toutes occasions, sans relâche, et il recourait à la divination reposant sur l'observation des étoiles filantes, ce qui est également une pratique grecque. Il s'adonnait davantage à l'observation des oiseaux, mais l'intendant de sa maison interprétait lui aussi les signes. Si l'un de vous ne le croit pas, les propres paroles de Moïse le montreront clairement : « Après ces mots parvint à Abraham une parole du seigneur disant dans une vision nocturne : "N'aie pas peur, Abraham, je suis ton bouclier. Très grande sera ta récompense." Abraham alors : "Maître, que me donneras-tu ? Je meurs sans enfants et le fils de mon esclave Masek sera mon héritier." Aussitôt une voix du dieu lui parvint en ces termes : "Ce n'est pas lui qui sera ton héritier ; mais celui qui sera issu de toi, celui-là sera ton héritier." Il le conduisit dehors et lui dit : "Lève les yeux vers le ciel et compte les étoiles, si tu peux les dénombrer." Et il ajouta : "Telle sera ta descendance." Abraham fit confiance au dieu et cela lui fut compté comme justice [1]. » Dites-moi alors pourquoi il l'a conduit dehors et lui a montré les étoiles, celui qui s'est adressé à lui en qualité d'ange ou de dieu. Parce qu'en restant à l'intérieur Abraham ne savait pas combien grande est

---

1. *Genèse*, 15, 1-6.

ὁ χρηματίζων ἄγγελος ἢ θεός. Οὐ γὰρ ἐγίνωσκεν,
ἔνδον ὤν, ὅσον τι τὸ πλῆθός ἐστι τῶν νύκτωρ ἀεὶ
φαινομένων καὶ μαρμαρυσσόντων ἀστέρων; Ἀλλ᾽
οἶμαι, δεῖξαι τοὺς διάττοντας αὐτῷ βουλόμενος, ἵνα
τῶν ῥημάτων ἐναργῆ πίστιν παράσχηται τὴν πάντα
κραίνουσαν καὶ ἐπικυροῦσαν οὐρανοῦ ψῆφον.

Fr. 88
Cyrille, Contre Julien, X, 358 B

Παρατρύζει δὴ οὖν εἰκῇ καὶ διατεκμαίρεται μάτην τῇ
διὰ τῶν ἀστέρων μαντικῇ κεχρῆσθαι λέγων τὸν Ἀβραάμ.
Οὐ γάρ τοι τοὺς διάττοντας τῶν ἀστέρων, ἀλλὰ τὸ πλῆθος
αὐτῷ παραδεδεῖχθαί φαμεν. « Οὕτω γὰρ ἔσται », φησί, « τὸ
σπέρμα σου.» Οἰωνίζεσθαι δὲ πρὸς τούτῳ φησὶν αὐτόν, ὡδὶ
γεγραφώς· Ὅπως δὲ μή τις ὑπολάβῃ βίαιον εἶναι τὴν
τοιαύτην ἐξήγησιν, ἐφεξῆς ὅσα πρόσκειται παραθεὶς
αὐτῷ πιστώσομαι. Γέγραπται γὰρ ἑξῆς· « Εἶπε
δὲ πρὸς αὐτόν· ἐγώ εἰμι ὁ θεὸς ὁ ἐξαγαγών σε ἐκ
χώρας Χαλδαίων, ὥστε δοῦναί σοι τὴν γῆν ταύτην
κληρονομῆσαι αὐτήν. Εἶπε δέ· δέσποτα κύριε, κατὰ
τί γνώσομαι, ὅτι κληρονομήσω αὐτήν; Εἶπε δὲ αὐτῷ·
λαβέ μοι δάμαλιν τριετίζουσαν καὶ αἶγα τριετίζουσαν
καὶ κριὸν τριετίζοντα καὶ τρυγόνα καὶ περιστεράν.
Ἔλαβε δὲ αὐτῷ πάντα ταῦτα καὶ διεῖλεν αὐτὰ μέσα·
καὶ ἔθηκεν αὐτὰ ἀντιπρόσωπα ἀλλήλοις· τὰ δὲ ὄρνεα
οὐ διεῖλε. Κατέβη δὲ ὄρνεα ἐπὶ τὰ διχοτομήματα καὶ
συνεκάθισεν αὐτοῖς Ἀβραάμ. » Τὴν τοῦ φανέντος
ἀγγέλου πρόρρησιν, ἤτοι θεοῦ, διὰ τῆς οἰωνιστικῆς
ὁρᾶτε κρατυνομένην, οὐχ ὥσπερ ὑμεῖς ἐκ παρέργου,

la multitude des étoiles que toujours on voit briller dans la nuit ? Mais je crois qu'il voulait lui montrer les étoiles filantes pour cautionner ses paroles de façon éclatante, par le suffrage du ciel qui accomplit et qui confirme toutes choses.

### Fr. 88

Julien marmonne sans suite et fait des vaines conjectures pour dire qu'Abraham a usé de la divination par les astres. Nous affirmons, nous, que ce ne sont pas les étoiles filantes mais le très grand nombre des astres qui a été montré à Abraham. « Telle sera ta descendance[1] », dit-il. Après quoi Julien dit qu'Abraham prenait les auspices ; voici ce qu'il a écrit : Pour qu'on ne pense pas qu'une telle interprétation soit forcée, je vais la confirmer en ajoutant ce qui suit immédiatement ce passage. Il est en effet écrit à la suite : « Il lui dit : "Je suis le dieu qui t'a fait sortir du pays des Chaldéens, pour te donner cette terre en héritage." Alors Abraham : "Mon maître et seigneur, à quoi reconnaitrai-je que j'en hériterai ?" Il lui dit : "Prends pour moi une jeune génisse de trois ans, une chèvre de trois ans, un bélier de trois ans, une tourterelle et une colombe." Il prit tous ces animaux pour lui et il les partagea par le milieu ; et il plaça les moitiés l'une en face de l'autre ; mais les oiseaux, il ne les partagea pas. Les oiseaux vinrent se poser sur les moitiés et Abraham s'assit avec eux[2]. » Vous pouvez constater que l'annonce de celui qui s'est manifesté, qu'il soit ange ou dieu, est validée non à la manière superficielle qui est la vôtre mais par l'interprétation du vol des oiseaux, la divination ayant

1. *Genèse*, 15, 5.
2. *Genèse*, 15, 7-11.

μετὰ θυσιῶν δὲ τῆς μαντείας ἐπιτελουμένης. <Τὰ διχοτομήματα γὰρ τοῖς τῆς μαντείας τρόποις ἐν τάξει γεγόνασι θυσιῶν.> Φησὶ δὲ ὅτι τῇ τῶν οἰωνῶν ἐπιπτήσει βεβαίαν ἔδειξε τὴν ἐπαγγελίαν. Ἀποδέχεται δὲ τὴν πίστιν τοῦ Ἀβραάμ, προσεπάγων ὅτι ἄνευ ἀληθείας πίστις ἠλιθιότης ἔοικέ τις εἶναι καὶ ἐμβροντησία. Τὴν δὲ ἀλήθειαν οὐκ ἔνεστιν <ἰδεῖν> ἐκ ψιλοῦ ῥήματος, ἀλλὰ χρή τι καὶ παρακολουθῆσαι τοῖς λόγοις ἐναργὲς σημεῖον, ὃ πιστώσεται γενόμενον τὴν εἰς τὸ μέλλον πεποιημένην προαγόρευσιν.

Fr. 89
Cyrille, *Contre Julien*, X, 361 D

Δεδόσθαι γε μὴν καὶ αὐτῷ φησιν ὀρνίθων φωνὰς διδασκούσας ὅτι τῆς βασιλείας ἐνιζήσει θάκοις.

Fr. 90
Jérôme,
*Commentaire sur l'Évangile de Matthieu*, I, *ad* 1, 16

*Iacob autem genuit Ioseph.* Hunc locum obicit Iulianus Augustus dissonantiae evangelistarum, cur evangelista Matheus Ioseph filium dixerit Iacob, et Lucas filium eum appellaverit Heli, non intellegens consuetudinem scripturarum quod alter secundum naturam, alter secundum legem ei pater sit.

été menée à bien grâce aux sacrifices. Car dans les divers modes de divination, la division en deux des animaux a joué le rôle de sacrifice. Julien poursuit : C'est par le vol des oiseaux que le dieu a montré la solidité de sa promesse. Julien reconnaît la foi d'Abraham et ajoute : Sans la vérité, la foi ne se distingue guère de la sottise ni de la stupidité. Or, on ne peut percevoir la vérité à partir d'un simple mot, mais il faut que les paroles soient accompagnées d'un signe évident, dont la présence garantira la prédiction qui a été faite concernant l'avenir.

## Fr. 89

Julien affirme qu'il a lui aussi reçu des réponses des oiseaux, dont les voix lui apprenaient qu'il siégerait sur le trône royal.

## Fr. 90

*Jacob alors engendra Joseph*[1]. L'empereur Julien utilise ce passage de façon polémique en relevant le désaccord entre les évangélistes, car l'évangéliste Matthieu a dit que Joseph était le fils de Jacob, alors que Luc l'a appelé fils d'Héli[2]; c'est qu'il ne comprend pas le mode d'expression habituel des Écritures qui distingue le père selon la nature et le père selon la Loi.

---

1. *Évangile de Matthieu*, 1, 16.
2. *Évangile de Luc*, 3, 23. – La discordance entre les généalogies de Jésus, évoquée déjà dans le fr. 62 ci-dessus, faisait l'objet de discussions chez les Chrétiens; voir E.R. Dodds, *Païens et Chrétiens dans un âge d'angoisse*, p. 123, n. 4.

Fr. 91
Cyrille, *Contre Julien*, XI [1]

Quam saepe ob res magnas in orbe terrarum accidentes stellae apparuerunt, quae et cometae, id est crinitae dicuntur, aliae autem δοκίδες nominantur. Stella autem illa non ex numero ordinariarum erat neque ἑωσφόρος ut iste eam dicit.

Fr. 92
Théodore de Mopsueste,
*Commentaire sur l'Évangile de Luc, ad* 21, 10-11
(*Patrologie grecque*, 66, 724 A)

Τοιαῦτα πολλάκις ἐγένετο καὶ γίνεται· καὶ πῶς ταῦτα συντελείας σημεῖα [2];

Fr. 93
Théodore de Mopsueste,
*Commentaire sur l'Évangile de Luc, ad* 4, 4
(*Patrologie grecque*, 66, 720 A)

Ἀλλὰ Μωυσῆς, φησίν, ἡμέρας τεσσαράκοντα νηστεύσας ἔλαβε τὸν νόμον· Ἡλίας δὲ τοσαύτας νηστεύσας θείων αὐτοψιῶν ἔτυχεν· Ἰησοῦς δὲ τί μετὰ τοσαύτην νηστείαν ἔλαβεν;

1. Les fragments 91, 96, 97, 98 correspondent à des passages de livres du *Contre Julien* conservés uniquement en une traduction syriaque, publiée et traduite en latin par E. Nestle. Ces fragments figurent dans la nouvelle édition de Cyrille parue en 2016-2017, à la fois dans l'original et en traduction allemande. Pour cette dernière, les correspondances sont les suivantes : fr. 91 = fr. 3a, l. 5-9 ; fr. 96 = fr. 28, l. 5-15 ; fr. 97 = fr. 30, l. 1-2 ; fr. 98 = fr. 39, l. 1-7.

2. À l'instar de Neumann, nous avons omis la phrase suivante, imprimée par Masaracchia en grands caractères, comme s'il s'agissait encore d'une proposition de Julien. La suite du texte de Théodore montre en effet que cette phrase est en réalité le début de la réplique de

## Fr. 91

Combien fréquentes ont été, à l'occasion d'événements importants, les apparitions sur la terre d'étoiles filantes, qu'on appelle tantôt « comètes », c'est-à-dire « chevelures », et tantôt « poutrelles » ! Mais cette étoile-là[1] n'était pas du nombre des étoiles ordinaires et elle n'était pas non plus l'étoile du matin comme le prétend Julien.

## Fr. 92

Souvent se sont produits et se produisent des phénomènes de ce genre[2]; comment ceux-là seraient-ils les signes de l'achèvement des temps?

## Fr. 93

Moïse, dit Julien, après qu'il eut jeûné quarante jours, a reçu la Loi[3]. Élie, après un jeûne aussi long, a obtenu des visions de nature divine[4]. Mais Jésus, qu'a-t-il reçu après un jeûne de même durée[5]?

1. L'étoile aperçue par les mages, voir *Évangile de Matthieu*, 2, 2-10.
2. Il s'agit des événements naturels annonciateurs de la fin des temps d'après *Évangile de Luc*, 21, 10-11.
3. *Exode*, 24, 18.
4. *Ier Livre des Rois*, 19, 8-18.
5. Voir notamment *Évangile de Matthieu*, 4, 2-4.

## Fr. 94

Théodore de Mopsueste,
*Commentaire sur l'Évangile de Luc, ad 4, 4*
(*Patrologie grecque*, 66, 721 A)

Τί δὲ θαυμάζεις (scil. Iuliane) ὅτι μὴ ὄντος ὄρους ὑψηλοῦ ἐν τῇ ἐρήμῳ λέγεται ὁ διάβολος ἀναγαγεῖν αυτὸν (scil. Iesum) εἰς ὄρος ὑψηλὸν λίαν; Ἐν στιγμῇ γὰρ χρόνου λέγει, σαφῶς δεικνὺς φαντασίαν ὄρους τὸν διάβολον πεποιηκέναι καὶ οἰκουμένην βασιλευομένην πρὸς ἄνθρωπον ὁρᾶν οὕτω δυνάμενον. Οὐ γὰρ καθὸ θεὸς ἦν ἢ ἐπείραζεν ὁ διάβολος ἢ ἐπειράζετο· τοῦτο γὰρ οὐκ ἦν πειρασθῆναι, ἀλλὰ ἀπατῆσαι μᾶλλον. Ἀλλὰ πῶς, φησίν, εἰς τὸ πτερύγιον τοῦ ἱεροῦ τὸν κύριον ἀνήγαγεν ὁ διάβολος ὄντα ἐν τῇ ἐρήμῳ;

## Fr. 95

Théodore de Mopsueste,
*Commentaire sur l'Évangile de Luc, ad 22, 45-47*
(*Patrologie grecque*, 66, 724 B)

Ἀλλὰ καὶ τοιαῦτα προσεύχεται, φησίν, ὁ Ἰησοῦς, οἷα ἄθλιος ἄνθρωπος συμφορὰν φέρειν εὐκόλως οὐ δυνάμενος, καὶ ὑπ' ἀγγέλου θεὸς ὢν ἐνισχύεται. Τίς δὲ καὶ ἀνήγγειλέ σοι, Λουκᾶ, περὶ τοῦ ἀγγέλου ὅπου, εἰ καὶ γέγονε τοῦτο; Οὐδὲ οἱ τότε παρόντες εὐχομένῳ ἰδεῖν οἷοί τε ἦσαν· ἐκοιμῶντο γάρ. Διὸ καὶ « ἀπὸ τῆς προσευχῆς ἐλθὼν εὗρεν αὐτοὺς κοιμωμένους ἀπὸ τῆς λύπης καὶ εἶπε· Τί καθεύδετε; Ἀναστάντες προσεύχεσθε καὶ τὰ ἑξῆς »·

l'auteur chrétien (*cf.* Guida, *Teodoro di Mopsuestia*, p. 171) : Ἀλλ' εἰ καὶ γέγονε τοιαῦτα, οὐκ ἐπὶ πάντων, οὐδὲ πάντα ὁμοῦ, « Mais même si des phénomènes semblables se sont produits, ils n'ont pas eu lieu pour tout le monde, ni tous en même temps. »

### Fr. 94

Pourquoi t'étonnes-tu s'il est dit que le diable a conduit Jésus sur une montagne très haute [1] alors qu'il n'y pas de montagne élevée dans le désert ? Car le texte dit « en un instant » [2], montrant clairement que le diable a fabriqué l'image d'une montagne pour permettre à un être humain de voir tous les royaumes de la terre : le diable ne le tentait pas en tant qu'il était dieu et ce n'est pas comme tel que Jésus subissait la tentation ; car cela n'aurait pas été une tentation mais plutôt une tromperie [3]. – Mais comment, dit encore Julien, le diable a-t-il fait pour emmener le Seigneur au faîte du temple [4] alors qu'il était dans le désert ?

### Fr. 95

Mais, dit Julien, Jésus prie à la manière d'un pauvre homme incapable de supporter sereinement son malheur et, tout dieu qu'il est, il est réconforté par un ange [5] ! Et qui t'a informé, Luc, de l'endroit où s'est passée cette intervention de l'ange, en admettant que la chose ait eu lieu ? Ceux qui étaient présents au moment où il priait ne pouvaient pas le voir puisqu'ils dormaient. Tu écris en effet : « En revenant de sa prière, il les trouva endormis, vaincus par la tristesse, et il leur dit : "Pourquoi dormez-vous ? Levez-vous et priez, etc." » Et tout de suite

1. Voir la suite du texte de l'*Évangile de Matthieu* (4, 8) et l'*Évangile de Luc* (note suivante).

2. *Évangile de Luc*, 4, 5.

3. Ce n'est que comme homme que Jésus peut être tenté ; comme dieu, Jésus tromperait le diable en le laissant croire qu'il peut être tenté.

4. *Évangile de Matthieu*, 4, 5 ; *Évangile de Luc*, 4, 9.

5. Allusion à la prière de Jésus sur le mont des Oliviers au début de sa Passion ; voir *Évangile de Luc*, 22, 43.

Εἶτα· « Καὶ ἔτι αὐτοῦ τοῦτο λαλοῦντος, ἰδοὺ ὄχλος πολὺς καὶ Ἰούδας. » Διὸ οὐδὲ ἔγραψεν Ἰωάννης, οὐδὲ γὰρ εἶδε.

## Fr. 96
### Cyrille, *Contre Julien*, XIV [1]

Scribit evangelistas sanctos sibi contradicere, cum dicant : Maria Magdalena et altera Maria, secundum Matthaeum, vespere sabbati cum lucescit prima sabbati venerunt in sepulcrum; secundum Marcum autem, postquam illuxit solque ortus est. Et apud Matthaeum angelum viderunt et apud Marcum iuvenem; et apud Matthaeum exierunt et nuntiaverunt discipulis de surrectione Christi et apud Marcum tacuerunt nemini quicquam dicentes. Propter quae vituperationem infert scripturis sanctorum et dicit eos stare adversus semet ipsos.

## Fr. 97
### Cyrille, *Contre Julien*, XV [2]

Inscriptio fr. 20 Cyrilliani : S. Cyrilli ex libro XV adversus Iulianum, cum Iulianus in ludibrium verteret id, quod Dominus noster manducabat et bibebat.

## Fr. 98
### Cyrille, *Contre Julien*, XVI [3]

Inscriptio fr. 31 Cyrilliani : S. Cyrilli ex libro XVI adversus Iulianum Apostatam, cum Christum vituperasset quod dixisset se, ut legem adimpleret, venisse eumque, qui unum de mandatis istis minimis solvisset et sic homines docuisset, minimum appellatum iri.

1. Voir n. 1, p. 198.
2. *Ibid.*
3. *Ibid.*

après : « Et pendant qu'il disait cela, voici qu'arrivent une foule nombreuse ainsi que Judas[1]. » C'est bien pourquoi Jean n'a rien écrit sur cette scène : parce qu'il n'y avait pas assisté.

## Fr. 96

Julien écrit que les saints évangélistes se contredisent[2] : selon Matthieu, Marie-Madeleine et l'autre Marie vinrent au tombeau comme le premier jour après le sabbat commençait à poindre ; selon Marc, c'est après qu'il eut fait jour et que le soleil se fut déjà levé. Chez Matthieu, elles virent un ange, chez Marc, un jeune homme. Chez Matthieu, elles partirent annoncer aux disciples la résurrection du Christ ; chez Marc, elles se turent et ne dirent rien à personne. Voilà pourquoi Julien s'en prend aux écrits des saints et affirme qu'ils se contredisent.

## Fr. 97

En tête du fragment 20 de Cyrille : Extrait du livre XV du *Contre Julien* de saint Cyrille, à propos de Julien tournant en dérision le fait que notre Seigneur mangeait et buvait.

## Fr. 98

En tête du fragment 31 de Cyrille : Extrait du livre XVI du *Contre Julien l'Apostat* de saint Cyrille, à propos du passage où

---

1. *Évangile de Luc*, 22, 45-47.
2. Ce qui suit se réfère à l'*Évangile de Matthieu*, 28, 1-8 et à l'*Évangile de Marc*, 16, 1-8. Le passage de *Matthieu* 28, 1 est traduit ici d'après l'original grec (ὀψὲ δὲ σαββάτων, τῇ ἐπιφωσκούσῃ εἰς μίαν σαββάτων) ; Masaracchia imprime une traduction latine du syriaque qui reproduit une erreur de la Vulgate.

Iulianus : Solvit sabbatum : nam « Dominus » inquit « sabbati est filius hominis » ; et : « Non quod intrat in os, coinquinat hominem, cum lex cibos coinquinet. »

### Fr. 99
#### Cyrille, extrait du *Contre Julien* [1]

Ἐπιπλήττει (scil. Iulianus) εἰκῇ τοῖς ὑπέρ γε τῶν ἐν ἀδικίαις παρακαλοῦσι θεόν, καὶ ἀφαμαρτάνειν τοῦ εἰκότος ᾠήθη, καὶ λέγει τοὺς ἐποικτείροντας τοὺς κακούργους κακούς.

### Fr. 100
#### Photius, *Lettre* 187
(= *Quaestio Amphilochia* 101), p. 77, 6-13
et depuis : Εἰ, l. 5 : Théodore de Mopsueste,
*Commentaire sur l'Évangile de Luc, ad* 12, 33-34
(*Patrologie grecque*, 66, 724 B)

Ἀκούσατε καλοῦ καὶ πολιτικοῦ παραγγέλματος· « Πωλήσατε τὰ ὑπάρχοντα καὶ δότε πτωχοῖς· ποιήσατε ἑαυτοῖς βαλάντια μὴ παλαιούμενα. » Ταύτης τίς εἰπεῖν ἔχειν πολιτικωτέραν τῆς ἐντολῆς; Εἰ γὰρ πάντες σοι πεισθεῖεν, Ἰησοῦ, τίς ὁ ὠνησόμενος; Ἐπαινεῖ ταύτην τίς τὴν διδασκαλίαν, ἧς κρατυνθείσης οὐκ ἔθνος, οὐ πόλις, οὐκ οἰκία μία συστήσεται; Πῶς γὰρ πραθέντων ἁπάντων οἶκος

---

1. Cet extrait est attribué par sa source, le manuscrit *Vat.* 1431, au livre VII du *Contre Julien*, mais son absence du livre VII dans son état actuel a conduit A. Mai (cf. *Patrologie grecque*, p. 881, note 1) à le situer dans une hypothétique lacune de la partie finale de ce même livre. Neumann (p. 82) suppose une faute dans l'indication du manuscrit et attribue le passage au livre XVII. Avec la même attribution, le texte correspond au fr. 54, l. 4-6 de la dernière édition de Cyrille.

Julien s'en est pris au Christ pour avoir dit [1] d'une part, qu'il était venu accomplir la Loi, et que celui qui aurait abrogé le moindre des commandements de la Loi et aurait enseigné cela aux hommes serait appelé le plus petit <dans le royaume des cieux> ; alors que, d'autre part, poursuit Julien, il a abrogé le sabbat, car il a dit : « Le fils de l'homme est maître du sabbat [2] » ; et encore : « Ce n'est pas ce qui entre dans la bouche qui rend l'homme impur [3], c'est la Loi qui fait que certains aliments sont impurs. »

## Fr. 99

Julien blâme à la légère les gens qui prient Dieu pour ceux qui commettent des fautes, et il pensait qu'ils manquent de cohérence ; il dit aussi que ceux qui déplorent le sort des méchants sont eux-mêmes mauvais [4].

## Fr. 100

Écoutez un beau précepte, utile à la cité : « Vendez ce que vous possédez et donnez aux pauvres ; faites-vous des bourses qui ne s'usent pas [5]. » Peut-on me citer un commandement plus utile à la cité ? Si tous t'obéissaient, Jésus, qui serait celui qui viendra acheter ? Peut-on approuver cet enseignement, dont l'application aurait pour résultat que ne subsistent ni peuple, ni cité ni même une seule maison ? Comment en effet la moindre famille peut-elle encore exister, si tout est vendu ? Si dans la cité

1. *Évangile de Matthieu*, 5, 17-19.
2. Par exemple *Évangile de Matthieu*, 12, 8.
3. *Évangile de Matthieu*, 15, 11. La suite de la phrase ne figure pas telle quelle dans le texte mais veut rendre compte du jugement de Jésus sur les préceptes alimentaires de la loi juive.
4. Cf. *Évangile de Matthieu*, 5, 43-44 ; *Évangile de Luc*, 6, 27.
5. *Évangile de Luc*, 12, 33.

ἔτι εἶναι δύναταί τις; Τὸ δὲ ὅτι πάντων ὁμοῦ τῶν ἐν τῇ πόλει πιπρασκόντων οὐδ' ἂν εὑρεθείη ὠνήτης φανερόν ἐστι καὶ σιωπώμενον.

Fr. 101
Jérôme,
Commentaire à Osée, III, ad 11, 1-2
(Patrologie latine, 25, 915 B)

Hunc locum in septimo volumine Iulianus Augustus, quod adversum nos, id est Christianos, evomuit, calumniatur, et dicit : Quod de Israel scriptum est, Matthaeus evangelista ad Christum transtulit, ut simplicitati eorum, qui de gentibus crediderant, illuderet.

Fr. 102
Jérôme,
Commentaire sur l'Évangile de Matthieu, I, ad 9, 9
(Patrologie latine, 26, 56 A)

Arguit in hoc loco Porphyrius et Iulianus Augustus vel inperitiam historici mentientis vel stultitiam eorum qui statim secuti sunt Salvatorem, quasi inrationabiliter quemlibet vocantem hominem sint secuti, cum tantae virtutes tantaque signa praecesserint quae apostolos ante quam crederent vidisse non dubium est.

Fr. 103
Souda, s.v. ἀπόνοια

Καὶ αὖθις Ἰουλιανός· Τὸ μὴ προϊδέσθαι τό τε δυνατὸν καὶ τὸ ἀδύνατον ἐν πράγμασι τῆς ἐσχάτης ἀπονοίας ἐστὶ σημεῖον.

tout le monde vend en même temps, il est clair, cela va sans dire, qu'on ne saurait trouver d'acheteur.

## Fr. 101

Dans le septième livre que l'empereur Julien a vomi contre nous, je veux dire les Chrétiens, il incrimine ce passage [1] en disant : « Ce qui a été écrit au sujet d'Israël, l'évangéliste Matthieu l'a appliqué au Christ pour tromper les Gentils devenus croyants, en profitant de leur ingénuité. »

## Fr. 102

À propos de ce passage [2], Porphyre et l'empereur Julien incriminent tantôt l'incompétence de l'historien, qui nous trompe, tantôt la sottise de ceux qui ont sur le champ suivi le Sauveur, comme s'ils avaient suivi sans réfléchir le premier venu qui les appelait, bien qu'il ne soit pas douteux qu'un grand nombre de prodiges et de signes s'étaient produits auparavant et que les Apôtres les avaient vus avant de croire [3].

## Fr. 103

De Julien : Ne pas prévoir ce qui est possible et ce qui est impossible dans les événements est signe de la plus extrême folie.

---

1. *Évangile de Matthieu*, 2, 15 (citation de l'Ancien Testament, *Osée*, 11, 1 : « D'Égypte j'ai appelé mon fils. » Dans la Septante lue par Julien, le texte d'*Osée* porte « ... j'ai appelé ses fils »).
2. *Évangile de Matthieu*, 9, 9 (il s'agit de la vocation de Matthieu, appelé par Jésus parmi ses premiers disciples ; *cf.* 4, 18-22).
3. La fin de la phrase (à partir de « bien qu'il ne soit pas douteux... ») est manifestement un commentaire de Jérôme.

Fr. 104
Théodore de Mopsueste,
*Commentaire sur l'Évangile de Luc, ad* 23, 8
(*Patrologie grecque*, 66, 725 C)

Ἰησοῦς δὲ ἐπαχθεὶς πρὸς Ἡρώδην οὐδὲν ἐποίησε σημεῖον, καίπερ ἐκείνου ἐπιθυμοῦντος ἰδεῖν ἢ ἀκοῦσαί τι λέγοντος.

Fr. 105
Théodore de Mopsueste,
*Commentaire sur l'Évangile de Luc, ad* 9, 14-15 [1]

Τοῦ γὰρ Παραβάτου διαφωνίαν ἐγκαλέσαντος τοῖς εὐαγγελισταῖς, ὡς τοῦ μὲν « ἀνὰ ἑκατὸν καὶ ἀνὰ πεντήκοντα » εἰπόντος, τοῦ δὲ « ὡς ἀνὰ πεντήκοντα » μόνον...

Fr. 106
Théodore de Mopsueste,
*Commentaire sur l'Évangile de Luc, ad* 9, 34 [2]

Πόθεν ἔγνωσαν Μωυσέα καὶ Ἡλίαν εἶναι μὴ εἰδότες αὐτοὺς μηδὲ γραφὰς αὐτῶν ἔχοντες;

Fr. 107
Arethas, *Scripta minora*, 24, I, p. 221 *sq.*

Πρῶτον μὲν ὅπως ἦρε τὴν ἁμαρτίαν ὁ τοῦ θεοῦ λόγος, αἴτιος πολλοῖς μὲν πατροκτονίας, πολλοῖς

1. Pour des précisions sur la source de ce fragment, voir Masaracchia, p. 190.
2. Voir note précédente.

## Fr. 104

Quand Jésus fut conduit auprès d'Hérode[1], il n'accomplit aucun prodige, bien que ce dernier eût exprimé le désir d'en voir un ou d'entendre une parole de Jésus.

## Fr. 105

L'Apostat a reproché aux évangélistes leur désaccord, car l'un dit « par cent et par cinquante », et l'autre seulement « par cinquante »[2].

## Fr. 106

D'où savaient-ils qu'il s'agissait de Moïse et d'Élie puisqu'ils ne les connaissaient pas et ne possédaient d'eux aucune image[3]?

## Fr. 107

Tout d'abord, comment le Verbe de dieu a-t-il pu ôter le péché[4], lui qui a été cause que beaucoup d'hommes ont tué leur père et que beaucoup ont tué leurs enfants[5],

---

1. *Évangile de Luc*, 23, 8-9.
2. *Évangile de Marc*, 6, 40 et *Évangile de Luc*, 9, 14-15 (il s'agit du principe de répartition de la foule lors de la multiplication des pains).
3. *Évangile de Luc*, 9, 28-36 (épisode dit de la Transfiguration de Jésus).
4. Voir par exemple *Évangile de Jean*, 1, 29.
5. Allusion possible à *Évangile de Matthieu*, 10, 21.

δὲ παιδοκτονίας γενόμενος, ἀναγκαζομένων τῶν ἀνθρώπων ἢ τοῖς πατρίοις βοηθεῖν καὶ τῆς ἐξ αἰῶνος αὐτοῖς εὐσεβείας παραδεδομένης ἀντέχεσθαι ἢ τὴν καινοτομίαν ταύτην προσίεσθαι. [...]

Εἰ δὲ καὶ Μωσέα ἐρεῖς ἐπὶ τὸ ἄμεινον τοῦ βίου ἐπανάγοντα δι' ἐπαγγελίας ἀνθρώπους τῶν ἀγαθῶν, « καὶ διὰ τί μὴ καὶ τοῦτον ἀναιρέτην ἡγεῖσθε τῆς ἁμαρτίας; » λέγεις μέν τι, οὐχ ὅσον δὲ καὶ οἴει.

Οὔκουν ἐνάμιλλος Μωϋσῆς τῷ ἡμετέρῳ σωτῆρι, ἀλλ' οὐδ' ἐγγὺς τὰς περὶ τὸ κρεῖττον ἐπαγγελίας· οὐδ' ἀναιρέτης, ὡς φής, ἐλθὼν Ἰησοῦς ἁμαρτίας πλειστηριάσας ταύτην κατείληπται.

forcés qu'ils étaient ou de porter secours aux traditions de leurs pères et de rester fidèles à la religion qui leur avait été transmise depuis si longtemps, ou d'accepter cette innovation ? [...] Si par ailleurs tu poses la question : « Et pourquoi ne considérez-vous pas que Moïse lui aussi ôtait le péché ? », ce Moïse qui conduisait les hommes à une vie meilleure par l'annonce des <vrais> biens, tu dis sans doute quelque chose, mais ta pensée n'est pas à la hauteur. Moïse n'est donc pas comparable à notre sauveur, et ses commandements pour une vie meilleure ne sont pas proches des siens ; et il n'est pas vrai, comme tu le dis, que Jésus qui est venu pour ôter le péché se soit révélé l'avoir multiplié.

# APPENDICE

Nous proposons ci-après quelques courts textes qui confirment à leur manière l'écho qu'a rencontré l'écrit de Julien. Ces textes offrent une parenté manifeste avec le *Contre les Galiléens,* mais rien n'assure qu'ils soient tirés de cet ouvrage, ni même, pour certains, qu'ils soient réellement attribuables à Julien.

Le premier est tiré d'un discours de Grégoire de Nazianze explicitement dirigé contre Julien, dont il était le contemporain. Les trois suivants ont été choisis parmi les divers témoins des Commentaires bibliques de l'évêque Théodore de Mopsueste, en Cilicie (ca. 350-428), publiés par A. Guida dans l'Appendice de *Teodoro di Mopsuestia. Replica a Giuliano Imperatore,* Firenze, Nardini, 1994, p. 192 *sq.*

Viennent ensuite trois passages tirés des *Homélies* de Philagathos, un moine sicilien du XIIe s., passages que N. Bianchi (« Nuovi frammenti del *Contra Galilaeos* di Giuliano (nelle omelie di Filagato di Cerami) », *Bollettino dei classici,* s. 3, 27, 2006 [2008], 89-104) considère comme de nouveaux fragments du *Contre les Galiléens.* Ces textes appartiennent désormais aux fr. 72-74 de la récente édition de Cyrille due à Riedweg, Kinzig et Brüggemann.

Suit un court extrait d'un florilège de Cyrille d'Alexandrie, proposé par A. Guida dans « Altre testimonianze e un nuovo frammento del "Contro i Galilei" di Giuliano imperatore », dans *Hodoi dizêsios, Le vie della ricerca. Studi in onore di Francesco Adorno,* sous la dir. de M.S. Funghi, Firenze, Olschki, 1996, p. 241-252 ; ce texte appartient désormais au fr. 24 de la dernière édition de Cyrille et est attribué par les éditeurs au livre XIII du *Contre Julien.* Pour finir, un passage emprunté

à Théophylacte d'Ohrid, évêque byzantin du xie s.,
que S. Trovato estime pouvoir rattacher à notre texte de
Julien (« Un nuovo frammento e nuove testimonianze del
*Contra Galilaeos* di Giuliano l'Apostata », *Jahrbücher der
österreichischen Byzantinistik*, 62, 2012, p. 265-279).

A

Grégoire de Nazianze, *Discours*, IV, 102

Ἡμέτεροι, φησίν, οἱ λόγοι καὶ τὸ ἑλληνίζειν, ὧν καὶ
τὸ σέβειν θεούς, ὑμῶν δὲ ἡ ἀλογία καὶ ἡ ἀγροικία,
καὶ οὐδὲν ὑπὲρ τὸ « πίστευσον » τῆς ὑμετέρας ἐστὶ
σοφίας.

C'est à nous, dit-il, qu'appartiennent les discours
rationnels et la culture grecque, dont fait également partie
la piété envers les dieux. À vous, la déraison et l'inculture ;
et votre sagesse ne contient rien de plus que : « Crois ».

B

Théodore de Mopsueste, *Commentaire sur l'Évangile
de Jean*, *ad* 19, 17, fr. 135 Devreesse

Ἐνομίσθη διαφωνία τις εἶναι κἀνθαῦτά τισι,
τοῦ μὲν Ἰωάννου λέγοντος ὅτι « Βαστάζων τὸν
σταυρὸν αὐτοῦ ἐξῆλθε », τῶν δὲ λοιπῶν ὅτι Σίμωνι
Κυρηναίῳ τὸν σταυρὸν ἐπέθηκαν.

Certains ont pensé qu'il y a un désaccord sur ce point
aussi, car Jean dit : « Se chargeant de sa croix, il sortit »,
alors que les autres disent qu'on chargea Simon de Cyrène
de porter la croix [1].

1. *Matthieu*, 27, 32 ; *Marc*, 15, 21 ; *Luc*, 23, 26.

## C

Théodore de Mopsueste, *Commentaire sur l'Évangile de Jean*, ad 20 (tr. lat. du syriaque de J.-M. Vosté)

*Dicant nobis qui conantur ostendere haec verba dissentire, numquid forte iocus sint verba evangelistarum, et nullus e mortuis resurrexerit, neque mulieres ierint aut aliquid viderint, neque verae sint narrationes quas scripserunt, sed fabulae et viles ineptiae compositae ab earum compilatoribus ad decipiendos homines? [...] Respondebunt forte : Quia inter se convenerunt et consenserunt haec fallaciter dicere.*

Que ceux qui s'efforcent de montrer que ces paroles ne s'accordent pas entre elles nous répondent : les paroles des évangélistes sont-elles un badinage ? est-ce que personne n'est ressuscité des morts ? les femmes ne sont-elles pas allées <au tombeau> et n'ont-elles rien vu ? les récits des évangélistes ne sont-ils pas véridiques, ne sont-ils que des fables et de simples sottises, composées par leurs auteurs pour tromper les hommes ? [...] Ils vont probablement répondre : ces gens se sont retrouvés et mis d'accord pour affirmer ces choses de façon mensongère.

## D

Théodore de Mopsueste, *Commentaire sur l'Épître à Tite*, ad 1, 12-13, test. VIII Guida, p. 224

Οἱ κατὰ τῶν χριστιανικῶν συντάξαντες δογμάτων ἐνταῦθα ἔφασαν καὶ τὸν μακάριον Παῦλον ἀποδέχεσθαι τὴν τοῦ ποιητοῦ φωνὴν καὶ

ἐπιμαρτυρεῖν αὐτῷ, ὡς ἂν δικαίως ταῦτα ὑπὲρ τοῦ
Διὸς περὶ Κρητῶν εἰρηκότι…

Ceux qui ont composé des écrits contre les dogmes
chrétiens ont dit à cet endroit que le bienheureux Paul
a accepté la parole du poète et lui a apporté sa caution
en reconnaissant que c'est à juste titre que le poète a fait
cette déclaration au sujet de ce que les Crétois disent de
Zeus [1]…

E

Philagatos de Cerami, *Homélies*, V, 10
(p. 35s. = fr. I Bianchi)

Εἰ   ζωγρεῖν,   φησίν [2],   οἱ   μαθηταὶ   τοὺς
ἀνθρώπους καθ' ὁμοιότητα τῶν ἰχθύων τετάχαται,
ὥσπερ ἐνταῦθα « Ἀνθρώπους ἔσῃ ζωγρῶν », καὶ
ἀλλαχοῦ « Δεῦτε ὀπίσω μου, καὶ ποιήσω ὑμᾶς ἁλιεῖς
ἀνθρώπων », οἱ δὲ ἁλιεῖς ἐκ τῆς ζωῆς τοὺς ἰχθύας
εἰς θάνατον ἄγουσι· ζωὴ μὲν γὰρ τοῖς ἐνύδροις τὸ
ὕδωρ, θάνατος δὲ ὁ ἀήρ, ὥσπερ τοῖς χερσαίοις τὸ
ἔμπαλιν. Εἰ δὴ τοῦτό ἐστιν ἀληθές, οἱ μαθηταὶ ἄρα

---

1. Tite est un disciple de Paul, que ce dernier invite à combattre
les faux docteurs actifs en Crète ; pour déconsidérer les Crétois, Paul se
réfère à un vers attribué au poète Épiménide et écrit : « L'un d'entre eux,
leur propre prophète, a dit : "Crétois : perpétuels menteurs, mauvaises
bêtes, ventres paresseux." Ce témoignage est vrai. » Le vers du poète
exprime l'indignation de ce dernier envers les Crétois qui prétendent
avoir bâti une tombe à Zeus (*cf.* Callimaque, *Hymne à Zeus*, 8-9). Par
suite, la remarque de Paul (« Ce témoignage est vrai ») est interprétée
par des adversaires du christianisme comme si l'Apôtre adhérait à la
thèse de l'immortalité de Zeus.

2. Comme Kinzig et Brüggemann, nous considérons ce mot comme
ne faisant pas partie du texte de Julien. Pour l'hypothèse contraire, voir
Bianchi, note 14.

τοῦ Ἰησοῦ τοὺς ἀνθρώπους ἀγρεύοντες διὰ τοῦ κηρύγματος, τῇ ἀπωλείᾳ καὶ τῷ θανάτῳ, ὡς ἰχθύας, παραδιδόασι.

Si, dit-il, il a été prescrit aux disciples de capturer les hommes à la manière dont on attrape les poissons (comme dans ce passage : « Tu seras pêcheur d'hommes » ; ou ailleurs : « Suivez-moi, et je vous ferai pêcheurs d'hommes [1] »), et si les pêcheurs font passer les poissons de la vie à la mort (car pour les animaux aquatiques l'eau est la vie et l'air la mort, et inversement pour les animaux terrestres), si donc cela est vrai, quand les disciples de Jésus capturent les hommes par leur prédication, ils les livrent à leur perte et à la mort, comme il en va pour les poissons.

F

Philagatos de Cerami, *Homélies*, LXII
(*PG* 132, 801A-B = fr. II Bianchi)

Εἰ τοῦτο, φησίν, ἀληθές, οἱ πιστεύσαντες τῷ Ἰησοῦ, καὶ τὰς σφῶν συνοικούσας παρωσάμενοι, δι' αὐτὸν, ἑκατὸν ἀντὶ μιᾶς ἄρα λήψαιντο.

Si cela est vrai [2], dit-il, ceux qui croient en Jésus et se sont séparés de leurs épouses en auraient, en vertu de cette parole, cent au lieu d'une.

---

1. Successivement : *Évangile de Luc*, 5, 10 et *Évangile de Matthieu*, 4, 19.
2. *Évangile de Matthieu*, 19, 29 : « Quiconque aura quitté maisons, frères, sœurs, père, mère, enfants, femme ou champs à cause de mon nom recevra le centuple… »

## G
### Philagatos de Cerami, *Homélies*, LXVI
(*PG* 132, 844B = fr. III Bianchi)

Εἰ πάντες, φησίν, ἄνθρωποι τῷ παραγγέλματι τούτῳ πειθόμενοι τὰ ὑπάρχοντα σφίσιν ᾑροῦντο πωλεῖν, καὶ διανέμειν πτωχοῖς, τίς ἦν ἄρα ὁ ταῦτα ὠνούμενος πάντων ἀπεμπολούντων κατὰ τὴν προτεθεῖσαν ὑπόθεσιν.

Si, dit-il, tous les hommes obéissaient à ce précepte et choisissaient de vendre leurs biens pour les distribuer aux pauvres, qui donc les achèterait puisque, dans cette hypothèse, tout le monde serait vendeur [1] ?

## H
### *Florilegium Cyrillianum*, n° 180

Πῶς γὰρ ἐνεχώρει, φησί, καὶ ἐν τῷ παραδείσῳ κατ᾽ αὐτὴν εἶναι τὴν ἡμέραν καὶ ἐν τῇ καρδίᾳ τῆς γῆς ;

Comment en effet, dit-il, pouvait-il le même jour être dans le paradis et dans le sein de la terre [2] ?

---

1. *Cf.* fr. 100 ci-dessus.
2. Selon l'*Évangile de Luc*, 23, 39-43, Jésus en croix déclare au "bon larron" : « Dès aujourd'hui tu seras avec moi dans le paradis. » Mais dans l'*Évangile de Matthieu*, 12, 40, Jésus annonce qu'après sa mort le Fils de l'homme sera dans le sein de la terre durant trois jours et trois nuits.

# I

## Théophylacte d'Ohrid, *Commentaire sur l'Évangile de Marc* (PG 132, 801)

Ἆρα οὖν καὶ γυναῖκας ἑκατονταπλασίονας λήψεται ; Ναί· κἂν ὁ κατάρατος Ἰουλιανὸς ἐκωμῴδει τοῦτο· Εἰπέ μοι γάρ, τί συμβάλλεται ἡ γυνὴ πρὸς τὴν οἰκίαν τοῦ ἀνδρός ;

Aura-t-il donc aussi des femmes au centuple [1] ? Oui, même si le maudit Julien s'en moquait <en disant> : « Dis-moi, en quoi la femme est-elle utile à la maison de son mari ? »

---

1. À propos de *Évangile de Marc* 10, 29-30, passage semblable à celui de *Matthieu* cité ci-dessus, p. 217, note 2.

# ANNEXE I

Ce tableau, annoncé ci-dessus, p. 39, fournit la liste des passages où le texte de Masaracchia ne trouve pas d'appui dans les manuscrits, éditions et travaux érudits pris en compte par les auteurs de la nouvelle édition du *Contre Julien* de Cyrille d'Alexandrie, sans que l'apparat critique de l'éditrice italienne permette d'en déterminer l'origine. On peut donc supposer qu'elle se fonde sur d'autres sources, ou qu'il s'agit d'erreurs matérielles, voire de conjectures non signalées.

|  | Masaracchia | Riedweg-Kinzig-Brüggemann |
|---|---|---|
| fr. 6, l. 5 | τοῦ Πλάτωνος | Πλάτωνος |
| fr. 10, l. 17 | καὶ ἐπὶ τούτοις | καὶ τὰ ἐπὶ τούτοις |
| fr. 10, l. 23 | ἢ ὑπὸ | ἢ τὸ ὑπὸ |
| fr. 22, l. 5 | ὑπῆρχε καὶ ἐνυπῆρχε | ὑπῆν καὶ ἐνυπῆρχε |
| fr. 33, l. 27 | ἡρώων καὶ | ἡρώων, φησί, καὶ |
| fr. 47, l. 3 | εἰ τοῖς ἐκείνοις | εἰ τοῖς ἐκείνων |
| fr. 49, l. 6 | ἐλευθέρους εἶναι | ἐλευθέροις εἶναι |
| fr. 51, l. 6 | τὸ πλεῖστον γῆς | τὸ πλεῖον γῆς |
| fr. 51, l. 15 | οἱ γὰρ τούτων | οἱ γὰρ δὴ τούτων |
| fr. 58, l. 16 | οὐ τοῦτο μόνον | οὐ τοῦτο δὲ μόνον |
| fr. 59, l. 7 | ἐπαίνους ἔγραψε | ἐπαίνους ἔγραφε |
| fr. 62, l. 6 | ἡμῖν ἀπὸ τοῦ | ἡμῖν ἀπὸ τῶν |
| fr. 70, l. 10 | οὐχὶ δὲ μᾶλλον | οὐχὶ δὴ μᾶλλον |
| fr. 75, l. 37 | που πανούργοις | που καὶ πανούργοις |
| fr. 81, l. 17 | ὅτι μαθητοῦ | ὅτι καὶ μαθητοῦ |
| fr. 84, l. 18 | εἶτα καὶ | εἶτα δὲ καὶ |
| fr. 84, l. 23-24 | ἦν ἀπ' ἀμφοτέρων | ἦν ἐπ' ἀμφοτέρων |
| fr. 89, l. 23-24 | ὅτι τῆς βασιλείας | ὅτι τοῖς τῆς βασιλείας |

## ANNEXE II

Nous avons indiqué ci-dessus, p. 46, note 1, que la *Patrologie grecque* de Migne reproduit le texte du *Contre Julien* de Cyrille établi par Aubert ; la pagination de ce dernier est signalée en gras dans le volume de Migne (sans l'indication des sections). S'y superpose la pagination propre de Migne avec ses sections A B C D, ce qui est source de confusion dans la littérature sur Cyrille et sur Julien. Masaracchia reprend dans l'intitulé des fragments de Julien la pagination d'Aubert. Ce tableau permet de retrouver les références des fragments de Julien dans la pagination propre de Migne.

| Masaracchia | Aubert 1638 | Migne 1859 |
|:---:|:---:|:---:|
| 1 | 39A | 560C |
| 2 | 41E | 564C |
| 3 | 42E | 565B |
| 4 | 44A | 568B |
| 5 | 45D | 569C |
| 6 | 48E | 576A |
| 7 | 52A | 580C |
| 8 | 57B | 588D |
| 9 | 57E | 589A |
| 10 | 65A | 600C |
| 11 | 69B | 605D |
| 12 | 72B | 612A |
| 13 | 74B | 613B |
| 14 | 80B | 624A |
| 15 | 85E | 632B |
| 16 | 88E | 636C |
| 17 | 93D | 644A |
| 18 | 96B | 648A |
| 19 | 99B | 652C |

| 20 | 106A | 661D |
|----|------|------|
| 21 | 115C | 677A |
| 22 | 131B | 701B |
| 23 | 134C | 705D |
| 24 | 137D | 712C |
| 25 | 141B | 717A |
| 26 | 143A | 720B |
| 27 | 146A | 724C |
| 28 | 148A | 728B |
| 29 | 152A | 733A |
| 30 | 155C | 737C |
| 31 | 159C | 744C |
| 32 | 160B | 745A |
| 33 | 160C | 745B |
| 34 | 168A | 757A |
| 35 | 168B | 757B |
| 36 | 171C | 761C |
| 37 | 175E | 769A |
| 38 | 178A | 772C |
| 39 | 184A | 780B |
| 40 | 190C | 789D |
| 41 | 191C | 792C |
| 42 | 193B | 796A |
| 43 | 194A | 796D |
| 44 | 197B | 801A |
| 45 | 198B | 801C |
| 46 | 199E | 805A |
| 47 | 201E | 808C |
| 48 | 205E | 813D |
| 49 | 209C | 820D |
| 50 | 212E | 825B |
| 51 | 217E | 833A |
| 52 | 220B | 836C |
| 53 | 221D | 837D |

| 54 | 224B | 841D |
|----|------|------|
| 55 | 229B | 849C |
| 56 | 233E | 857A |
| 57 | 235B | 860A |
| 58 | 238A | 864B |
| 59 | 245A | 873C |
| 60 | 249C | 880D |
| 61 | 250B | 881B |
| 62 | 252B | 885B |
| 63 | 255E | 892A |
| 64 | 261D | 900D |
| 65 | 276E | 924D |
| 66 | 289A | 944B |
| 67 | 290A | 945A |
| 68 | 295E | 953C |
| 69 | 298A | 957B |
| 70 | 298D | 957D |
| 71 | 305A | 969A |
| 72 | 305D | 969C |
| 73 | 314A | 984A |
| 74 | 314B | 984B |
| 75 | 319C | 992B |
| 76 | 324C | 1000A |
| 77 | 324E | 1000C |
| 78 | 325C | 1000D |
| 79 | 326A | 1001C |
| 80 | 333B | 1012D |
| 81 | 335A | 1016C |
| 82 | 339E | 1024B |
| 83 | 343C | 1029A |
| 84 | 346E | 1033D |
| 85 | 350E | 1040D |

| 86 | 353E | 1045A |
|----|------|-------|
| 87 | 356B | 1049A |
| 88 | 358B | 1052C |
| 89 | 361D | 1057A |

# BIBLIOGRAPHIE

## Œuvres de Julien

L'Empereur Julien, *Œuvres complètes* [1], 2 tomes en 4 volumes, Paris, Les Belles Lettres : Tome I, texte et trad. J. Bidez : 1. *Discours de Julien César* (Discours I-V), 1932, rééd. 1972 ; 2. *Lettres et Fragments*, 1924, 3 [e] éd. 1972 ; Tome II, *Discours de Julien Empereur :* 1. Discours VI-IX, texte et trad. G. Rochefort, 1963, rééd. 2003 ; 2. Discours X-XII, texte et trad. C. Lacombrade, 1965, rééd. 2003.

L'Empereur Julien, *Œuvres complètes,* trad. E. Talbot, Paris, 1863.

Julien, *Lettre aux Athéniens* et *Le discours d'Antioche ou L'antibarbe* (= *Misopogon*), trad. de J. Martin, *Antiquité tardive*, 17-2009, p. 27-41 et 49-74.

Julian, 3 volumes [2], texte grec, trad. W.C. Wright, London / Cambridge-Mass., Loeb Classical Library, 1913 et 1923.

Iulianus Augustus, *Opera*, texte grec H.-G. Nesselrath, Berlin / Boston, De Gruyter, 2015 (contient : *Thémistios, Héracleios, Mère des dieux, Cyniques ignorants, Césars, Hélios-roi, Misopogon*).

L'Empereur Julien, *Défense du paganisme* (= *Contre les Galiléens*), texte et trad. J.-B. de Boyer, Marquis d'Argens, Berlin, 1764.

---

1. Mais sans les fragments du *Contre les Galiléens.*
2. Incluant les fragments du *Contre les Galiléens,* repris de l'édition de Neumann.

NEUMANN K.J., *Iuliani imperatoris librorum contra Christianos quae supersunt*, Leipzig, 1880.

ROSTAGNI A., *Giuliano l'Apostata. Saggio critico con le operette politiche e satiriche tradotte e commentate*, Torino, Fratelli Bocca, 1920.

GIULIANO IMPERATORE, *Contra Galilaeos*, Intr., texte et trad. italienne E. Masaracchia, Roma, Ed. dell'Ateneo, 1990.

L'EMPEREUR JULIEN, *Contre les Galiléens*, Intr., trad. et commentaire Ch. Gérard, Bruxelles, Ousia, 1995.


*Auteurs anciens*

AMMIEN MARCELLIN, *Histoire*, 6 tomes (livres XIV-XXXI), texte et trad. E. Galletier, G. Sabbah, J. Fontaine, M.A. Marié, Paris, Les Belles Lettres, C.U.F., 1968-1999.

ARETHAE ARCHIEPISCOPI CAESARENSIS [ARÉTHAS], *Scripta minora*, texte grec L.G. Westerink, 2 vol., Leipzig, Teubner, 1968-1972.

AURÉLIUS VICTOR, *Livre des Césars*, texte et trad. P. Dufraigne, Paris, Les Belles Lettres, C.U.F., 1975.

– *Abrégé des Césars*, texte et trad. M. Festy, Paris, Les Belles Lettres, C.U.F., 1999.

CYRILLE D'ALEXANDRIE, *Contre Julien*, tome I (livres I et II), Intr., texte et trad. P. Burguière et P. Evieux ; tome II (livres III-V), Intr. M.-O. Boulnois, texte C. Riedweg, trad. J. Bouffartigue, M.-O. Boulnois et P. Castan, Paris, Le Cerf, 1985 et 2016.

– *Contra Julianum*, Patrologie grecque, vol. 76, Paris, 1859.

– Kyrill von Alexandrien I, *Gegen Julian*, I, Buch 1-5, texte Ch. Riedweg, Intr. Ch. Riedweg et W. Kinzig ; II, Buch 6-10 und Fragmente, texte W. Kinzig et T. Brüggemann, Berlin, De Gruyter, 2016-2017.

*Le Code Théodosien*, livre XVI, texte et trad. fr. (plusieurs traducteurs), Intr., notes et index d'E. Magnou-Nortier, Paris, Le Cerf, 2002.

EUNAPE DE SARDES, *Vies de philosophes et de sophistes*, Intr., texte et trad. R. Goulet, 2 tomes, Paris, Les Belles Lettres, C.U.F., 2014.

GRÉGOIRE DE NAZIANZE, *Discours 4-5 (Contre Julien)*, texte et trad. J. Bernardi, Paris, Le Cerf, 1983.

*Histoire Auguste*, texte et trad. A. Chastagnol, Paris, Robert Laffont, 1994.

JEAN CHRYSOSTOME, *Discours sur Babylas*, texte et trad. M.A. Schatkin, Paris, Le Cerf, 1990.

JÉRÔME, *Commentaire sur saint Matthieu*, texte et trad. E. Bonnard, Paris, Le Cerf, 1977 et 1979.

LIBANIOS, *Autobiographie (Discours I)*, texte J. Martin et trad. P. Petit, Paris, Les Belles Lettres, C.U.F., 1979.

– *The Julianic Orations* (contient notamment l'*Épitaphios* ou *Oraison funèbre de Julien = Discours XVIII*), texte et trad. A.F. Norman, London / Cambridge-Mass., Loeb Classical Library, 1969.

– *Autobiography and Selected Letters*, texte et trad. A.F. Norman, 2 vol., London / Cambridge-Mass., Loeb Classical Library, 1992.

MAMERTIN, *Remerciement à Julien*, dans *Panégyriques latins*, texte et trad. E. Galletier, tome III, Paris, Les Belles Lettres, C.U.F., 1955.

*Le Pentateuque d'Alexandrie*, sous la dir. de C. Dogniez et M. Harl, Paris, Le Cerf, 2001.

PHOTII PATRIARCHAE CONSTANTINOPOLITANI [PHOTIUS], *Epistulae et Amphilochia*, vol. II, texte grec B. Laourdas et L.G. Westerink, Leipzig, Teubner, 1984.

RUTILIUS NAMATIANUS, *Sur son retour*, texte et trad. E. Wolff, Paris, Les Belles Lettres, C.U.F., 2007.

SALOUSTIOS, *Des dieux et du monde*, texte et trad. G. Rochefort, Paris, Les Belles Lettres, C.U.F., 1960, rééd. 2003.

SOCRATE, *Histoire ecclésiastique*, livres I et II-III, texte et trad. P. Périchon et P. Maraval, 2 vol., Paris, Le Cerf, 2004 et 2005.

SOZOMÈNE, *Histoire ecclésiastique*, livres I-II, III-IV et V-VI, texte et trad. B. Grillet et G. Sabbah (trad. A.-J. Festugière

pour les livres III-VI), 3 vol., Paris, Le Cerf, 1983, 1996, 2005.

SUIDAE *Lexicon* [*Souda*], texte grec A. Adler, 5 vol., Leipzig, Teubner, 1928-1938.

SYMMAQUE, *Lettres*, texte et trad. J.-P. Callu, 4 vol., Paris, Les Belles Lettres, C.U.F., 1972, 1982, 1995, 2002.

THEODORI MOPSUESTENI [THÉODORE DE MOPSUESTE], *Commentarius in evangelium Johannis Apostoli*, trad. latine du syriaque J.-M. Vosté, *Corpus scriptorum christianorum orientalium*, 115-116, Leuven, Peeters, 1940.

– Teodoro di Mopsuestia, *Replica a Giuliano imperatore*, texte et trad. A. Guida, Firenze, Nardini, 1994.

[Voir aussi DEVREESSE R., ci-dessous dans « Auteurs modernes »]

ZOSIME, *Histoire nouvelle*, tome II, 1 $^{re}$ partie (= livre III), texte et trad. F. Paschoud, Paris, Les Belles Lettres, C.U.F., 1979.

### Auteurs Modernes

*Antiquité tardive*, 17-2009, « L'Empereur Julien et son temps », Turnhout, Brepols.

ATHANASSIADI P., *Julian. An Intellectual Biography*, London / New York, Routledge, 1992.

BIANCHI N., « Nuovi frammenti del *Contra Galilaeos* di Giuliano (nelle omelie di Filagato di Cerami), *Bollettino dei classici*, s. 3, 27, 2006 [2008], p. 89-104.

BIDEZ J., *La Vie de l'empereur Julien*, Paris, Les Belles Lettres, 1930, rééd. 2012.

BOUFFARTIGUE J., *L'Empereur Julien et la culture de son temps*, Paris, Collection des Études augustiniennes, 1992.

– « Iulianus (Julien) l'Empereur », dans R. Goulet (dir.), *Dictionnaire des philosophes antiques,* III, Paris, C.N.R.S. Éditions, 2000, p. 961-978.

BRAUN R. et RICHER J. (sous la dir. de), I. *L'Empereur Julien. De l'histoire à la légende (331-1715)* ; II. *De la légende au mythe (de Voltaire à nos jours)*, Paris, Les Belles Lettres, 1978 et 1981.

CARRIÉ J.-M., « Julien législateur : un mélange des genres ? », *Antiquité tardive*, 17-2009, p. 175-184.

CHUVIN P., *Chronique des derniers païens*, Paris, Les Belles Lettres, 1990 ; rééd. 2009.

CUMONT F., *Les Religions orientales dans le paganisme romain*, Paris, 1906 ; rééd. Turnhout, Brepols, 2010.

DEVREESSE R., *Essai sur Théodore de Mopsueste*, Città del Vaticano, Biblioteca apostolica vaticana ; 1948 (contient en Appendice un ensemble important de fragments de Théodore de M.).

DE VITA M.C., *Giuliano Imperatore filosofo neoplatonico*, Milano, Vita e Pensiero, 2011.

DODDS E.R., *Païens et chrétiens dans un âge d'angoisse*, 1965 ; trad. fr. H.D. Saffrey, Claix, La pensée sauvage, 1979, 2 e éd. Paris, Les Belles Lettres, 2010.

FOUSSARD J.-C., « Julien philosophe », dans *L'Empereur Julien*, sous la dir. de R. Braun et J. Richer, vol. I, p. 189-212.

GNOLI T., « Giuliano e Mitra », *Antiquité tardive*, 17-2009, p. 215-234.

GOULET R. (sous la dir. de), *Dictionnaire des philosophes antiques*, Paris, CNRS Éditions, 8 vol., 1989-.

GUIDA A., « Altre testimonianze e un nuovo frammento del "Contro i Galilei" di Giuliano imperatore », dans *Hodoi dizêsios, Le vie della ricerca. Studi in onore di Francesco Adorno*, sous la dir. de M.S. Funghi, Firenze, Olschki, 1996, p. 241-252.

LABRIOLLE P. de, *La Réaction païenne*. Étude sur la polémique antichrétienne du I er au VI e siècle, Paris, 1934.

MARTIN J., Textes divers et traductions préparées en vue d'un volume sur les écrits autobiographiques de Julien dit L'apostat, *Antiquité tardive*, 17-2009, p. 9-78.

RATTI S., *Antiquus error, Les ultimes feux de la résistance païenne*, Bibliothèque de l'Antiquité tardive, Turnhout, Brepols, 2010.

– *Polémiques entre païens et chrétiens*, Paris, Les Belles Lettres, 2012.

– *L'Histoire Auguste*, Paris, Les Belles Lettres, 2016.

VEYNE P., *Quand notre monde est devenu chrétien*, Paris, Albin Michel, 2007.

REINACH Th., *Textes d'auteurs grecs et romains relatifs au Judaïsme*, Paris, 1895, rééd. et augmenté, Paris, Les Belles Lettres, 2007.

TROVATO S., « Un nuovo frammento e nuove testimonianze del *Contra Galilaeos* di Giuliano l'Apostata », *Jahrbücher der österreichischen Byzantinistik*, 62, 2012, p. 265-279.

## INDEX DES NOMS ANCIENS

1. Hors intitulé des fragments de Julien.

# INDEX DES LIEUX

---

1. Hors intitulé des fragments de Julien.

# TABLE DES MATIÈRES

## Julien
## CONTRE LES GALILÉENS